安徽省社会科学创新发展研究课题"习近平总书记以文化人观"读本研究成果(2022KD001);
安徽省高校优秀青年科研项目(社科)(2023AH030064)阶段性成果

THEORY AND PRACTICE OF
CULTIVATING PEOPLE
IN THE **NEW ERA**

新时代以文化人的理论与实践

方黎 著

社会科学文献出版社

序

文化是人区别于动物的重要标识,在人的思想培育、价值引领、精神提升等方面有着重要的感化、转化、内化作用。中华民族自古以来就有以文化人的优良传统,在历史上渐次形成的文治教化的治国理念、礼仪化人的情感伦理、求知向善的价值观与审美观,成为中国传统社会政治制度与文化理念的重要组成部分。中国共产党十分重视以文化人优良传统的继承和弘扬。在新民主主义革命时期,中国共产党不遗余力地倡导新文化,革故鼎新、启蒙思想,开启了近代中国以文化人的新纪元。新中国成立后,中国共产党大力推进文化育人、破旧立新,夯实了以文化人的社会主义制度根基。改革开放以来,中国共产党实现了指导思想上的拨乱反正,改革创新、成风化人,迎来了以文化人繁荣发展的新阶段。

新时代以来,中国共产党更加重视以文化人建设,习近平总书记明确提出:"努力用中华民族创造的一切精神财富来以文化人、以文育人。"① 以文化人被提升到一个新的历史高度,主要表现在:中国共产党确立坚持马克思主义在意识形态领域指导地位的根本制度,有力保障以文化人的正确方向;提出文化自信,在"第二个结合"中,更加注重用中华优秀传统文化、革命文化、社会主义先进文化培根铸魂;以文化人的制度保障更加成熟定型、方法举措更为丰富完善;培育时代新人的价值指向得到充分彰显,以文化人有力担负起增强人民精神力量、筑牢强国建设和民族复兴文化根基的重要使命。但也要看到,以文化人是持续发展的动态过程,在世

---

① 《习近平谈治国理政》,外文出版社,2014,第164页。

界多极化、经济全球化、文化多元化、社会数智化发展的大背景下,以文化人的实践还面对多元文化、多元价值的干扰与冲击,面临资本逻辑、消费主义意识形态的入侵与挑战,感受大数据、人工智能的变革与重塑。在一与多、古与今、实与虚等系列文化旋涡与价值冲突中,如何吸收中华民族以文化人优良传统中的思想精华,如何结合新的时代语境与育人诉求,对以文化人的理论与实践进行创造性转化和创新性发展,充分发挥以文化人在"强信心、聚民心、暖人心、筑同心"[①] 中的重要作用,是当下学界理论创新的重要任务。目前学界对以文化人的理论内涵、历史传统、育人价值等方面的研究取得不少重要成果,为后续研究提供了进一步发展的动力与自信,但是关于新时代以文化人的重要使命、育人资源与实践创新等方面还存在进一步探讨的空间。

基于此,方黎博士聚焦以文化人这一时代命题,推出《新时代以文化人的理论与实践》专著,对新时代以文化人涉及的一系列理论与实践问题作了深入探讨。整本著作具有鲜明的系统性、实践性、针对性,读之让人印象深刻。

系统性。以文化人是文化育人的机制化表达,从育人的系统语境来看,以文化人的基础是"文",核心是"化",落脚点是"人",涉及新时代用什么"文"、化什么"人"以及如何"化"等关键问题。该著作充分把握了育人的系统性原则,不是对以文化人做散点化透视,而是系统地回答了三个层面的问题。其一,新时代为什么要坚持以文化人?其二,新时代以文化人的目标任务、基本原则、育人资源、阵地依托等基本内容是什么?其三,如何在新时代实践中推进以文化人的创新发展?对这三个层面问题的回答展现了作者研究构思的系统性。

实践性。"化人"是文化的本体功能,文化的本质就是实践过程中"人化"与"化人"的统一,因此,对以文化人的研究不能停留在单纯的学理思辨中,还应有具体的实践观照。该著作在对新时代以文化人进行系统性理论分析的同时,还十分注重把握育人的实践导向,将以文化人视为一种对话交往活动,把文化"化人"的特性与人的发展中的文化需求相统

[①] 《习近平谈治国理政》(第3卷),外文出版社,2020,第311页。

一，紧密结合新时代育人的目标任务与受教育者的现实生活和实际需求，创造性探索了新时代以文化人的实践路径，提出以学养人、故事化人、环境熏陶、实践养成、制度保障等一系列具体、可操作的策略。

针对性。习近平总书记指出："育新人，就是要坚持立德树人、以文化人。"[①] 作为中华民族的优良传统，新时代以文化人承担着"旧邦新命"的重要使命。该著作立足中华民族伟大复兴的战略全局和世界百年未有之大变局的时代背景，紧密围绕立德树人的根本任务，聚焦培育时代新人的育人诉求，有针对性地提出推动人的发展是新时代以文化人的根本目标，化育新人是新时代以文化人的根本任务，并且围绕根本目标、根本任务进一步讨论了新时代以文化人"知"与"行"中的关键问题。整本著作鲜明展现了作者对以文化人命题把握的时空针对性。

总之，方黎博士不仅以严密的逻辑论证将新时代以文化人的问题研究引向深入，同时还结合实际提出了诸多创新观点，为从事以文化人、以文育人的实际工作者提供了有益参考。当然，新时代以文化人的理论与实践，值得探讨的问题还有很多，比如在"第二个结合"中发挥中华优秀传统文化的育人价值；古今中外以文化人主张与育人体系的比较分析；数智时代以文化人的路径创新；等等。这些问题都需要方黎博士在后续研究中进一步深化和拓展。

方黎博士的这部著作是她在博士学位论文的基础上，结合近年的研究成果加工而成的。作为她的导师，我为她的勤奋和进步感到由衷的喜悦，希望方黎博士持续学习、不断努力，在勇攀学术高峰的征途中，眼有星辰大海，心有繁花似锦！

姚宏志
2025 年 2 月

---

① 《习近平谈治国理政》（第 3 卷），外文出版社，2020，第 312 页。

目 录

导 论 ··· 001

第一章 新时代以文化人的背景基础 ······························· 019
  一 新时代以文化人的时代背景 ······································ 019
  二 新时代以文化人的思想渊源 ······································ 030
  三 新时代以文化人的实践依据 ······································ 040

第二章 落脚"'人'这个根本":新时代以文化人的目标任务 ······ 049
  一 "人的发展":新时代以文化人的根本目标 ················· 049
  二 化育新人:新时代以文化人的根本任务 ······················ 062

第三章 把握"教育之道":新时代以文化人的基本原则 ······· 074
  一 "关键在人":主体性原则 ·· 074
  二 "坚持正确政治方向":方向性原则 ···························· 083
  三 "区分层次 突出重点":层次性原则 ·························· 092
  四 "润物细无声":渗透性原则 ····································· 103

第四章 用"先进文化"启迪人民:新时代以文化人的资源构成 ······ 112
  一 马克思主义:以文化人资源的旗帜引领 ······················ 112
  二 中国特色社会主义文化:以文化人资源的主体 ············· 121
  三 其他民族的优秀文化成果:以文化人资源的重要补充 ······ 130

第五章 "一定要增强阵地意识"：新时代以文化人的重要依托 …… 136
    一 学校教育：以文化人的重点渠道 …………………… 136
    二 新闻舆论：以文化人的重要领域 …………………… 150
    三 文学艺术：以文化人的重要载体 …………………… 159
    四 社会科学：以文化人的重要阵地 …………………… 171

第六章 "落细落小落实"：新时代以文化人的路径选择 …………… 182
    一 "好学才能上进"：以学养人 ………………………… 182
    二 "把'道'贯通于故事之中"：故事化人 …………… 190
    三 "入芝兰之室久而自芳"：环境熏陶 ………………… 199
    四 "在实践中感知它领悟它"：实践养成 ……………… 214
    五 "用体制机制来保障"：制度保障 …………………… 226

结　语 ……………………………………………………………… 236

参考文献 …………………………………………………………… 238

导　论

本部分内容着力于系统性论证本书的写作缘由及研究意义，对既有研究成果进行梳理评析，并对本书涉及的主要概念予以界定，同时从主要内容、研究方法、创新之处等方面整体性呈现研究构想。

（一）写作缘由及研究意义

本书是围绕以文化人所做的基础理论研究，旨在在学习贯彻习近平新时代中国特色社会主义思想尤其是习近平文化思想的基础上，厘清当前以文化人知与行中的一系列关键问题，更好地继承和发扬中华民族以文化人的优良传统。下文将从重要性、必要性、紧迫性三个方面叙述写作缘由，从理论与实践两个方面叙述研究意义。

1. 写作缘由

本书写作的重要性首先在于新时代以文化人所承担的育人使命。文化是人区别于动物的重要标识，在人的思想培育、价值引领、精神提升方面有着重要的涵化作用。改革开放以来，中国社会的诸多方面发生了巨大变革，宏观意义上的变革引发一系列社会文化生活领域的微观变化。宏观与微观背景的变动对党的事业提出新诉求，需要破解一系列关系重大的问题。例如，如何在新的时代背景下实现主流价值的教化，如何在多样的文化生态中传承与创新中国特色社会主义文化，如何提升立德树人的实效性等。这些都需要我们更加重视以文化人、以文育人。

本书写作的必要性在于新时代以文化人的认知与实践需要科学理论指

导。"问题就是时代的口号"①，在全球化、市场化、网络化的时代语境中，以文化人的实践面对多元文化、多元价值的干扰与冲击，面临资本逻辑、消费主义意识形态的入侵与挑战，感受弹性网络空间、混杂网络文化的流变与多变。在一与多、古与今、实与虚等系列文化旋涡与价值冲突中，主流价值与马克思主义意识形态曾面临"被边缘化、空泛化、标签化，在一些学科中'失语'、教材中'失踪'、论坛上'失声'"②的危机，对此，我们需要系统性地回应要用什么文化资源、如何化育人民群众等关键问题，为新时代以文化人的实践开展提供理论参考。

本书写作的紧迫性在于新时代以文化人的关联性系统研究成果仍不足。目前，此选题已经受到学界的关注，学界就新时代以文化人的背景、内容、路径等方面进行了多维探究，但系统性、深入性的研究成果仍不足，新时代以文化人的目标任务、基本原则、资源构成、重要依托、路径选择等问题仍需要进一步深化讨论。

2. 研究意义

（1）深化习近平文化思想基本问题的研究

本书在聚焦新时代以文化人的研究过程中，从三个方面深化了习近平文化思想基本问题的研究。其一，进一步凸显了习近平文化思想的理论主题。习近平文化思想是党的十八大以来，以习近平同志为核心的党中央立足时代要求、围绕新时代中国特色社会主义文化建设和文化发展所提出的一系列新论断新方略，回答新时代为何重视文化、如何认识文化以及怎样发展文化等重要问题。本书在系统性学习贯彻习近平文化思想的基础上，聚焦新时代以文化人的理论与实践问题，有助于进一步凸显习近平文化思想的理论主题。其二，进一步深化对习近平文化思想的内容理解。文化的影响力发挥、人的培育等以文化人的关联问题都是习近平文化思想的重要内容。推进以文化人的理论与实践研究，有助于从文化育人、人的发展维度进一步深化对习近平文化思想的内容理解。其三，使习近平文化思想对时代之问的回应进一步具象化。本书尝试在系统性学习贯彻习近平文化思

---

① 《马克思恩格斯全集》（第 40 卷），人民出版社，1982，第 289 页。
② 《习近平谈治国理政》（第 2 卷），外文出版社，2017，第 329 页。

想的过程中,研究新时代人的文化性存在方式的改善与发展,将习近平文化思想所关注的时代之问,进一步具象到"人"这一主体群中,毕竟,唯有提高育人的有效性才能让我们所面临的一系列重大时代之问的解决措施落到实处。

(2) 系统性呈现以文化人的理论脉络

作为一个重要的时代课题,新时代以文化人的出场不仅代表了一种有效的育人机制,还更深层次地反映出党和国家的一种育人思路与育人方略。所以,对这一时代课题的全面理解离不开以透彻的理论解读系统性呈现它的理论脉络,本书便是对此的一种积极尝试与努力。其一,有针对性地回应新时代以文化人出场的必要性、重要性与可能性,探索其背后的现实逻辑与理论渊源。其二,逐一深入研究新时代以文化人的目标、任务、原则、育人资源、重要依托、路径选择等内容,以此来充实学界对以文化人内容、逻辑的理论认知与研究成果。其三,在理论梳理的同时,聚焦现实问题,有针对性地回应新时代以文化人"为什么""是什么""怎么做"等关键问题。进而,有助于厘清学界对以文化人的模糊性认知,拓展以文化人的研究视域,增强本领域研究的学理性。

(3) 指导新时代以文化人的实践开展

从具体的实践层面来看,以文化人实际上是一个复杂的知行系统,它不仅涉及对文化"化人"这一功能的充分认知,还关联到对以何"文"化人、采用怎样的"化"法、化什么样的"人"等一系列核心问题的系统性解答。所以说,以文化人的有效践履离不开科学的理论指导。本书的研究便有助于破解以文化人的思维迷雾与实践症结,系统性地回应新时代要化何"人"、用何"文"、如何"化"等一系列以文化人践履中的关键问题,具有明显的实践价值。其一,明确了新时代以文化人践履的根本目标与根本任务,消除了对化何"人"的迷茫。化人的宗旨在于育人,有效践履以文化人的重要前提在于明确育人的价值归属与落脚点。通过本书,可进一步理解并把握通过发挥以文化人的影响力来促进人的发展,以及通过以文化人来育新人的重要实践初衷。其二,回答新时代化人之"文"的具体内涵,厘清以文化人知行中的"文"之混杂状况。化人之"文"作为重要的育人资源,决定了以文化人育人实践的方向、性质与成效,是以文化人的基础性要件。但是在多元混杂的开放性文化环境里，我们的育人资源中出现了古今中外之争、一元与多样之争等问题，干扰了育人实践的有效践履。本书有助于明确化人之"文"的先进属性，厘清先进文化的基本范畴，确保择良文而育人。其三，优化新时代以文化人的阵地建设与路径选择，驱散"化"之困惑。在整个育人实践中，"化"是运行方式，也是"文"与"人"的沟通渠道。在多元混杂的文化背景中，面对人的发展性需求，急需坚实的先进文化育人阵地与有效的化育路径，此研究的展开，有助于指导实践中以文化人的阵地建设与路径选择。

（4）推动思想政治教育的创新发展

作为一种育人方式，以文化人是思想政治教育创新发展的内生动力。由此而言，本书有助于在实践层面推动思想政治教育的创新发展。其一，纾解在多元混杂的文化背景中所面临的时代困境。在现代化、全球化、网络化的社会中，思想政治教育面临着前所未有的时代挑战，集中体现为主流舆论的教化、主流价值的培育、中华优秀传统文化的传承等方面面临多元文化的干扰与侵蚀，在主流文化的辐射场内外，游离着大量异质多元的文化因素，干扰着群众的文化选择、价值判断，进而影响其理想信念的形成。本书期待通过系统研究，来切实践履用先进文化化育人民的时代使命，进而探寻如何通过文化力量来创新思想政治教育的育人机制。其二，以柔性的隐性教育，优化传统说教式的育人模式。单调与僵硬的说教降低了育人的实效性，而以文化人恰好以育人于无声处的柔性优化了思想政治教育的出场形式。故而，本书有助于在新时代以文化人的推进中，实现思想政治教育叙事化、渗透性的创新。

（二）文献综述

1. 研究概况

以文化人相关课题的学术研究广泛兴起是在 2000 年之后。党的十八大以来，以习近平同志为核心的党中央在新的历史坐标点上，面对文化在社会发展众要素中位置前移的现实，在对中华民族伟大复兴与人民群众精神生活需求急速增长等关键因素的考量中，明确提出要以文化人。以文化人作为思想政治教育中重要的时代课题，吸引了学者们的广泛关注，相关研究成果井喷式增长，相较于党的十八大之前，学界研究成果量锐增、研究面更广、内容更深入。

党的十八大以来，对以文化人的研究主要围绕社会主义文化建设、文化育人、社会主义核心价值观培育、思想政治教育等关键词展开。以文化人的社会关注度走高，在以《人民日报》《光明日报》《中国社会科学报》为代表的中央报刊与地方报刊的理论版中频繁出现"以文化人"的专题文章。这期间汇编了一批高校校园文化建设的案例选编与理论评述类的文献资料，其中蕴含了丰富的以文化人意蕴。例如，全国大学生思想政治教育发展研究中心组织编的《全国高校校园文化建设优秀成果选编》，教育部思想政治工作司组编的《文化的力量：高校校园文化建设理论与实践》丛书，光明日报出版社牵头征集汇编了《高校校园文化建设成果文库》等。此外，《文化育人》等辑刊也收录了大量以文化人的专题研究成果，但相关主题的高层次研讨会比较鲜见。除汇编、辑刊外，现有书籍文献多为各单位、各领域文化建设方面的案例展示与评述，为数不多的专著多围绕人文精神、文学艺术、道德建设、文化育人等展开。例如，刘怀荣、魏学宝、李伟围绕文学艺术论著的《以文化人：齐鲁文化与中国人文智慧》，张可围绕传统文化、人文精神论著的《以文化人》，向仲敏围绕教学改革主编的《以文化人：人文通识教育与教学改革探究》，以及围绕校园文化育人展开的眭依凡等著的《大学文化思想及文化育人研究》、李庆元编著的《文化育人与学校发展》等。还有一些相关研究分散在其他论著中。例如，冯刚于2017年在人民出版社出版的《探索思想政治教育发展的内生动力》一书，从坚定文化自信的角度论述以文育人、以文化人；张喜德于2017年在人民出版社出版的《〈古田会议决议〉与当前思想政治工作研究》一书，专门探讨习近平总书记关于以文化人思想政治工作方法的重要论述；单培勇等于2016年在人民出版社出版的《国民素质发展路径选择与素质文化学建构》一书从国民素质发展的重要路径论述以文化人；黄蓉生于2016年在人民出版社出版的《大学生思想政治教育若干论题研究》一书，从社会主义核心价值观培育的角度探究以文化人；辛世俊等于2013年在人民出版社出版的《马克思主义人学中国化新探》一书，从文化发展与繁荣的应有内涵论述以文化人。整体来看以文化人的相关研究吸引了多领域学者，尤其是思想政治教育类学者的关注，但是专著类的研究成果较少。

与著作类成果不同的是，期刊类文献成果颇丰，围绕以文化人、文化育人等核心概念展开的研究成果逾千篇，博士学位论文逾百篇。研究呈现出显著的应世性、鲜明的思想政治教育学科属性、较强的实践应用性等特征。

2. 主要论域

党的十八大以来，以文化人的相关研究成果丰富，但同质性研究取向较多，主要论域可以粗略概述为以下六个方面。

（1）以文化人的背景研究

学者们较为集中地从四个方面探究了以文化人的重要性、可能性与紧迫性。

其一，从文化在社会发展中影响力前置的角度分析。李辉认为以文化人的现实紧迫性源自文化力量的增强；① 辛世俊认为文化影响力的发挥必须经由以文化人的中介才能实现。② 其二，从社会主义文化建设与文化自信的角度分析。单培勇等认为社会主义文化建设重在"化人"；③ 刘经纬、任平认为需要通过以文化人推动社会主义精神文明建设，增强文化自信。④ 其三，从育人的需求与本质出发。冯向东认为从高等教育专门化的缺陷以及高等教育对思想文化深层内核的关注角度来看，以文化人有不可推卸的使命；⑤ 金德楠认为对大学生而言增进价值观的认同受到多因素的影响，过程复杂漫长，因此需要以文化人的系统性建构；⑥ 也有一些研究认为思想政治教育的文化属性决定了思想政治教育过程对以文化人的遵循。其四，从现实社会变革的挑战与机遇出发。杨光认为社会变革使得高校以文化人的开展挑战与机遇并存，挑战主要体现为多元文化对社会主流文化的

---

① 李辉：《"以文化人"的价值论思考》，《思想教育研究》2015年第11期。
② 辛世俊：《"以文化人"的基本要求与实践路径》，《开封大学学报》2013年第1期。
③ 单培勇等：《国民素质发展路径选择与素质文化学建构》，人民出版社，2016，第241页。
④ 刘经纬、任平：《以文化人与精神文明建设》，《人民论坛》2018年第30期。
⑤ 冯向东：《高等教育如何以文化人》，《高等教育研究》2018年第5期。
⑥ 金德楠：《论我国高校以文化人工作的五个基本问题》，《黑龙江高教研究》2017年第11期。

冲击，机遇体现为新媒体技术对以文化人方法的丰富；① 冯向东认为新一轮信息技术变革更为凸显对以文化人的重要性与可能性的思考；② 还有一些研究认为面对多元文化的冲击，高校要承担起文以载道的使命，以文化人。

（2）以文化人的概念、特征研究

在对以文化人的概念界定方面，代表性观点主要有以下四种。

其一，从要素构成的角度界定以文化人。如冯刚、刘晓玲从"文""化""人"的不同地位来理解以文化人的概念；③ 马云霞、党阳从"文""化""人"的内容来理解以文化人的内涵。④ 其二，从以文化人的形式进行界定。如佘双好认为以文化人就是运用文化，以文化的方式育人；⑤ 林洁认为以文化人就是以精神文化成果来熏陶人、感染人、教化人。⑥ 其三，从育人过程的角度进行界定。如金德楠认为以文化人关注在遵循育人规律基础上的文化与教育融合共生的状态，特指教育者运用一定的文化对受教育者施加影响，促进受教育者形成与教育目标相符的观念体系与行为方式；⑦ 王振认为以文化人的内涵涵盖育人的方式、载体、方法、对象。⑧ 其四，从中华优秀传统文化的传承角度界定。如王继华认为以文化人就是用中华优秀传统文化的价值取向来塑造人们的做事准则、君子情怀、英雄气概、信仰问题等。⑨

在相近概念关系方面，一是讨论了以文化人与文化育人的关系。学界

---

① 杨光：《高校思想政治教育以文化人的方法研究》，《思想理论教育导刊》2018年第6期。
② 冯向东：《高等教育如何以文化人》，《高等教育研究》2018年第5期。
③ 冯刚、刘晓玲：《坚持以文化人 深入推进社会主义核心价值观培育践行》，《思想理论教育导刊》2016年第1期。
④ 马云霞、党阳：《以文化人在大学生社会主义核心价值观教育中的运用》，《华北理工大学学报》（社会科学版）2019年第4期。
⑤ 佘双好：《以文化人与社会主义核心价值践行培育的方法研究》，《思想教育研究》2015年第12期。
⑥ 林洁：《以文化人的人文之维》，《思想政治教育研究》2017年第6期。
⑦ 金德楠：《论我国高校以文化人工作的五个基本问题》，《黑龙江高教研究》2017年第11期。
⑧ 王振：《论以文化人的意蕴与整体性构建》，《思想教育研究》2016年第7期。
⑨ 王继华：《以文化人的方法与以美育人的取向——学校文化规律价值阐释》，《教育文化论坛》2017年第4期。

存在分歧，有学者将以文化人等同于文化育人；[①] 有学者持不同意见，认为文化育人是以文化人的上位概念，以文化人是文化育人的路径与机制。[②] 二是区分了以文化人与以人化文的概念。有学者指出以文化人强调文化对人的智识水平与人文精神的影响，而以人化文侧重于强调人对文化发展的影响。[③]

在以文化人的特征归纳中，学者们的观点较为一致，普遍关注到其潜移默化的隐性教育特征。例如，冯刚认为以文化人是持续性的、渗透性的、长久的、默默的；[④] 余双好认为以文化人具有间接性、渗透性、隐形性的特点。[⑤] 也有学者从思想政治教育的角度解读以文化人的独特属性。例如，王振认为思想政治教育视域下的以文化人具有独特属性，表现为理论性与实践性的统一、政治性与人文性的统一、注重过程与注重效果的统一、运行空间与作用时间的统一。[⑥]

（3）以文化人的价值与功能研究

党的十八大以来，以文化人的价值与功能受到学者们多向度的关注。以文化人的价值与功能被上升到文化强国建设、民族复兴与执政安全的高度。如骆郁廷将以文化人视为文化软实力发展战略的生成逻辑与实现民族复兴大业的重要条件；[⑦] 刘经纬、任平认为以文化人是文化强国建设的基础；[⑧] 还有学者认为以文化人是建设文化强国的核心；[⑨] 张明霞、毛志强认为以文化人对巩固执政安全的思想根基有着独特与重大的作用。[⑩] 大量学者关注并分析了以文化人在培育社会主义核心价值观中的价值与功能，有

---

① 朱永坤：《"文化育人"：一个新的高校育人理念》，载于刘洪一主编《文化育人》（第4辑），商务印书馆，2015，第137页。
② 王振：《思想政治教育视域下以文化人的定位与特性》，《思想教育研究》2018年第10期。
③ 靳翠梅：《"以文化人"与"以人化文"辨析》，《人民论坛》2013年第18期。
④ 冯刚：《新时代文化育人的理论考察》，《学校党建与思想教育》2019年第5期。
⑤ 余双好：《以文化人与社会主义核心价值观践行培育的方法研究》，《思想教育研究》2015年第12期。
⑥ 王振：《思想政治教育视域下以文化人的定位与特性》，《思想教育研究》2018年第10期。
⑦ 骆郁廷：《铸魂育人：新时代文化软实力发展战略》，《文化软实力研究》2018年第6期。
⑧ 刘经纬、任平：《以文化人与精神文明建设》，《人民论坛》2018年第30期。
⑨ 靳翠梅：《"以文化人"与"以人化文"辨析》，《人民论坛》2013年第18期。
⑩ 张明霞、毛志强：《论以文化人与执政安全》，《湖南行政学院学报》2019年第2期。

代表性的观点如冯刚、刘晓玲认为要将社会主义核心价值观内化于心外化于行，需要深入挖掘社会主义核心价值观的文化内涵，以文化人；① 余双好认为以文化人与社会主义核心价值观践行关系紧密，是培育和践行社会主义核心价值观的新路径；② 罗方禄认为社会主义核心价值观的培育过程就是以文化人的过程。③ 较多学者解读了以文化人在增强育人实效性中的作用，如辛世俊等强调了以文化人在提高人的素质、促进人的全面发展中的功能；④ 王振将以文化人视为思想政治教育创新发展的关键点；⑤ 柳礼泉、周文斌将以文化人视为德育的实质与根基；⑥ 还有学者将以文化人视为教育的本质之一。⑦

(4) 以文化人的内容体系研究

从结构分析的视角来看，"以""文""化""人"四个要素共同构成了以文化人的整体内容，具体而言，涵盖四要素的地位、内涵、关系。学界对此的论述较为集中在对"文""化""人"的分析中。其一，在对"文"的分析中，"文"的重要性受到高度重视，并且多数学者界定了以文化人的"文"当为主流文化，有代表性的观点如骆郁廷、陈娜认为"文"是以文化人的前提与关键，在"文"的内容构成中，马克思主义理论为"本"，社会主义核心价值观为"魂"，中华优秀传统文化为"脉"，世界其他民族的优秀文化成果为"鉴"；⑧ 在"文"的资源挖掘方面，学界广泛探寻了多样育人文化资源，诸如校园文化、家书文化、城市建筑文化、红色文化、乡土文化、网络文化等。其二，在对"化"的分析中，多数学

---

① 冯刚、刘晓玲：《坚持以文化人 深入推进社会主义核心价值观培育践行》，《思想理论教育导刊》2016 年第 1 期。
② 余双好：《以文化人与社会主义核心价值观践行培育的方法研究》，《思想教育研究》2015 年第 12 期。
③ 罗方禄：《用社会主义核心价值观"以文化人"应注意"三个统筹"》，《思想教育研究》2016 年第 4 期。
④ 辛世俊等：《马克思主义人学中国化新探》，人民出版社，2013，第 491 页。
⑤ 王振：《深化新时代高校以文化人实践的路径研究》，《国家行政学院学报》2018 年第 12 期。
⑥ 柳礼泉、周文斌：《让德育在文化中诗意的栖居——论德育"以文化人"的三个维度》，《湖南社会科学》2015 年第 5 期。
⑦ 马友乐：《教育的二维本质：培育生命自觉与以文化人》，《现代教育科学》2017 年第 3 期。
⑧ 骆郁廷、陈娜：《论"化人"之"文"》，《思想理论导刊》2016 年第 11 期。

者从方法、机制维度来分析"化"的地位，在"化"的内在规定性中取得了一定共识，有代表性的观点如陈松友、李雪将"化"视为以文化人的着力点，需要从人的接受维度探究实施策略，以发挥出文化的育人功效；[1] 柳礼泉、周文斌强调了"化"的隐匿性、引导性，认为"化"是无声而胜有声；[2] 还有学者从教育的本质来分析，如冯向东认为教育的真谛就是"化"，表征为教育的精神交往性、对话性。[3] 其三，在对"人"的分析中，以文化人的过程中实质上有两类"人"，一类是教育主体，另一类是教育客体，对"人"的双重性把握有代表性的观点如金德楠认为在以文化人过程中应当破解教育主客体的内在规定性，充分发挥出"人"的效能。[4] 更多学者将"人"作为以文化人的教育对象进行分析。例如，辛世俊提出人作为"化"的对象，极为复杂，要持续研究人的现实状况与动态性的变化；[5] 李辉提出"人"就是以文化人的根本，因此要理解、关怀、服务人。[6]

（5）以文化人的实践路径研究

党的十八大以来，在以文化人的路径选择层面，绝大多数学者从以文化人与社会主义核心价值观融入同构以及以文化人与思想政治教育共振的角度展开，这也体现出学界对党和国家政策指向的高度关注。其一，在以文化人与社会主义核心价值观的融入同构方面，代表性观点如冯刚、刘晓玲认为以文化人与社会主义核心价值观的融入同构需要从教育教学、研究宣传、社会实践、校园文化建设、网络文化建设方面着手；[7] 佘双好认为以文化人的提出，丰富了社会主义核心价值观培育践行的具体方法，可通

---

[1] 陈松友、李雪：《坚持以文化人培育社会主义核心价值观》，《思想政治教育研究》2017年第5期。

[2] 柳礼泉、周文斌：《让德育在文化中诗意的栖居——论德育"以文化人"的三个维度》，《湖南社会科学》2015年第5期。

[3] 冯向东：《高等教育如何以文化人》，《高等教育研究》2015年第5期。

[4] 金德楠：《论我国高校以文化人工作的五个基本问题》，《黑龙江高教研究》2017年第11期。

[5] 辛世俊：《"以文化人"的基本要求与实践路径》，《开封大学学报》2013年第1期。

[6] 李辉：《"以文化人"的价值论思考》，《思想教育研究》2015年第11期。

[7] 冯刚、刘晓玲：《坚持以文化人 深入推进社会主义核心价值观培育践行》，《思想理论教育导刊》2016年第1期。

过通识教育、价值澄清、价值附载、价值反省、隐性课程等以文化人的方法来培育和践行社会主义核心价值观;① 罗方禄认为社会主义核心价值观是以文化人的核心灵魂,用社会主义核心价值观以文化人从根本上需要实现"政治性与生命性、目的性与过程性、灌输性与主体性"的统筹。② 其二,在以文化人与思想政治教育共振的角度方面,有代表性的观点如郭鹏飞指出高校思想政治教育要通过凝聚价值理念、完善制度建设、搭建文化载体、关注行为养成的路径推进以文化人,提高实效性;③ 还有学者认为要通过理论武装法、实践锻炼法、环境浸染法来推进思想政治教育以文化人。④ 其三,还有部分学者从广义育人的角度来探究以文化人的实践路径,如《文化的力量:高校校园文化建设理论与实践》丛书对我国诸多高校以文化人的实践进行纪实分析。在路径选择中,文化影响力、育人体系、育人环境、育人媒介等因素受到了广泛关注,有学者强调通过文化的感召与涵化来"化"人,认为潜移默化的影响、丰富的教育形式、积极的文化共鸣很重要;⑤ 有学者强调"化"人体系的构建,实现家庭、校园、社会文化"化"人的合力建设。⑥ 另外,其他"化"人途径,诸如新媒体、课程文化建设等均不同程度受到学界关注。

(6) 对习近平总书记关于以文化人的重要论述的研究

学者们对习近平总书记关于以文化人的重要论述的观点、内在理路、实践向度等方面进行了初步探索,认为习近平总书记关于以文化人的重要论述具有高度的理论价值与实践价值。有学者认为习近平总书记关于以文化人的重要论述逻辑体系完整,破解了以文化人的必要性、主体、客体、

---

① 余双好:《以文化人与社会主义核心价值观践行培育的方法研究》,《思想教育研究》2015年第12期。
② 罗方禄:《用社会主义核心价值观"以文化人"应注意"三个统筹"》,《思想教育研究》2016年第4期。
③ 郭鹏飞:《注重以文化人提高高校思想政治教育实效性》,《思想教育研究》2018年第5期。
④ 杨光:《高校思想政治教育以文化人的方法研究》,《思想政治教育研究》2018年第6期。
⑤ 王振:《深化新时代高校以文化人实践的路径研究》,《国家行政学院学报》2018年第12期。
⑥ 崔成前:《面向大学生的三位一体"以文化人"育人环境探究》,《思想理论教育导刊》2018年第4期。

文化资源的运用等一系列问题，具有高度的理论指导价值；①还有学者从以文化人的根本目标、根本任务、基本原则、文化资源、依托阵地、实践创新等维度归纳习近平总书记关于以文化人的重要论述的基本内涵与实践向度。②

3. 评析展望

党的十八大以来，以文化人的研究成果颇丰，为后续研究与实践工作的开展提供了重要的理论指导与经验借鉴，然而从学术研究的反思性与对时代发展的回应性角度来看，对以文化人既有研究成果梳理的意义不在于书斋中的"格物致知"，而在于总结反思，以推进以文化人这一时代命题的研究与实践的后续发展。

第一，研究成果的构成维度，既有成果多是间接性、关联性研究，直接、专门的学术性研究成果不足，尤其是专著性学术研究成果太少。学界虽然对新时代以来以文化人的理论与实践进行了多维度的分析，但对新时代以文化人的时代背景、目标任务、育人资源、阵地依托等重要内容进行系统性研究的成果仍然匮乏，由此，学界难以把研究结论提升到理论高度，难以对此研究进行规范化表述，滞后于时代发展对理论的需求。

第二，研究视角的择取维度，对习近平文化思想的学习与研究转化不够。党的十八大以来，习近平总书记在多个场合强调要以文化人，需要学界认真梳理、总结，予以系统呈现，进而，推进新时代以文化人的理论发展与实践深入。

第三，研究的学理性深度，既有研究的理论深度还需要进一步拓展。从思想政治教育的学科视域来看，以文化人作为一种重要的隐性育人方式充分体现了学科的文化意义，同时激发了思想政治教育的内生动力，是常论常新的话题。作为如此重要的一个核心概念，在理论认识层面，对如何在新时代传承好中华民族以文化人的优良传统等以文化人认知

---

① 翟玉华：《习近平"以文化人"思想的内在理路》，《文化软实力研究》2018年第4期。
② 方黎：《习近平以文化人重要论述的基本内涵与实践向度》，《齐齐哈尔大学学报》（哲学社会科学版）2022年第8期。

与实践的关键问题缺乏进一步探究；在实践探索层面，对遵循怎样的原则、采用怎样的路径才能有效推进新时代以文化人的实践创新等的讨论仍不够深入与充分，使得思想政治教育的理论研究存在模棱两可的薄弱环节。

在综合分析中发现，以往对新时代以来以文化人理论与实践的研究主要针对该选题的某个点展开个别问题的分析，但缺乏专门的、整体的、系统性的分析。若在既有研究成果基础上，将其放置在新时代化育新人的时代语境中考察，整体联系习近平新时代中国特色社会主义思想、习近平文化思想、习近平总书记关于以文化人的重要论述，并与古今中外的以文化人价值主张进行比较分析，就能更系统与深入地呈现新时代以文化人理论与实践的逻辑体系。由此可延伸出本书立论基点：从为什么、是什么、怎么做三个维度系统性回应新时代以文化人的时代之问、理论之问、实践之问，整体性呈现新时代以文化人的背景条件、主要内容、实践创新三个关键问题。

（三）主要概念界定

以文化人是本书研究的关键概念，而要论及此概念亦无法脱离文化这一概念而独立进行。为了便于研究开展，这里对文化、以文化人两个概念进行界定。

1. 文化

文化一词在西方社会发源于拉丁语 cultura，它的本义是耕耘、练习、栽培、居住等。西方社会对文化的理解是从关注人类的物质生产活动开始的，18~19世纪，经由赫尔德、黑格尔、泰勒等学者的研究，文化的内涵与外延逐渐得以丰富，人类精神世界的活动也逐渐受到关注。但是，学者对文化的理解没能统一。美国学者克鲁伯（A. L. Kroeber）与克莱德·克拉克洪（Clyde Kluckhohn）早在1952年出版的《文化——关于概念和定义的评论》一书中，就列举了161种文化定义。近现代以来西方学者在文化概念界定方面有一些代表性的观点。比如，英国文化人类学奠基人爱德华·伯内特·泰勒（Edward Burnett Tylor）认为文化是综合性的体系，"包括知识、信仰、艺术、道德、法律、风俗，以及人类在社会里获得的一切能力与习惯"①；著名历史哲学家奥斯瓦尔德·斯宾格勒（Oswald Spengler）认为，文化是存在盛衰周期的有机体；美国学者 C. 恩伯（C. Ember）和 M. 恩伯（M. Ember）认为，"文化可以定义为被一个集团所普遍享有的，通过学习得来的观念、价值观和行为"②。

文化在我国的语言系统中属于一个古老的词语，相对于西方多从物质生产活动的角度理解文化，而后再引申至人类精神生活中而言，我国传统社会中对文化的初始理解便侧重精神领域。古文中，"文"的本义通纹理，《说文解字》称，"文，错画也，象交文"③，后引申为语言文字等象形符号、文书、制度、装饰、修养、德性等意义，有美与善的价值。"化"的本义通生成、改变、造化，如"化而为鸟，其名曰鹏"④，指改变事物的形态与性质，后发展为对人的教行迁善。"文"与"化"的合体约在西汉之后，汉代刘向较早将"文"与"化"合并表述为"圣人之治天下也，先文德而后武力。凡武之兴，为不服也，文化不改，然后加诛"⑤，其中，"文化"指代与武力征服相异的文治教化，"文"是名词，"化"是动词。

近现代以来，随着人类学、文化学等学科在我国的兴起，文化成为国内学者讨论的热点之一。梁启超认为："文化者，人类心能所开释出来之有价值的共业也。"⑥ 梁漱溟将文化归纳为三个方面："①精神生活方面，如宗教、哲学、科学、艺术等，宗教、文艺是偏于情感的；哲学、科学是偏于理智的。②社会生活方面，我们对于周围的人——家族、朋友、社会、国家、世界——之间的生活方法都属于社会生活方面，如社会组织伦理习惯、政治制度及经济关系是文化。③物质生活方面，如饮食，起居种种享用，人类对于自然界求生存的各种手段是文化。"⑦ 老舍认为："一人群单位，有它的古往今来的精神的与物质的生活方式，假若我们把这方式

---

① 〔英〕爱德华·泰勒：《原始文化》，蔡江侬编译，浙江人民出版社，1988，第1页。
② 〔美〕C. 恩伯、M. 恩伯：《文化的变异——现代文化人类学通论》，杜杉杉译，辽宁人民出版社，1988，第47页。
③ 张岱年、方克立主编《中国文化概论》，北京师范大学出版社，2004，第1页。
④ 郭庆藩辑《庄子集释》，中华书局，1961，第3~4页。
⑤ 刘向：《说苑》，中国书店，1991，第1037页。
⑥ 梁启超：《什么是文化》，《晨报副刊》1922年12月1日。
⑦ 陈崧编《五四前后东西文化问题论战文选》，中国社会科学出版社，1985，第401页。

叫作文化,则教育、伦理、宗教、礼仪,与衣食住行,都在其中,所蕴至广,而且变化万端。"① 由此观之,古代中国对于文化的理解侧重文治教化,近现代以来对文化的理解更关注人们的物质与精神生活方式。

虽然中西学者对"文化"有多维解读,在概念上难以高度统一,但在对"文化"的研究中也取得了一些共识。一是文化有广义与狭义之分。广义的文化涵盖人类衣食住行的诸方面,与文明一词相通;狭义的文化指代观念形态的文化,关注人的精神世界与价值体系。二是作为观念形态的文化,在研究中应当坚持社会存在决定社会意识的唯物史观,正如毛泽东曾指出的:"一定的文化是一定社会的政治和经济在观念形态上的反映。"② 三是文化作为人类本质属性外化的产物,对人的物质生活有着重要的影响,也正因为文化在人类社会中具有重要地位,才使得近年来文化成为中外学术界研究的"宠儿"。

本书所涉及的"文化"为狭义层面的文化,主要关注一定物质生活方式中的群体所形成的观念世界,核心是其精神生活、价值体系、意义世界,其中既包括理论体系形态的文化也包括世俗形态的文化。

2. 以文化人

在中国的思想史上,以文化人与文化一词一样历史悠久,早期"文化"一词的出现就蕴含着以文化人的意味,可以说,以文化人与文化一词一样,在我国思想史上有着悠久的历史,在后来的历史传承中也得到了很好的弘扬。学者们也普遍认同以文化人的精要在于通过文化的影响力来感化、涵化、教化人。比如,古有"远人不服,则修文德以来之"的说法,这就是对以文化人的生动演绎,彰显了用文化来教化人的高超智慧。党的十八大以来,学界围绕以文化人的时代选题展开了积极的研究,在普遍认可文化的感化、涵化、教化人的作用的同时,又从不同的视角界定了以文化人的内涵与意蕴。

有学者从育人的目标指向来看待以文化人的内涵,认为其就是用先进的、优秀的文化培养人的道德情操、提升人的思想觉悟、涵养人的品德修

---

① 《老舍文集》(第10卷),人民文学出版社,1986,第287页。
② 《毛泽东选集》(第2卷),人民出版社,1991,第694页。

养，为社会主义培养合格的建设者和接班人。① 有学者从育人的基本过程来看待以文化人的内涵，指出其就是遵循文化育人的基本规律，以人为本，以中华优秀传统文化为媒介，以"化"为基本方式，借助中华优秀传统文化达到育人的目的。② 有学者从思想政治教育的创新手段来看待以文化人的内涵，认为从思想政治教育的学科视域出发，以文化人侧重在遵循育人规律的基础上达成一种文化与教育融合共生的状态，特指教育者自觉地、有意识地运用承载特定价值观的文化现象，对受教育者施加教育影响，③ 进而促进教育对象由"自然人"转变为"文化人"。有学者从文化的作用发挥来看待以文化人，指出以文化人是文化的基本功能，认为要使文化对人的成长与社会的发展产生积极影响必须通过"化人"，即通过作用人、教化人这一中介才能实现。④

在综合借鉴学界既有成果的基础上，结合本书的研究范畴，笔者认为，新时代以文化人是一种育人的机制与手段，主要指在党中央的领导下，以宣传思想工作者、教育者、文化事业工作者等为重点主体的育人群体，积极发挥先进文化的影响力，占领重点育人阵地，采用积极有效的"化"法，让广大人民在先进文化的滋养中，提升文化素养，实现自由全面的发展。在这一育人过程中，要系统性解决用什么"文"、化什么"人"、如何"化"等关键问题，这也是本书的论证重点。

（四）研究构想

本书分为导论、正文、结语三部分。导论介绍写作缘由及研究意义、文献综述、主要概念界定及研究构想。正文分为六章，回答三个问题：其一，新时代以文化人的背景基础，回答"为什么"的问题；其二，新时代以文化人所关涉的基本理论内容，回答"是什么"的问题；其三，新时代以文化人实践践履，回答"怎么做"的问题。

---

① 张明霞、毛志强：《论以文化人与执政安全》，《湖南行政学院学报》2019年第2期。
② 刘经纬、任平：《以文化人与精神文明建设》，《人民论坛》2018年第30期。
③ 金德楠：《论我国高校以文化人工作的五个基本问题》，《黑龙江高教研究》2017年第11期。
④ 辛世俊：《"以文化人"的基本要求与实践路径》，《开封大学学报》2013年第1期。

1. 主要内容

第一章：新时代以文化人的背景基础。本章将分别从文化价值的新定位、人民发展的新需求、铸魂育人的新挑战，马克思列宁主义的以文化人思想、中华优秀传统文化中的以文化人资源，中国共产党以文化人的探索历程与历史经验出发，来研究新时代以文化人的现实需要、思想渊源与实践依据。

第二章：新时代以文化人的目标任务。新时代以文化人的根本目标是促进人的发展，根本任务是化育新人。具体而言，本章从促进人的发展作为以文化人根本目标的逻辑缘由、人的发展的目的性本质、人的发展的主要维度三个层面展开研究；从"化人"的根本任务在于育人、化育新人是育人的时代表征、育新人的主要维度三个层面进行研究。

第三章：新时代以文化人的基本原则。新时代以文化人要善于把握教育之道，遵循四个基本原则：主体性原则、方向性原则、层次性原则、渗透性原则。四个原则协同并举，成为保证以文化人实践成效的重要遵循。本章将对四个基本原则进行逐一分析，从学理上回应在以文化人"知"与"行"中遵循主体性原则、方向性原则、层次性原则、渗透性原则的必要性与重要性。

第四章：新时代以文化人的资源构成。本章分别对三个序列的化人之"文"，即马克思主义、中国特色社会主义文化、其他民族的优秀文化成果的育人价值及内部结构关系进行研究。

第五章：新时代以文化人的重要依托。本章聚焦了学校教育、新闻舆论、文学艺术、社会科学四个以文化人的重要依托。其一，从学校"育人"与文化"化人"的关联中，研究在学校教育中以文化人的价值遵循与主体担当。其二，从新时代新闻舆论工作的责任使命出发，研究在新闻舆论工作中以文化人的价值遵循与主体担当。其三，研究文艺启迪的本质、价值遵循与主体担当。其四，研究在社会科学中培根铸魂的重要担当、价值遵循与主体建设。

第六章：新时代以文化人的路径选择。为推进新时代以文化人落细落小落实，并结合育人的整体过程，本章从五个维度讨论新时代以文化人的路径选择。其一，以学养人。从信息理解与接受的视角分析以学养人的理论意蕴、协同价值与实践取向。其二，故事化人。重点分析故事化人的学理依据与实践机理，研究讲好故事的具体思路。其三，环境熏陶。分析环境熏陶的内化与育人功能、作用方式与文化环境创设。其四，实践养成。在实践养成出场的学理依据、路径优势、重点载体与基本要求三方面进行研究。其五，制度保障。从制度保障的基本意涵、实践意义与具体进路三方面进行研究。

2. 思路与方法

（1）基本思路

本书首先研究新时代以文化人的背景条件；其次从以文化人的根本目标与根本任务、基本原则、资源构成、重要依托四个方面梳理、呈现新时代以文化人的重要内容；最后从以学养人、故事化人、环境熏陶、实践养成、制度保障五个维度讨论新时代以文化人的路径选择。

（2）具体研究方法

理论与实践相统一的方法，既从学理层面上把握习近平文化思想的原始文本，又结合新时代以文化人的育人实践展开研究；宏观把握与微观剖析相统一的方法，既从宏观层面把握新时代以文化人的时代境遇，又从微观层面深入剖析其内容体系，以宏观把握指导微观剖析，以微观剖析支撑宏观把握；内部分析与外部比较相统一的方法，既从新时代以文化人理论体系与精神实质的角度展开分析，又从古今中外以文化人的价值主张，以及以文化人时代挑战的讨论中得出结论，实现内部分析与外部比较相统一。

第一章
新时代以文化人的背景基础

从解题人的视域出发，对新时代以文化人的理解不仅要知其然，更要知其所以然。而对问题的理解，就必然"要把问题提到一定的历史范围之内"①，新时代对以文化人的重视，不仅是对古今中外以文化人价值主张的辩证性吸收，更有着"旧邦新命"的现实使命，有着鲜明的时代背景与深厚的理论渊源。深刻认知这一背景是我们理解并研究新时代以文化人理论与实践的重要前提。

一 新时代以文化人的时代背景

全面建成小康社会以来，文化发展、人们的文化需求满足等方面构成了中国式现代化高质量发展的重要内容，新时代对以文化人的强调，就是在对文化价值新定位、人民发展新需求、铸魂育人新挑战的综合回应基础上生发的。这一特殊的时代背景构成了新时代以文化人出场的时空方位。

（一）因势而新：确认文化价值新定位

正因当前我国文化地位不断提升的明朗形势，以文化人的出场才显得极为重要。毕竟，一切物质与精神领域的资源唯有转化为人的力量并顺利外化，才能产生强大的实践推动力，文化的价值亦是如此。

---

① 《列宁选集》（第2卷），人民出版社，2012，第375页。

1. 文化在社会发展诸因素中的权重上升

文化不仅集中表达并验证了物质生产实践的内在逻辑与客观必然性，并以无意识的文化"场"辩证性地推动社会的发展演进。在社会的发展演进中，随着文化的普泛化发展与主体自我意识的觉醒，社会的进步不再单纯依靠物化的驱动力，文化在社会发展中的粘合力与驱动力陡增。在现代社会主要表现为文化促成了现代社会发展的"一体化"。这里的"一体化"是指文化对社会发展诸因素的整合作用，文化广泛渗透在个人的生产生活与社会运行的各环节中，并迅速整合社会发展诸因素，将政治、经济、社会生活等各领域均以文化的"符码"予以联结，文化与政治、经济、社会生活等领域的外在界限逐渐模糊，同时，信息化进一步加速了文化的传播，无论是政治、经济还是其他领域，几乎无法独立于文化进入大众视域，文化背景与价值理念成为不同社会领域获取大众关注、积聚社会力量的必要因子。习近平总书记指出："统筹推进'五位一体'总体布局、协调推进'四个全面'战略布局，文化是重要内容；推动高质量发展，文化是重要支点；满足人民日益增长的美好生活需要，文化是重要因素；战胜前进道路上各种风险挑战，文化是重要力量源泉。"[1] 同时，文化成为观察反思现代社会运行的视角与工具。毕竟"任何真正的哲学都是自己时代的精神上的精华"[2]，由此推之，文化就是时代精神与群体气质的表征。自现代化在中国发轫以来，社会进步在赋予人们更多力量改造自然的同时，也不断推动人们去反求诸己，而社会发展中的矛盾与冲突更有利于推动人们进行价值追问与意义探寻，诸多学者将文化作为观察反思社会运行的视角与工具。例如，卡尔·西奥多·雅思贝尔斯（Karl Theodor Jaspers）从文化历史学的角度提出，表征人类自我意识的世界上主要的文化模式大概在公元前几百年的文化轴心期就已经形成了，并认为"人类一直靠轴心期所产生的思考和创造的一切而生存"[3]。自20世纪起，更多学者选择以文化为

---

[1] 习近平：《在教育文化卫生体育领域专家代表座谈会上的讲话》，人民出版社，2020，第5页。
[2] 《马克思恩格斯全集》（第1卷），人民出版社，1995，第220页。
[3] 〔德〕卡尔·雅思贝尔斯：《论历史的起源与目标》，李雪涛译，华东师范大学出版社，2018，第14页。

切入点分析社会历史问题。如以马克斯·霍克海默（Max Horkheimer）、西奥多·阿多诺（Theodor Wiesengrund Adorno）、赫伯特·马尔库塞（Herbert Marcuse）等为代表的法兰克福学派，从文化视角分析现代资本主义社会的发展危机；以雷蒙·威廉斯（Raymond Henry Williams）、修森（Andreas Huyssen）、大卫·莫莱（David Moley）等为代表的伯明翰学派从流行文化与媒介文化的视角解释现代社会的阶层冲突与发展状况等。

2. 文化构成了国家综合国力中的软实力

随着软实力成为一个公共话语并逐渐被认可，我国积极思考中国的提升文化软实力之路。当前，"文化软实力集中体现了一个国家基于文化而具有的凝聚力和生命力，以及由此产生的吸引力和影响力"[①]，是强国建设的重要构成。

文化主要从以下三个方面增强国家凝聚力、吸引力与影响力。一是通过文化培育价值观，聚化多元文化选择与价值倾向。用主流文化所投射出的价值体验与价值感悟感染、教化群众，使其进行价值反思并作出积极的价值选择，聚化多样思潮中的文化选择与价值信仰，从而使文化磁场效应得以充分发挥，吸引并引导多元文化朝着与其价值导向一致的方向发展。二是文化的群体内化有利于实现群众文化素质的提升。文化软实力的提升需要经由群众的实践促成，群众文化素质的高低也表征文化软实力的高低。通过文化的化育去熏染、教化群众，群众习得与社会主流价值相一致的文化选择、思维习惯、行为准则等系列"社会化"人的素质需求，朝着一定国家与社会所期待的方向发展。三是文化的更迭转化可以展现民族精神的生命力。强盛的国家软实力背后一定有富有生命力的民族精神，成为支撑起国家实力发展的精神气质，而民族精神的培育离不开文化，文化通过自我的更迭转化不断验证并激活民族精神的活性，成为国家软实力的表征。

3. 文化优化了国家国际交往的姿态

经济全球化促进了国家国际交往的频繁、深入，其中，文化搭建了国际交往的桥梁。文化有助于超越国家之间的空间距离，消除来自不同国家

---

① 《习近平关于社会主义文化建设论述摘编》，中央文献出版社，2017，第198页。

的人们之间的心理隔阂，提升国家吸引力，增进国际交流。在意识形态趋同的国家间，文化成为代表国家价值取向的明信片、强化异国人民情感联结的共鸣点；在意识形态相异的国家间，由于文化的外延广于意识形态的外延，文化可以成为超越意识形态领域的一种沟通、对话的工具。而文化财富本身就是国家国际交往中的"卖点"，这种"卖点"越多的国家，对他国的吸引力也会越大。进而，文化搭桥推动国家之间的交往互信。文化还有助于化解国家间的冲突。全球化尽管是不可逆的社会发展趋势，但并不代表其必然带来国家之间的交流、合作，也会导致冲突。在国家冲突中，文化可以成为说理的资源与媒介，可以成为互信的钥匙与平台，经由文化的传播、交流，寻找国家间的相似点与互信点，为冲突的进一步化解营造良好的文化氛围。文化更有助于提升国家的国际发言权。全球化发展并未如西方资本主义国家预想的完全西方化，国家的差异性发展与经济全球化共存，其中，国际发言权不仅考量国家硬实力，更考验一国文化与价值理念的先进性与包容性。

在文化成为影响社会进程与国家兴盛的重要因子之际，习近平从国家发展与民族复兴的高度敏锐捕捉到文化的时代价值，对内强调"没有先进文化的积极引领，没有人民精神世界的极大丰富，没有民族精神力量的不断增强，一个国家、一个民族不可能屹立于世界民族之林"[1]，要"努力夯实国家文化软实力的根基"[2]；对外提出要发扬好我们民族"远人不服，则修文德以来之"[3]的优良传统，在以文化人的过程中，讲好中国故事，传递好中国声音，有效提升国际话语权。

（二）因时而变：满足人民发展新需求

以文化人着力以先进文化提升人的素养与生活品质，实现人的自由全面发展。新时代对以文化人的强调正是蕴含着对人的文化性存在方式的尊重，以及对人的现实发展需要与人的现实发展困惑的积极回应。

---

[1] 《习近平关于社会主义文化建设论述摘编》，中央文献出版社，2017，第7页。
[2] 《习近平关于社会主义文化建设论述摘编》，中央文献出版社，2017，第198页。
[3] 《习近平关于社会主义文化建设论述摘编》，中央文献出版社，2017，第6页。

1. 新时代人民的美好生活需要丰富的文化支撑

党的十九大报告不仅从社会主要矛盾的高度确认并回应了人民对美好生活的向往，更指出："满足人民过上美好生活的新期待，必须提供丰富的精神食粮。"① 党的二十大报告进一步将"丰富人民精神世界"② 纳入中国式现代化的本质要求，这都反映出文化对满足人民美好生活需要的重要性。

首先，美好生活诉求的满足，需要文化的化育提升。"美好"限定了"生活"的品质与价值，具有"人们所喜爱或向往的（多用于抽象事物）"③ 的属性。美好生活一方面需要殷实的物质条件，另一方面需要丰富的精神世界，而精神世界的充盈需要文化的化育。文化是人区别于动物的根本标志，与动物只懂得依据其所属的"种的尺度和需要"④ 来实践相异，人却懂得用"美的规律"⑤ 去实践，这种"美的规律"指向更高层次的思想解放与精神愉悦，由此将人与动物的需求层次区分开。然而，人的文化素养具有一定的独立性，既不能通过生物遗传获取，也不能在物质财富增长中自动形成。同时，文化素养对物质生产还具有反作用，与社会发展相适应的先进文化可以促进物质生产，而与社会发展相悖的落后文化将阻滞生产力的进步。所以，如果刨去人们精神世界的"美好"，那么不仅单纯的物质财富无法带来真正的美好体验，而且社会发展也会因精神动力的匮乏而走向美好的反面。

其次，美好生活能力的获取，需要文化的化育支撑。生活是人的实践活动，人能否积极发挥能动性，有效调动客体的积极因素开展实践，对其美好生活需要的满足至关重要，而人的这种主体能动意识与生活建构能力可以称为美好生活的能力。美好生活的能力固然属于综合的能力素养体系，然而从人的文化属性观之，文化的化育对人的美好生活能力的获取尤

---

① 《习近平谈治国理政》（第3卷），外文出版社，2020，第34页。
② 习近平：《高举中国特色社会主义伟大旗帜 为全面建设社会主义现代化国家而团结奋斗——在中国共产党第二十次全国代表大会上的报告》，人民出版社，2022，第23页。
③ 《现代汉语辞海》编委会主编《现代汉语辞海》，光明日报出版社，2002，第766页。
④ 《马克思恩格斯选集》（第1卷），人民出版社，2012，第57页。
⑤ 《马克思恩格斯选集》（第1卷），人民出版社，2012，第57页。

为重要，毕竟"对于没有音乐感的耳朵来说，最美的音乐毫无意义"①。一方面，人们对美好生活的现实感悟与理性认知需要文化的化育。美好生活应然层面的文化意蕴与群众对美好生活实然层面的认同在不同的群体中存在差异性，故而才会有部分群众将逐物而忘返的"物化"误识为美好生活。所以说，美好生活的实现需要群众有听懂"音乐"的"耳朵"，而群众的"耳朵"的化成离不开文化的熏陶。另一方面，人的美好生活实践能力需要文化的化育支撑。任何实践都离不开人的主体作用，而人的主体作用的发挥不仅需要科学知识的支撑，更需要人文情怀与价值理性所塑造的理想信念与价值追求的推动，这便是以文化人的重要价值所在。

2. 现代社会的休闲时间需要积极的文化满足

在物质财富的提升与时代的演进中，休闲成为人们发展中的热点话题，因而，如何使人们享受休闲时光成为极为重要的命题。改革开放以来，人们开始通过多种方式度过休闲时间，然而，现实中却存在一些误识，其与马克思、恩格斯所论及的真正意义上的休闲时间有着质的区别。一是将休闲时间理解为与谋生劳动相对立的单纯的放松、休息，如沉溺于闲谈、睡懒觉等无意义的行为，这是对休闲的原始认知，与现代社会的发展不相称；二是将休闲等同于吃喝玩乐，如沉溺于不当行为，湮没干事创业的热情；三是将休闲等同于金钱游戏，挥金如土，富而不贵；四是将休闲视作懒惰与浪费时间，以至于疲于劳动而走向劳动的异化。实际上，马克思、恩格斯所论及的休闲有着深厚的文化意味，他们追求的是人的精神成长与富足，他们强调"所有自由时间都是供自由发展的时间"②，并描绘出共产主义社会中休闲时间的价值所在，即"由于给所有的人腾出了时间和创造了手段，个人会在艺术、科学等等方面得到发展"③。对此，有学者将休闲分为"雅闲、俗闲与恶闲"④三种类型，雅闲便属于马克思、恩格斯所理解的休闲时间，具有超越性与发展性的积极价值，是人的自觉的成长样态，有利于推动现代社会的健康发展；而俗闲与恶闲不是真正意义上

---

① 《马克思恩格斯全集》（第3卷），人民出版社，2002，第305页。
② 《马克思恩格斯全集》（第31卷），人民出版社，1998，第23页。
③ 《马克思恩格斯全集》（第31卷），人民出版社，1998，第101页。
④ 钟明华等：《马克思主义人学视域中的现代人生问题》，人民出版社，2006，第300页。

的休闲，俗闲指向人们自发状态的无实质意义的闲散娱乐，不能为社会发展积蓄精神动力；而恶闲指向自我放纵的寻欢作乐，甚至违背道德伦理与主流社会的价值追求，阻碍社会文明进步。因而，现代社会的休闲时间急需一种积极的文化满足，一方面需要有积极的价值导向将人们从俗闲与恶闲中拉扯回来，引导大众回归符合人的"类"属性的雅闲；另一方面需要大量先进的文化产品充盈人们的休闲时间，既让人们有丰富的雅闲资源，又让人们在先进文化的熏陶中走近人的自由与解放。

与之相呼应，党的十八大以来，习近平总书记强调要丰富人们的精神生活，即要"完善公共文化服务体系，加强基层场地设施建设，让村村、乡乡、县县都可以广泛开展文化体育活动。要把农村小喇叭、小广播建起来，深入推进广播电视村村通、农家书屋、乡镇综合文化站等重点文化惠民工程，加快图书馆、文化馆、体育馆、少年文化宫等建设，使各族群众在业余时间有个好的去处"①，进而在文化事业的发展繁荣中，促进人的发展，"让人们在持续的以文化人中提升素养"②。

3. 在现代性危机中，人民精神世界的诸种苦惑需要有效的价值疏导

"在我们这个时代，每一种事物好像都包含有自己的反面。"③ 现代化便是如此，在现代化进程中，现代性危机亦相伴而生，这在社会急速转型的中国亦有显现。

其一，传统与现代的撕裂，诱发人们精神世界的无根漂泊。吉登斯曾将"现代性"理解为工业化世界，他认为工业化世界与农耕世界是迥异的，造成了工业文明与农业文明的鸿沟。我国的现代化亦无法回避这种撕裂感，现实中既有对传统文化的武断抛弃，认为传统文化已经不适应现代社会的发展需求；又有对传统文化的盲目沉溺，认为唯有儒学才能复兴中华等，割裂了传统与现代的辩证关系，不利于人们精神世界的扎根。这些情况都提醒我们要辩证地继承传统文化，善于扬弃，结合时代需求，实现传统文化的创新发展，以期"共同服务以文化人的时代任务"④。

---

① 《习近平关于社会主义文化建设论述摘编》，中央文献出版社，2017，第187页。
② 《习近平关于社会主义文化建设论述摘编》，中央文献出版社，2017，第187页。
③ 《马克思恩格斯选集》（第1卷），人民出版社，2012，第776页。
④ 《习近平谈治国理政》（第2卷），外文出版社，2017，第313页。

其二，急速的社会转型，引发了人们思想领域的动荡。社会转型在赋予人们多样化生产生活方式的同时，也带来了社会思想领域的分化。在宽松的文化环境中，多元文化涌入国内，经由信息技术的催化，犹如旋涡般席卷了群众。一方面，一些人在农耕文化、现代文化、后现代文化的时空压缩中思想迷茫，在主流文化与多元文化思潮的碰撞中思想混乱。少数人对主流文化与主流价值产生怀疑，"一切等级的和固定的东西都烟消云散了"①。另一方面，一些人出现了价值观念的真空、错位与迷乱的情况，思想急需积极的文化化育。甚至"一些人价值观缺失，观念没有善恶，行为没有底线，什么违反党纪国法的事情都敢干，什么缺德的勾当都敢做，没有国家观念、集体观念、家庭观念，不讲对错，不问是非，不知美丑，不辨香臭，浑浑噩噩，穷奢极欲"②。

其三，功利化倾向的工具理性，遮蔽了人们的主体价值。在现代化社会中，对技术的膜拜、对财富的追逐衍生出功利化倾向的工具理性，进而在价值世界诱发工具理性的霸权。对技术与财富的片面追逐让人的实践走向了发展的对立面，与马克思、恩格斯所设想的人的发展既要摆脱原始的人的依赖关系，又要摆脱物的依赖性，走向全面发展与自由个性的愿景背道而驰。在我国同样有不同程度的工具理性的存在，人的主体价值遭遇一定程度的遮蔽，诸如部分人对财富的片面追逐，富而不贵；对技术锐进的过度崇拜，对理想信念的淡漠；对发展指标的过度迷恋，对环保的弱化等。

精神世界的苦惑当需思想的开解与疏导，现代性危机带有浓厚的文化焦虑色彩，那么以有效的方式让先进文化进入大众的生活视域，发挥文化的滋养与涵化作用，丰富人们的精神生活便尤为重要。也就是说，"要化解人与自然、人与人、人与社会的各种矛盾，必须依靠文化的熏陶、教化、激励作用，发挥先进文化的凝聚、润滑、整合作用"③，"让人们在持续的以文化人中提升素养"④，让文化发展更好地服务于人们的生活需求。

---

① 《马克思恩格斯选集》（第1卷），人民出版社，2012，第403页。
② 《习近平关于社会主义文化建设论述摘编》，中央文献出版社，2017，第8页。
③ 习近平：《之江新语》，浙江人民出版社，2007，第149页。
④ 《习近平关于社会主义文化建设论述摘编》，中央文献出版社，2017，第187页。

(三) 因事而化：迎接铸魂育人新挑战

在全球化、市场化、网络化的时代语境中，铸魂育人面对多元文化、多元价值的干扰与冲击；面临资本逻辑、消费主义意识形态的入侵与吞噬；感受弹性网络空间、混杂网络文化的纵深与解构。在一与多、古与今、实与虚等系列文化旋涡与价值冲突中，主流价值与马克思主义意识形态曾"被边缘化、空泛化、标签化，在一些学科中'失语'、教材中'失踪'、论坛上'失声'"[1]。文以载道，新时代需要持续发挥先进文化对人的教化、涵化、转化作用，筑牢思想防线，培育堪当民族复兴大任的时代新人。

1. 全球化中的文化旋涡与价值观之争

在经济全球化的进程中，文化全球化的问题日益凸显，马克思、恩格斯认为，同经济全球化于"世界市场的范围内"演进不同，文化全球化是在"国家体系的范围内"演进，于是，"民族的片面性和局限性日益成为不可能"[2]。空间内多重文化交叠，民族文化自我认同显得愈发瞩目。由此，文化全球化呈现多重异质文化交流、交融、交锋的状态。

当前，中国就有两类问题，一类是因社会性质的差异，西方社会将我国视为意识形态领域中的敌对方，想尽一切办法向我国进行文化、价值观等方面的渗透。同时，因国家利益之争，西方社会凭借其文化全球化中的话语霸权竭力歪曲中国、抹黑中国，影响文化他者及文化自我对中国文化的认同，这不仅导致我国在国际社会上"有理说不清"，在国内也出现了让人忧虑的"以洋为尊""以洋为美""唯洋是从"[3]的畸形现象。另一类是在高度卷入经济全球化的过程中，如何与文化他者相处的问题。整体看来，文化全球化迫使我们更深入地思考以文化人的问题，纵然以文化人期望的是连续性的、较为稳定的先进文化对人的影响，但现实是在文化全球化过程中，文化自我遭遇多样流变，甚至遭遇心怀叵测的他者挑战，这导致有些人在多元文化的价值之争中产生文化认同的混乱。

---

[1] 《习近平谈治国理政》（第2卷），外文出版社，2017，第329页。
[2] 《马克思恩格斯选集》（第1卷），人民出版社，2012，第404页。
[3] 《习近平关于社会主义文化建设论述摘编》，中央文献出版社，2017，第9页。

2. 市场化进程中资本逻辑与消费主义意识形态的滋生

市场化在积聚社会物质财富的同时，也产生了资本逻辑与消费主义意识形态，引发新的铸魂育人危机。资本逻辑从文化生产与供给的向度冲击着文化逻辑。所谓以文化人，即文化作为人的本质力量对象化的产物，其既植根于人们的日常生活，又超越人们的日常生活，成为人们的一种精神引领。而在资本逻辑的运作下，文化生产出现了背离文化逻辑、无力育人的怪象。文化产品不再围绕质量生产，转而依附资本利益需要，销量替代内涵，复制替代创作，导致文化生产与供给中的主客观形式分离、价值迷失。"存在的有价"遮蔽了文化本身"存在的无价"，人的发展也被异化成可以让渡的物，这种状况如不加以引导便会导致理想信念弱化、道德观念淡薄、技术理性膨胀、人文精神式微等一系列恶果。

消费主义意识形态从文化选择与消费的层面腐蚀群众。在市场对消费的诱导中，消费化的社会必然导致消费主义意识形态的入侵，娱乐的、可视性强的文化取代了意蕴高远的高雅文化，文化消费转向世俗生活，崇高精神与理想主义的场域受到挤压。在消费主义意识形态的控制下，部分人渐渐由于择"文"不善而成为被资本运作牵着鼻子走的消费者，忘记了自我的真实文化需求，呈现出虚假需要遮蔽真实需要的现象，存在商品的符号化意味取代商品的使用价值、文化的外在功用替代其内在价值的情况。结果，一部分人不是择良"文"而习之，而是告别崇高与理想，耽溺于当下的消费文化；告别厚重与传统，转向娱乐世界；告别诗意与情怀，转向实用与功利等，引发系列育人危机。

3. 网络空间中人的文化实践的解构与重构

同作为工具的网络被人喻为双刃剑一样，作为空间的网络也被视为机遇与风险并存的场域，随之，人的文化实践也在极富张力的网络空间中遭遇前所未有的解构与重构，对铸魂育人提出新的时代要求。

首先，网络空间解构了传统地方空间主体固定的文化实践，重构了流动的文化实践。既往有序平稳的信息纵向层级化的传播方式变更为当下多信息源、信息传播多点多面的纵横交织的复杂模式，极富有流动性；突破了传统地方空间中核心角色固化的藩篱，促成了信息消费者与生产者的整合，带来核心角色的流动；网络符号成为充满隐喻的超级能指，混杂而多变，原始信息文本在诸多网民的分享、解读中，演绎出一系列次级文本，带来文本意义的流动。其次，网络空间解构了传统文化实践空间的单一性，重构了多向度空间中的主体文化实践。作为技术向度的网络空间具有前所未有的即时、便捷与可分享性等特点；作为时间向度的网络空间，不仅表征着现代化的程度，也代表着时间压缩，逆转了时间的纵向、连续性、线性发展样态，无论是农耕文明、现代文明还是后现代文明，可以相互交织。作为空间向度的网络空间是特殊的文化实践场域，大量行动者所进行的非同一性文化实践，多变、零碎，打破了时空的统一，且有空间吞噬时间的趋向。最后，网络空间解构了传统地方空间文化实践的具象性，重构了脱域性的文化实践。脱域性表征网络空间在同一时间向度，将虚拟空间与现实空间高度联结、嵌套。在虚拟空间，行动主体超越现实生理性与社会性身份，在网络空间获取新的社会身份，开展多样、自由的文化实践。技术成功地将虚拟世界与现实世界打通，网络在模拟、介入现实空间社会关系的过程中，彻底变更了包括人们的文化实践在内的几乎一切实践形式与内容。

高弹性的网络空间需要一种积极的文化引领与有效的育人机制来规范、引导网民的文化实践。正所谓文以载道，以文化人作为育人的重要机制，面临着如何将先进文化嵌入网络空间、优化网民的文化实践样态、净化网络舆论、实现网民的成长与社会发展趋势相一致等系列时代使命。

面对系列新挑战，我们坚信："'去思想化'、'去价值化'、'去历史化'、'去中国化'、'去主流化'那一套，绝对是没有前途的！"[1] 一方面要增强民族文化自信，用民族优秀文化"化"人；另一方面要促进国际文化交流，用人类文明的一切优秀成果"化"人，牢记"以文化人、以文育人、以文培元"[2] 的使命，要"举旗帜、聚民心、育新人、兴文化、展形象"[3]；同时针对群众尤其是年轻人绝大多数在网络空间进行文化实践，而对主流媒体关注不足的情况，要加强网络空间治理，用积极向上的网络文

---

[1] 《习近平关于社会主义文化建设论述摘编》，中央文献出版社，2017，第9页。
[2] 《习近平谈治国理政》（第3卷），外文出版社，2020，第325页。
[3] 《习近平谈治国理政》（第3卷），外文出版社，2020，第310页。

化"滋养人心、滋养社会"[①];要创新方法,尊重规律,把握好网络文化宣传的"时、度、效"[②];推动媒介融合,构建以文化人的"网上网下同心圆"[③],更好地应对铸魂育人的新挑战。

二 新时代以文化人的思想渊源

马克思列宁主义的以文化人思想为新时代以文化人的理论提供了思想根基;中华优秀传统文化的以文化人主张为新时代以文化人的价值主张提供了可传承的育人资源与可借鉴的思维进路。

(一) 马克思列宁主义的以文化人思想

马克思列宁主义极为重视人的发展中的文化需求,关注文化在无产阶级的成长以及社会发展中的动力作用,彰显出以文化人的思想。这些思想集中体现在人的发展理论、文化育人理论以及社会发展的文化动力理论中,成为新时代以文化人出场的思想根基。

1. 人的发展理论

马克思主义将人的发展置于相当重要的地位。马克思、恩格斯从人的本质出发阐释人的发展。马克思指出,"一个种的整体特性、种的类特性就在于生命活动的性质"[④]。其中包括三个层次。一是自然属性。"人直接地是自然存在物"[⑤],人诞生于自然界,并且依赖自然界获取生产生活材料。二是超越自然属性的人的"类"属性。自然相对于人而言不仅是生存的基础,更是人的实践对象,在"人化自然"的过程中,人持续性地"介入"自然,在这一历时性的实践中,人也超越了动物属性不断趋向文化性、文明性的存在样态,由此,人的"类"属性呈现出"他的活动才是自由的活动"[⑥]

---

① 《习近平关于社会主义文化建设论述摘编》,中央文献出版社,2017,第50页。
② 《习近平关于社会主义文化建设论述摘编》,中央文献出版社,2017,第35页。
③ 《习近平关于网络强国论述摘编》,中央文献出版社,2021,第77页。
④ 《马克思恩格斯选集》(第1卷),人民出版社,2012,第56页。
⑤ 《马克思恩格斯全集》(第42卷),人民出版社,1979,第167页。
⑥ 《马克思恩格斯文集》(第1卷),人民出版社,2009,第162页。

的特性,"人把自身当做普遍的因而也是自由的存在物来对待"[1],有自由性且具有丰富精神属性的人,自然与动物区分开来。三是人的社会属性。人的存在"无论就其内容或就其存在方式来说,都是社会的活动和社会的享受"[2],人的本质"在其现实性上,它是一切社会关系的总和"[3]。

在人的类本质认知的延伸中,马克思、恩格斯提出了人的发展是超越了人对人的依赖性与人对物的依赖性之后的"全面而自由的发展"。"全面"建立在对人的需求充分尊重的基础上,迥异于"动物机能——吃、喝、生殖,至多还有居住、修饰等等"[4],人的需求在人的"类"属性中衍生出各种精神需要、发展需要,人需要一种幸福、体面的生产生活方式。同时,"全面"还意味着作为个体的人的发展与社会发展的一致性,"全面发展的个人——他们的社会关系作为他们自己的共同的关系,也是服从于他们自己的共同的控制的——不是自然的产物,而是历史的产物"[5]。"自由"的现实力量来自人认识与改造世界的实践,摆脱了"异化劳动",从物质、时间、尊严等多向度保障人的发展。同时,这种"自由"的获取也是集体形式的,"只有在共同体中才可能有个人自由"[6],其中的"集体"是一切"自由人联合体"[7]。

那么如何实现人的发展呢?马克思、恩格斯不仅肯定了社会生产力、生产关系、所有制等条件,他们还极为重视教育在人的发展中的重要作用,在教育中优化人的知识构成,克服劳动的异化与片面发展。马克思指出,未来教育"不仅是提高社会生产的一种方法,而且是造就全面发展的人的唯一方法"[8]。列宁结合社会主义建设实际进一步分析了人的发展路径,并尤为突出了文化教育的功能,认为"没有各种学术、技术和实际工

---

[1] 《马克思恩格斯选集》(第1卷),人民出版社,2012,第55页。
[2] 《马克思恩格斯文集》(第1卷),人民出版社,2009,第187页。
[3] 《马克思恩格斯选集》(第1卷),人民出版社,2012,第135页。
[4] 《马克思恩格斯选集》(第1卷),人民出版社,2012,第54页。
[5] 《马克思恩格斯全集》(第46卷上册),人民出版社,1979,第108页。
[6] 《马克思恩格斯选集》(第1卷),人民出版社,2012,第199页。
[7] 《马克思恩格斯选集》(第2卷),人民出版社,2012,第126页。
[8] 《马克思恩格斯选集》(第2卷),人民出版社,2012,第230页。

作领域的专家的指导，向社会主义过渡是不可能的"[1]，故而，列宁主张通过教育不断提升劳动人民的文化素养与实践能力，这种教育还要包括共产主义教育，列宁指出："青年团和所有想走向共产主义的青年都应该学习共产主义。"[2]

2. 文化育人理论

马克思、恩格斯高度重视人的意识、文化素养等精神力量在社会实践中的能动作用。马克思在肯定"物质力量只能用物质力量来摧毁"[3]的同时，进一步指出，"理论一经掌握群众，也会变成物质力量"[4]，并强调不仅"思想力求成为现实"，"现实本身应当力求趋向思想"[5]，并针对当时德国的境况指出："思想的闪电一旦彻底击中这块素朴的人民园地，德国人就会解放成为人。"[6]

而列宁将马克思、恩格斯的文化育人理论进一步延伸开来，做出了极为有益的理论探索与实践探索。他针对具体国情，思考如何"使一个没有文化的野蛮的资本主义国家变为一个有文化的共产主义国家"[7]，并得出文化育人是确保社会主义建设顺利展开的结论，认为无产阶级在执政管理方面能力薄弱的关键在于"做管理工作的那些共产党员缺少文化"[8]，而群众更是如此。列宁指出："在一个文盲的国家里是不能建成共产主义社会的。"[9]他将文化育人的任务作为继政治变革后的重要执政任务，希望以此来提升共产党的执政能力以及群众的文化素养。

列宁进一步分析了先进文化的习得与传承在国家治理中的重要性，指出马克思主义理论是"工人阶级运动的旗帜"[10]，并强调在所有的文化教育

---

[1] 《列宁选集》（第3卷），人民出版社，2012，第482页。
[2] 《列宁选集》（第4卷），人民出版社，2012，第282页。
[3] 《马克思恩格斯文集》（第1卷），人民出版社，2009，第11页。
[4] 《马克思恩格斯文集》（第1卷），人民出版社，2009，第11页。
[5] 《马克思恩格斯文集》（第1卷），人民出版社，2009，第13页。
[6] 《马克思恩格斯文集》（第1卷），人民出版社，2009，第17~18页。
[7] 《列宁全集》（第36卷），人民出版社，2017，第129页。
[8] 《列宁全集》（第43卷），人民出版社，2017，第97页。
[9] 《列宁全集》（第39卷），人民出版社，2017，第344页。
[10] 《列宁全集》（第4卷），人民出版社，2013，第155页。

中，都必须"加强无产阶级劳动纪律"①，让共产党员和群众都能以马克思主义为指导思想，充分认识共产主义社会发展所蕴含的必然性。在如何选择文化育人的资源方面，列宁的思想体现出强烈的主体性与批判继承性。一方面，他强调要用马克思主义确保无产阶级文化安全。在社会主义建设中大力改造旧知识分子，培养无产阶级知识分子，教育青年群体并使其认为"学习"是重要的任务。另一方面，列宁批判继承了民族文化与资产阶级文化，并使其作为文化育人的资源。对民族文化，列宁指出，"每个民族文化，都有一些民主主义的和社会主义的即使是不发达的文化成分，因为每个民族都有被剥削劳动群众，他们的生活条件必然会产生民主主义的和社会主义的意识形态。但是每个民族也都有资产阶级的文化（大多数还是黑帮的和教权派的）"②。他还深入分析了两种民族文化的生成基础与影响，并且指出要从其中抽出民主主义的和社会主义的文化内容，也就是说，列宁在空间上肯定了民族文化的合理性，在现实中区分了不同性质的民族文化。对资产阶级文化，列宁反对一棍子打死的态度，认为"无产阶级文化应当是人类在资本主义社会、地主社会和官僚社会压迫下创造出来的全部知识合乎规律的发展"③，在理论与实践中，强调社会主义社会的建设与发展应当科学利用资本主义社会创造的一切可用的文化资源。

在文化育人的实践路径中，列宁尤为重视外部的灌输与教育。他指出，"工人本来也不可能有社会民主主义的意识。这种意识只能从外面灌输进去"④，进而强调无产阶级领导者要深入群众普及共产主义教育。为了营造良好的文化育人氛围，取得好的育人效果，列宁在加强社会主义教师队伍建设的同时，尤为关注党在宣传工作与文化事业中的领导权，重视对意识形态工作的引导，强调宣传与文化工作要始终为社会主义建设服务，不要降低水平迁就落后读者，"而是要坚定不移地——循序渐进地——提高读者的水平"⑤，在以电影为代表的大众文化娱乐方面要"生产有共产主

---

① 《列宁全集》（第38卷），人民出版社，2017，第369页。
② 《列宁全集》（第24卷），人民出版社，2017，第125~126页。
③ 《列宁选集》（第4卷），人民出版社，2012，第285页。
④ 《列宁选集》（第1卷），人民出版社，2012，第317页。
⑤ 〔苏联〕克鲁普斯卡娅：《列宁论图书馆工作》，李哲民译，时代出版社，1957，第34页。

义思想内容、反映苏维埃现实的新影片"①。与此同时，列宁关注思想领域的论争，旗帜鲜明地批判机会主义、文化虚无主义等不良思潮，在理论与实践中期望从组织、教育、思想等方面传播共产主义思想，培育共产主义接班人。

3. 社会发展的文化动力理论

马克思主义经典作家从历史唯物主义视角对社会发展的动力系统进行了深刻阐述，认为"历史进程是受内在的一般规律支配的"②，这种"一般规律"体现在生产力与生产关系、经济基础与上层建筑两对矛盾中，人们在劳动实践中认识并利用社会发展规律来实现自我发展。作为规律性运动的社会演进，背后有其特殊的动力系统，马克思、恩格斯将这种动力系统视为有机体，其中既有作为社会发展的原动力——人的需要，社会发展的核心驱动力——社会的基本矛盾，社会发展中的主体性动力因素——作为实践者的人民群众，社会发展的直接动力——阶级斗争等显性的因素，又有文化动力等隐性、渗透性动力因素，它们共同构成社会发展的综合动力系统。社会发展的动力系统验证着恩格斯晚年提出的历史发展"合力论"："有无数互相交错的力量，有无数个力的平行四边形，由此就产生出一个合力，即历史结果。"③ 恩格斯进一步肯定了社会发展中除经济基础之外的"上层建筑的各种因素"④，自然，文化便作为重要的"合力因素"存在其中。社会发展中的文化动力较为明显地体现在三大方面。

其一，文化动力渗透在人的需要与人民群众的发展中，因此，"人"的主体性动力得以凸显。"没有需要，就没有生产"⑤，人的需要作为社会发展的原动力，并不限于人的物质性需要，还包括文化层面的精神性需要，随着人们需求层次的不断提升，在人的文化需求日益旺盛的过程中，文化在社会发展中的影响愈发明显。同时，人还是社会发展的主体性因

---

① 《列宁文稿》（第4卷），人民出版社，1978，第490页。
② 《马克思恩格斯文集》（第4卷），人民出版社，2009，第302页。
③ 《马克思恩格斯文集》（第10卷），人民出版社，2009，第592页。
④ 《马克思恩格斯文集》（第10卷），人民出版社，2009，第591页。
⑤ 《马克思恩格斯文集》（第8卷），人民出版社，2009，第15页。

素，是"他们本身历史的剧中人物和剧作者"①，列宁在领导俄国革命中进一步验证了群众驱动社会发展的作用，即"决定历史结局的却是广大群众"②。然而，人民群众并非随心所欲地创造历史，"而是在直接碰到的、既定的、从过去承继下来的条件下创造"③，文化因素便是重要的"条件"。列宁也将人所依存的社会关系区分为"物质的社会关系"与"思想的社会关系"，文化便处于"思想的社会关系"中。人民群众在文化的化育中获取认识与改造世界的精神武器，进而推动社会发展。

其二，文化作为社会发展的催化剂，广泛渗透在社会发展的诸因素中，成为社会发展的精神动力。马克思、恩格斯的社会发展动力系统是一个整体性的、动态的有机系统，各个动力因素彼此联系、相互影响，其中，文化以其独特的隐性存在样态，极具渗透性，发挥出强大的"物化的知识力量"④，推动社会的发展与变革。列宁在社会主义建设中更是深刻把握了文化在社会发展中的精神动力作用。他认为，文化发展、人的文化素养等因素不仅是"使一个没有文化的野蛮的资本主义国家变为一个有文化的共产主义国家"⑤的重要因素，也是巩固社会主义革命成果的重要条件与重要任务。

其三，文化的发展与人的文化需求的满足是社会发展最高形态的重要内容。马克思主义经典作家将共产主义社会视为社会发展的最高形态。共产主义社会不仅是具备高度发达的社会生产力的社会，还是社会成员共产主义信仰等精神文化素养极大进步的社会，在那里，"每个人的自由发展是一切人的自由发展的条件"⑥。同样，列宁在社会主义建设实践中，不仅赞同了恩格斯提出的"可以组织分配以满足全体成员的需要"⑦，还强调要"保证社会全体成员的充分福利和自由的全面发展"⑧，如前文述及，人的

---

① 《马克思恩格斯选集》（第1卷），人民出版社，2012，第227页。
② 《列宁选集》（第4卷），人民出版社，2012，第679页。
③ 《马克思恩格斯文集》（第2卷），人民出版社，2009，第470~471页。
④ 《马克思恩格斯全集》（第46卷下册），人民出版社，1980，第219页。
⑤ 《列宁全集》（第36卷），人民出版社，2017，第129页。
⑥ 《马克思恩格斯选集》（第1卷），人民出版社，2012，第422页。
⑦ 《马克思恩格斯文集》（第1卷），人民出版社，2009，第688页。
⑧ 《列宁全集》（第6卷）人民出版社，2013，第413页。

自由全面发展需要文化的高质量发展与人的文化需要的不断满足。

（二）中华优秀传统文化中的以文化人资源

中华优秀传统文化中以文化人的价值主张"有其鲜明的民族特色"[1]与"永不褪色的时代价值"[2]。梳理新时代以文化人的理论依据，就不能脱离中华优秀传统文化中以文化人的价值主张。

1. 中国历史传统中以文化人的语义溯源

古文中，"文"的本义通纹理，《说文解字》称"文，错画也，象交文"[3]，后引申为语言文字等象形符号、文书、制度、装饰、修养、德性等意义，有美与善的价值。"化"的本义通生成、改变、造化，如"化而为鸟，其名曰鹏"[4]，指改变事物的形态与性质，后发展为对人的教行迁善。传统社会中，"文"与"化"的搭配使用一般均意蕴以文化人的思想，如《周易·贲卦·彖传》中较早出现"文"与"化"的联用："刚柔相济，天文也。观乎天文，以察时变；观乎人文，以化成天下。"[5] 其中的"文"，"即从纹理之义演化而来。日月往来交错文饰于天，即'天文'，亦即天道自然规律。同样'人文'指人伦社会规律，即社会生活中人与人之间纵横交织的关系……治国者须观察天文，以明了时序之变化，又须观察人文，使天下之人均能遵从文明礼仪，行为止其所当止"[6]。治国者通过"人文"来实现"化成天下"的目的，清晰地传递出了以文化人的意蕴。"文"与"化"的合体约在西汉之后，汉代刘向较早将"文"与"化"合并表述为"圣人之治天下也，先文德而后武力。凡武之兴，为不服也，文化不改，然后加诛"[7]，其中，"文化"指代与武力征服相异的文治教化，"文"是名词，"化"是动词，与以文化人的语义近似，之后古文典籍中经常出现的"文化"一词，基本上都蕴含了以文化人的语义。

---

[1] 《习近平关于社会主义文化建设论述摘编》，中央文献出版社，2017，第116页。
[2] 《习近平关于社会主义文化建设论述摘编》，中央文献出版社，2017，第116页。
[3] 张岱年、方克立主编《中国文化概论》，北京师范大学出版社，2004，第1页。
[4] 郭庆藩辑《庄子集释》，中华书局，1961，第3~4页。
[5] 李春青：《中华古文论释林：北宋卷》，北京大学出版社，2011，第158~159页。
[6] 张岱年、方克立主编《中国文化概论》，北京师范大学出版社，2004，第2页。
[7] 刘向：《说苑》，中国书店，1991，第1037页。

2. 儒家学派以文化人的价值主张

如何以文化人，当从封建大一统的指导思想中探寻要义，发源于春秋战国时期的诸子百家思想，表征着传统文化的定型，在这个"轴心时代"，诸位先贤围绕"理""欲"之争、"义""利"之辩，在人的自然生存方式与文化存在形式之间探求塑造理想人格与治国理政的路径，其中，以文化人的主张充分体现在儒家学派的思想中。儒家极为推崇"仁"与"礼"，其创始人孔子将"仁"视为人所应该追求的内在品质，这从《论语》中"仁"的高频出现便可见一斑，孔子认为"仁者必有勇"①，"刚、毅、木、讷，近仁"②，而仁者应该推己及人去宽厚待人，对君王而言，仁爱惠民、以德化民则为善政的最高境界。同时，孔子将"礼"视为人应该遵守的道德规范与行为准则，这里的"礼"指代礼节仪式，孔子强调"不学礼，无以立"③，并进一步指出"道之以德，齐之以礼"④，可以说，在孔子的视域中，以文化人就是围绕"仁"与"礼"展开的，所以孔子强调"克己复礼为仁"⑤。在孔子之后，虽然儒家学派发生分化，然而，无论是主张性善论者，还是主张性恶论者，先贤们对以文化人都有相同程度的珍视。主张性善论的孟子着重发展了儒家"仁"的学说，孟子有名言："人性之善也，犹水之就下也。人无有不善，水无有不下。"⑥ 孟子认为人性善是先验性的命题，人生来就具有"仁、义、礼、智""四端"，与生俱来就心有恻隐、知羞恶、懂辞让、明是非，至于君臣、父子等关系，则属于天命赋予的伦理纲常，"仁之于父子也，义之于君臣也，礼之于宾主也，知之于贤者也，圣人之于天道也，命也；有性焉，君子不畏命也"⑦，但是即便人性本善，要达到天命要求的伦理关系仍然需要不断地加强自我修养，通过自我修养保持并发展善的天性，"求则得之，舍则失之，是求有益于得也，

---

① 张燕婴译注《论语》，中华书局，2015，第205页。
② 张燕婴译注《论语》，中华书局，2015，第201页。
③ 张燕婴译注《论语》，中华书局，2015，第259页。
④ 张燕婴译注《论语》，中华书局，2015，第13页。
⑤ 张燕婴译注《论语》，中华书局，2015，第171页。
⑥ 杨伯峻译注《孟子译注》，中华书局，2008，第261页。
⑦ 杨伯峻译注《孟子译注》，中华书局，2008，第263页。

求在我者也"①。主张性恶论的荀子着重发展了儒家"礼"的主张,认为"人之性恶,其善者伪也"②,要想化恶为善,需要充分发挥环境和教化的作用,所以荀子强调王霸,主张兼用礼与法来矫正、教化群众。有言:"故古者圣人以人之性恶,以为偏险而不正,悖乱而不治,故为之立君上之势以临之,明礼义以化之,起法正以治之,重刑罚以禁之,使天下皆出于治,合于善也;是圣王之治而礼义之化也。"③ 在之后漫长的封建社会里,虽然儒家思想不断丰富发展,但孔子、孟子、荀子的思想奠定了儒家的思想根脉,不可撼动。

不难发现,传统社会中的以文化人更多是从君王治国理政的角度谈及的,而事实上,在儒家学说占据主导地位的封建统治思想中,以文化人的确成了封建帝王维护统治的重要策略。其中的"文"主要指代礼乐典章、伦理纲常、道德规范等封建社会的意识形态;其中的"化"侧重统治阶级对群众的开化、教化与训从,《管子·七法》篇中的"渐也,顺也,靡也,久也,服也,习也,谓之化"的表述颇能表达这种意蕴;至于"人"的落脚点,典型地体现为服从君王之治的顺民,儒家对人的道德教化所希冀的理想境界是"尽伦",儒家将君臣之间、父子之间、夫妇之间、兄弟之间、朋友之间的"五伦"关系纳为宗法关系予以强调,无论是朝代更迭还是机构改制,君臣、尊卑、上下、亲疏等等级秩序不可紊乱。

3. 传统社会以文化人的主要目的

传统社会中的以文化人明显指涉三个目的。一是维护并巩固封建统治。这从汉武帝时期"罢黜百家,独尊儒术"的政治主张中可以看出。汉代,一些思想家在对盛极一时的秦王朝灭亡的原因进行剖析后,认为维护和巩固政权的最好方式是"文武并用,长久之术也"④。所以在汉武帝统治时期,提出了君主当秉承儒家思想,重"仁"、重"礼",治国当以德政为主、德政与刑罚并用的统治策略。在政权统治中,要充分发挥"礼乐教化"的作用,以"三纲""五常"的封建伦理宗法观念为约束群众生活、

---

① 杨伯峻译注《孟子译注》,中华书局,2008,第 234 页。
② 王先谦:《荀子集解》,中华书局,1988,第 513 页。
③ 王先谦:《荀子集解》,中华书局,1988,第 434 页。
④ 司马迁:《史记》,中华书局,1959,第 2692 页。

交往的规范与法度，以此实现化民成俗的目的。至此，中国进入德主刑辅的封建统治时期，儒家学说作为一种道德准则渗透至封建律法精神中，体现在立法与司法中，以文化人作为维护帝王政权统治的策略得到认可，并贯穿于整个封建社会的统治中。二是维系社会秩序。儒家所推崇的理想化的社会秩序是等级之间的和谐统一，这符合封建统治阶级的利益需求。对群众而言，中国封建社会的经济样态属于自给自足的农耕经济，群众之间缺乏充分的经济交往需求，需要以一种非经济样态的道德规范将群众联结起来，使其成为顺民。对知识分子阶层及封建社会的官僚阶层而言，儒家关于"修身、齐家、治国、平天下"的价值主张，为其刻画了宏伟的人生轨迹，转移了等级制度间的矛盾，维护了社会平稳的秩序。历史反复证明，在封闭性的农耕经济中，倘若君王能够贯彻儒家的主张，能够以文化人，其社会秩序一般是安稳有序的。三是追求理想人格的实现。中华优秀传统文化极为重视理想人格的塑造，在儒家思想中，追求理想人格是最基本的价值主张。儒家思想作为封建社会以文化人中"文"的重要选择，对理想人格的追求体现为"内圣"与"外王"。"内圣"首先指一种向善的德性修养，这种"善"体现为较为宽泛的仁爱精神，体现为人与人之间的真诚、关爱、尊重之情。其次，"内圣"还指对"知"的追求，这里的"知"意指一种理性的品格，儒家在理欲之争中倾向理性，理性是君子的追求。与"内圣"相对应的是"外王"，"外王"彰显了一种强烈的责任感与家国情怀，追求的是治国平天下的入世功劳。儒家思想长久的显学地位使得儒家所追求的"内圣""外王"的理想人格成为传统社会中以文化人在人格塑造层面的重要追求目标，对后世影响深远。

由此，我们发现，在传统以文化人的价值主张中，既有着深厚的人文色彩与治国智慧，又因受限于封建社会的物质生产方式与社会性质，而透露出狭隘的封建统治阶级的阶级立场。正因如此，新时代以文化人的理论与实践既要吸收和发展中华优秀传统文化中以文化人的价值主张，继承中华民族数千年来重视文治教化、注重发挥文化对人的作用的治国理政思路，又要在以文化人的主要目的、育人资源、化育方式中站稳人民立场，体现时代诉求，在传承民族文化基因的基础上，不断发展。

三　新时代以文化人的实践依据

中国共产党自成立起就十分重视发挥先进文化对人的作用，注重以文化人。不仅党的先驱们是代表"新文化"的马克思主义的信仰者与传播者，而且党本身也是在以马克思主义为旗帜的先进文化的化育下诞生的。在百余年发展史中，党围绕不同历史时期的育人使命，持续性进行着育人探索，并在时代的发展中留下了宝贵经验，成为新时代以文化人必不可缺的实践依据。

（一）中国共产党以文化人的探索历程

根据党每个阶段以文化人的具体历史语境与任务使命的差异，本小节将分三个阶段探讨党的十八大之前以文化人的探索历程。

1. 新民主主义革命时期以文化人的历史展开（1921~1949年）

新民主主义革命时期，党直面改造社会的革命斗争中所出现的一系列艰巨挑战，积极探索可行的以文化人之路，进行了一系列卓有成效的育人实践，为党以文化人历程的延续发展提供了宝贵的历史范本。

第一，开展马克思主义传播。虽然在党成立之前，早期的共产主义者已经在马克思主义传播方面作出了积极的努力，并直接推动了党的成立。然而，党成立伊始，围绕这一新生政权的建设，开展马克思主义传播仍然是这一时期最重要的育人使命。一方面，党肩负着用"新思潮"化育队伍的责任。党的一大通过的《中国共产党第一个决议》指出，"党应在工会里灌输阶级斗争的精神"[1]，启蒙教化他们"在实践中去实现共产党的思想"[2]。另一方面，在建党初期，作为一个新型的马克思主义政党，中国共产党在思想文化领域的清明尤为迫切，不仅当时社会上各种思潮交锋激烈，党内思想斗争经验不足也造成了党的建设危机。刘少奇指出："必须

---

[1] 《建党以来重要文献选编（一九二一——一九四九）》（第1册），中央文献出版社，2011，第4页。
[2] 《建党以来重要文献选编（一九二一——一九四九）》（第1册），中央文献出版社，2011，第5页。

坚决抛弃这种主观主义与形式主义，用马克思的辩证法来代替；坚决肃清关门主义与冒险主义的历史传统，用布尔什维主义来代替。"① 为了更好地用思想武器武装政党，党打造了一批育人阵地来提高全党的思想理论水平，如在苏区创办马克思共产主义学校、苏维埃大学、中央教育干部学校等。除此之外，一批代表党的思想导向的红色刊物涌现，发挥了舆论宣传作用，如《红色中华》《青年实话》等。在实践探索中，党对如何用先进文化育人、如何在思想上建党开始有了规范化的遵循，标志性事件是1929年古田会议通过的《古田会议决议》，系统地回应了如何解决党内的思想文化教育与红军队伍中的文化化育问题。党内对以文化人的早期探索不仅提升了全党的思想觉悟与建设水平，更为新民主主义革命的胜利奠定了坚实的思想基础与组织基础。

第二，教化广大群众。群众向来是党的力量来源与服务对象，为了达成让广大群众"快聚集在共产党旗帜之下奋斗"②的革命局面，党将广大群众的革命文化运动提升到一个相当重要的地位，围绕这一时期的社会革命，以文化人承担了对广大人民群众普及文化的任务。在这一价值导向下，党开展了马克思主义大众化的实践。一方面，抽调先进知识分子群体，成立了宣传、传播先进文化，教化群众的两支骨干队伍，即"社联"与"左联"，不仅将革命文化融入文艺作品创作中，还进一步促进马克思主义著作的翻译出版，仅1927年8月至1937年6月，党就推动翻译出版马克思主义经典作家著作"达113种之多"③。与此同时，一批在民众中影响深远的著作陆续呈现，如李达著的《社会学大纲》、艾思奇著的《大众哲学》等，以当时群众易于理解、乐于接受的话语推动了党以文化人的开展。另一方面，党针对当时的重点群体，采取了分众化的化育方式。对活跃在思想文化领域的青年群体，尤其是青年学生，党专门通过大量的文章、讲话来加强对青年的思想文化教育，比如毛泽东发表的文章《中国青年的任务》、朱德发表的文章《五四运动与青年》等。在育人阵地方面，

---

① 《刘少奇选集》（上卷），人民出版社，1981，第71页。
② 《建党以来重要文献选编（一九二一——一九四九）》（第1册），中央文献出版社，2011，第134页。
③ 《中国共产党历史（1921~1949）》（第1卷上册），中共党史出版社，2011，第370页。

党领导并协助社会主义青年团、共产主义青年团等核心青年组织用先进文化化育青年，此外，党筹建的抗日军政大学更是吸纳了一批来自全国各地的青年，这些青年成为先进文化的接收者、传播者与创造者。对与党有着血肉联系的苦难农民，党在农民运动讲习所和训练班中讲授马克思主义，化育出一批农村大革命的骨干；为了使先进文化的育人作用在农民群体中得以充分发挥，党直接组织并领导了各地农民协会，既提高了农民的文化水平与革命意识，又动员农民积极参与社会革命。

第三，建立文化统一战线。党的二大提出"组织民主的联合战线"[①]以来，党持续性地发挥统一战线的革命支持作用，统一战线的形成离不开思想文化领域的动员。这一时期，党以文化人的实践便承担起了在育人中达成文化统一战线，进而服务革命统一战线的使命责任。对此，瞿秋白就提出要从思想意识等文化层面上，"武装无产阶级和劳动群众，手工工人、城市贫民和农民群众"[②]，以文化教化的方式统一思想。实践中，党不仅通过群众喜闻乐见的文艺作品教化群众，在苏区，还针对农民教育问题，着力普及革命文化，在思想上和行动上将广大民众团结在服务革命统一战线的文化统一战线中。随着国内革命形势的变化，毛泽东进一步强调了建立文化统一战线的重要性。首先，党注意在群众中开展统一战线的宣传教育，凝聚革命共识。其次，党充分发挥了知识分子在革命文化统一战线建立中的重要作用。毛泽东将民族解放斗争的战线分为军事与文化两种形式，指出文化战线，"是团结自己、战胜敌人必不可少的一支军队"[③]，并在1940年1月发表的《新民主主义论》和1942年发表的《在延安文艺座谈会上的讲话》中，详细界定并阐述了文化思想领域统一战线的具体问题，明确了知识分子应有的价值取向，进一步繁荣了革命文艺创作，为建设文化统一战线凝聚共识、培养队伍。由此，党对文化统一战线的认识也从起初的感性实践升华为系统性的理性思考，在具体的以文化人实践中，将党的革命理念和文化符号内化为广大人民的文化自觉与价值信仰，为革

---

① 《建党以来重要文献选编（一九二一——一九四九）》（第1册），中央文献出版社，2011，第139页。
② 文振庭编《文艺大众化问题讨论资料》，上海文艺出版社，1987，第37页。
③ 《毛泽东选集》（第3卷），人民出版社，1991，第847页。

命统一战线作用的发挥提供了强大的精神动力。

2. 社会主义革命与建设时期以文化人的主要成就（1949～1978年）

新中国的成立，不仅结束了反动势力在武力和文化上对旧中国的统治，还进一步凸显了党以文化人实践的价值，毕竟如果没有思想文化上的统一战线，新民主主义革命将难以取得彻底的胜利。所以，毛泽东下定决心，不但要从政治上、经济上改造旧中国，还要把"一个被旧文化统治因而愚昧落后的中国，变为一个被新文化统治因而文明先进的中国"①。与之相应，这一时期，党以文化人的实践在破旧立新与培养社会主义建设者方面取得了积极的进展，只是，在此历史进程中，面对新的执政考验，党以文化人的实践在大的社会发展背景下，亦经历着曲折探索的蛹化。

第一，破旧立新。新中国成立后，尤其是在社会主义过渡时期，面临思想文化混沌迷茫的复杂形势，党亟须用先进文化涵养群众，为百废待兴的新中国建设铺垫精神基础。破旧立新成为以文化人时下最紧要的任务，按照《中国人民政治协商会议共同纲领》的规划，清扫旧文化、旧思想，继承与发展新民主主义文化，培养"爱祖国、爱人民、爱劳动、爱科学、爱护公共财物"②具有公德意识的公民，加强对人民的"政治教育"③。为了提高以文化人的实效，党主要从三个方面开展工作。一是确立了具体的以文化人实施方针。《中国人民政治协商会议共同纲领》所确立的新民主主义文化总方针从宏观层面保证了党以文化人实践的群众立场，要在以文化人实践中普及并提高群众的文化教育水平，将以文化人与国民经济的恢复与发展相结合。为了让这一宏观层面的方针落地，文教出版等领域进一步细化了具体的实施方针，诸如文化部在1950年提出工作的着力点是"普及与提高人民新的爱国的文化"④，其中以普及为首位，这就要求文艺工作要"服务于政治，服务于工农兵"⑤。教育部亦围绕抗美援朝、增产节

---

① 《毛泽东选集》（第2卷），人民出版社，1991，第663页。
② 《中华人民共和国开国文选》，中央文献出版社，1999，第285页。
③ 《中华人民共和国开国文选》，中央文献出版社，1999，第444页。
④ 《文化工作文件资料汇编（1949～1959）》（第1卷），中华人民共和国文化部办公厅，1982，第1页。
⑤ 《陆定一文集》编辑组编《陆定一文集》，人民出版社，1992，第422页。

约、思想改造等社会任务，确立了"提高工农群众的文化水平"①的工作方针。出版总署强调了出版适合干部与群众教育需求的适宜文化读物的工作方针。二是改造旧文化事业。在党的七届三中全会上毛泽东所提出的"有步骤地谨慎地进行旧有学校教育事业和旧有社会文化事业的改革工作"②，实际上成了改造旧文化的指导方针。这是改与建的双向过程，在对旧戏曲、旧艺人、旧教育、旧宗教、旧文化机构的改造中，确立了马克思主义在思想文化领域的指导地位，建构了新的"民族的、科学的、大众的"教育体系，确立了促进文化发展的"双百"方针与社会主义文化建设的方向，建立了服务于新中国事业发展的科研与文化传播机构，引导宗教传播、社会风俗与新的文化育人的要求相适应，营造了良好的以文化人的社会氛围。三是开展思想文化领域的批判。为了在思想文化界开展马克思主义教育，确保党的以文化人实践产生好的育人影响力，党首先在知识分子中进行了批判资产阶级唯心主义思想的运动，当时，中宣部在强调正面教育的同时，也指出要"同党内外一切违背总路线的思想倾向作斗争"③，随着批判的深入，1955年1月26日，中共中央下发《关于在干部和知识分子中组织宣传唯物主义思想，批判资产阶级唯心主义思想的演讲工作的通知》，提出要在有阅读能力的知识分子与群众中坚持唯物主义、批判唯心主义，教化人民。随后，一场涉及全国思想文化领域的批判蔓延开来，大量唯物主义教育类书籍出版。这一批判过程客观上推进了用马克思主义教化民众的进程。

第二，培育社会主义建设者。为新生政权与国家培养社会主义建设者是新中国成立后以文化人实践的又一重要任务，对此，党分层次、有重点地推进了以文化人实践。一是关心党的干部队伍。新生政权的维护需要一批文化素质高、坚持党的领导的干部队伍，所以，"有重点地加速培养建设干部"④成为当时重要的育人内容，正如毛泽东所言，"指导伟大的革

---

① 《教育文献法令汇编（1949~1952）》，中华人民共和国教育部办公厅，1958，第21页。
② 《毛泽东文集》（第6卷），人民出版社，1999，第71页。
③ 《中国共产党宣传工作文献选编（1949~1956）》，学习出版社，1996，第728~729页。
④ 《教育文献法令汇编（1949~1952）》，中华人民共和国教育部办公厅，1958，第21页。

命，要有伟大的党，要有许多最好的干部"①。围绕这一使命，党的以文化人实践通过开展学习运动、轮训干部等方式，着力提升干部队伍的理论水平与党性修养。二是关心知识分子。不仅社会主义建设需要大批知识分子的智力支持，旧社会中走出的知识分子也面临着思想改造的问题，故而，知识分子的改造与培育是新中国党的育人实践的重要内容。在新中国成立前夕，党就将争取知识分子作为育人的重要内容，新中国成立后，针对知识分子开展的思想改造进一步强化了知识分子群体对马克思主义的学习与信仰。1956年初召开的全国知识分子问题会议，在认可知识分子整体思想面貌改观的现状之后，又做出了知识分子发展的质与量"都不足以适应社会主义建设急速发展的需要"②的判断，由此，党通过关心知识分子的生活与思想、与他们建立好的同志关系、通过说服教育与批判相结合的方式进一步引导他们信仰马克思主义，投入社会主义改造与建设中。三是关心广大群众。群众是推动社会发展的重要主体，在社会主义改造完成之后，党在马克思主义的指导下，确立了在群众中进行文化化育的基本内容。其中，农民的思想文化教育一直是党的关注重点，新中国成立后，毛泽东就提出要在广大农民群体中"进行一次大规模的社会主义教育"③，随后，中共中央以下发系列指示的方式，在广大工农群众中开展了爱国、爱社、爱家的文化教育，以批判、厘清思想上的各种错误倾向。

3. 改革开放和社会主义现代化建设新时期以文化人的与时俱进（1978年至党的十八大）

改革开放以来，随着党的工作重心由以往的民主革命与社会革命转移到经济建设上来，党对以文化人的使命期待也由浓郁的革命或政治色彩转向对政治与社会经济发展的双重关注，文化对人的影响力被赋予更多的功能与价值期待。以文化人的实践在使命的蜕变中，留下了新的印记。

第一，拨乱反正。为了将党以文化人的优良传统拉入正轨，在思想文化领域，党着力进行了拨乱反正的工作。在具体的举措方面，否定了"两

---

① 《毛泽东选集》（第1卷），人民出版社，1991，第277页。
② 《建国以来重要文献选编》（第8册），中央文献出版社，1994，第14页。
③ 《建国以来重要文献选编》（第10册），中央文献出版社，1994，第486页。

个凡是"的错误主张,纠正了"两个估计"的错误研判,确立了实践是检验真理的唯一标准,恢复高考,召开全国科学大会,肯定了科技工作者等广大知识分子的重要地位,在文化事业发展中确立了"双百"方针与"二为"的服务方向,重新确立了社会主义文化思想的主体地位,重新确立了用先进文化滋养人民的育人观。由此,以文化人的实践迎来新发展。

第二,推进社会主义精神文明建设。这一阶段,推动社会主义精神文明建设成为党以文化人实践的重要使命,毕竟,精神文明建设始终需要高素质的人来支撑,而人的素养的提升需要文化的滋养、教化。基于此,党的十二届六中全会将"适应社会主义现代化建设的需要,培育有理想、有道德、有文化、有纪律的社会主义公民,提高整个中华民族的思想道德素质和科学文化素质"[1] 作为根本任务,大力推进社会主义精神文明建设,这也是以文化人实践的重要使命,也就是说,不仅要推进高水平的文化建设,更要在先进文化的化育中,将"共产主义的思想、理想、信念、道德、纪律,革命的立场和原则"[2] 内化为人们的精神信仰,育"四有"新人。

在实践层面,首先,在育人资源选择上要坚持马克思主义、毛泽东思想、邓小平理论、"三个代表"重要思想与科学发展观,中国特色社会主义文化的发展方向基本确立。其次,以文化人围绕"思想道德建设和教育科学文化建设"[3],着力推动先进文化育人作用的发挥。在思想道德建设方面,针对党员群体,发扬了教育与整风的党内育人传统,持续用先进的文化资源武装党,如围绕学习党的十二大通过的新党章与制定的社会主义现代化建设的正确纲领开展的党员全面教育,以"讲学习、讲政治、讲正气"为主题开展教育活动等,期待党员们在思想文化素养的提升中更好地履行新的时代使命。对群众,针对职工群体、农民群体、学生群体等不同群体的需求,以文件、制度的方式推进广大群众的理想信念教育,以文化人在制度的保障下加快了分众化实践的进程,在职工群体中,引导他们在社会经济结构关系的改革中,提高政治觉悟与工作的组织性、纪律性;在农民群体中,引导他们破除封建迷信,学习科学文化,培育法治意识,养

---

[1] 《十二大以来重要文献选编》(下),人民出版社,1988,第1176页。
[2] 《邓小平文选》(第2卷),人民出版社,1994,第367页。
[3] 《十二大以来重要文献选编》(下),人民出版社,1988,第1176页。

成良好的文化风尚；在学生群体中，进行思想理论教育，培育他们形成正确的价值观等。其中，尤其要提出的是2001年中共中央下发的《公民道德建设实施纲要》作为社会主义先进文化的重要成果，在广泛的宣传与教化中，推进了全民道德建设。随着学校思想政治教育的规范化、体系化以及党的舆论宣传平台建设的加强，以文化人的阵地建设得到加强。在教育科学文化建设方面，随着知识分子的作用与地位得到充分肯定，以及科教兴国这一基本国策得以确立，以文化人育人实践与教科文事业的发展形成了良性互动。这一时期，随着社会主义核心价值体系的提出，以文化人的价值引导有了更明确的方向，这对维系民族的精神纽带有着重要的意义。同时，文化建设迎来了新高潮，文化产业得到了新发展，以文化人与以人化文协同发展，党的育人实践不仅着力于用文化丰富人的精神世界、推动人的发展，还更主动、更积极地在育人资源的质与量的提升与丰富中下功夫。文化体制的改革与文化产业的良序发展提上日程，党的十七届六中全会通过《中共中央关于深化文化体制改革、推动社会主义文化大发展大繁荣若干重大问题的决定》，进一步深化了人们对以文化人基本问题的认识，不仅文化体制改革与产业发展的具体方向得到明确，"社会主义文化强国"的战略部署也得以凸显，由此可以发现，党以文化人实践在更为自觉地发挥先进文化的育人作用。

（二）中国共产党以文化人的历史经验

在实践的淬炼中，党围绕以文化人开展的积极探索为育人事业的持续发展提供了宝贵的历史经验。

1. 明确"化"什么人这一根本问题

以文化人是一种育人机制，是凭借"文"的影响力来达成育人的目的，那么，"化"什么人就至关重要。在党以文化人的实践中，明确的"化"人指向成为指引育人实践发展的重要驱动力。在历史探索的每个阶段中，"化"人的落脚点始终与党的任务、使命相关，始终与民族独立与发展的需求相关，始终与人民的福祉诉求相关。也正因如此，在既往的以文化人实践中，党充分发挥了文化的动员力与涵化力，激发了更为普遍的人们的革命与生产的热情，将"化"人的落脚点与党育人的初衷相统一，形成民族发展的绵延动力。从更深层次来看，以文化人的背后关联执政党文化领导权的获取，构成执政党的软权力，因此，"化"人的落脚点进一步关乎国家的文化安全与执政安全。在复杂的国际形势下，正因党始终从育人的高度关注以文化人，才能有效凝聚民族精神，统一思想，防范化解意识形态风险。

2. 把握化人之"文"这一前提条件

既然以文化人是期待以"文"为资源与媒介对人产生积极的化育影响，那么，化人之"文"的选择就极为关键。可以说，在整个以文化人实践中，"文"的性质与内容关乎以文化人的方向与成效，而文化有先进与落后、积极与消极的性质之分，选择先进、积极的文化作为以文化人的资源，是以文化人的重要前提。从新民主主义文化到中国特色社会主义文化的建设历程，党一方面把握了先进文化的前进方向与正确的价值导向，另一方面不断传承并创新育人的文化资源，夯实了党以文化人中"文"的先进性，凸显了用先进文化"化"人的重要性。

3. 注重具体的"化"法这一路径选择

再好的文化资源也需要具体而恰当的"化"法才能充分发挥育人效力。在党以文化人的实践探索中要注意以下两个方面。一是要辩证看待以文化人的育人资源。既要尊重"美美与共"的多元文化生态，又要发挥先进文化的主导作用；既要关注文化背后的意识形态性，又要看到文化范畴大于意识形态的一面。二是以文化的方法发挥文化的育人作用。既然是凭借文化的作用达成育人的目标，那么以文化人的实践就需要尊重文化的育人方法，发挥先进文化的弥散性、包裹性的作用。而在党长期的育人探索中，也正因其充分把握了先进文化的育人阵地，才保障了育人的方向性与质量。

4. 站稳人民立场开展化育实践

历史唯物主义强调人民群众是历史的创造者。在党以文化人的实践中，人民既是教化的对象，也是文化实践的主体，这既可从"文"的大众化旋律中显现，又可从"化"的方式中看出，在文化实践中，人民拥有平等的准入权。新时代以文化人的理论与实践就站稳人民立场，满足人民新的文化诉求与发展需求，体现出一系列想民之所想、谋民之所求的价值主张，这就是发扬了党站在人民立场"化"人的传统。

第二章

落脚"'人'这个根本":新时代以文化人的目标任务

以文化人的目标和任务反映了以文化人的本质与方向,进而规定了以文化人实践中的具体内容,影响以文化人的具体环节运行。党的十八大以来,以习近平同志为核心的党中央始终把代表广大人民的"人"高高举起,坚持"以民为本、以人为本"[①]的育人思路,具体而言,即推进人的发展是以文化人的根本目标,化育新人是以文化人的根本任务。

一 "人的发展":新时代以文化人的根本目标

以文化人的目标是指在以文化人的实践中,凭借文化的"化"人效力,在化育对象知、情、信、意、行方面所期待实现的效果,体现出育人者对化育对象发展质与量的一种预判与规定。目标关涉行动者的价值倾向与实践动力,在以文化人的"知"与"行"中属于上位的顶层设计,但作为育人的实践,以文化人的目标是多维的,从作用范围、作用对象、作用时间等不同维度可作出区分,其中,根本目标作为以文化人实践的终极追求,奠定了以文化人"知"与"行"的发展进路,因此,对根本目标的澄清至关重要,推进人的发展就是新时代以文化人的根本目标。

---

① 《胸怀大局把握大势着眼大事 努力把宣传思想工作做得更好》,《人民日报》2013年8月21日,第1版。

（一）人的发展的出场逻辑

从历史唯物主义的哲学思维出发，任一事物的发展与实践目标都有其客观的制约因素与依据条件，绝非纯粹理念的产物，因为在社会历史领域内进行活动的是"具有意识的、经过思虑或凭激情行动的、追求某种目的的人"[1]。新时代以文化人的根本目标是在学习研究习近平文化思想的前提下，在结合以文化人实践中诸要素的相互作用、环境因素的制约等情况的基础上做出的判断。

1. 在文化的化育中实现人的发展是习近平总书记高度重视的内容

习近平总书记极为重视人的自身建设，肯定并注重发挥文化在人的发展中的重要作用。

其一，人的发展以精神文化为内核。人的发展不仅需要物质支撑还需要精神文化支撑。"人类社会与动物界的最大区别就是人是有精神需求的"[2]，文化作为人的实践活动对象化的产物，在满足人的精神需求的同时，也成为人的一种规定性形态。从一定程度上说，人类历史便是人类创造文化并不断满足自身文化需求的历史，人类在认识世界、改造世界、确立自我主体地位的过程中生产文化，习近平将此理解为"文化即'人化'"[3]。文化在成为人的规定性形态的过程中，不断发挥其对人的内在支持作用，文化映射出人类对自我与外界的认知，反映出人的生存与实践智慧，表征着人的社会化存在方式，人在文化的传承与实践中促进自我意识的开化与实践能力的提升。恰如习近平指出，"要化解人与自然、人与人、人与社会的各种矛盾，必须依靠文化的熏陶、教化、激励作用，发挥先进文化的凝聚、润滑、整合作用"[4]，因为"社会发展以人的发展为归属，人

---

[1] 《马克思恩格斯文集》（第4卷），人民出版社，2009，第302页。
[2] 《习近平关于社会主义文化建设论述摘编》，中央文献出版社，2017，第8页。
[3] 习近平：《干在实处 走在前列——推进浙江新发展的思考与实践》，中共中央党校出版社，2006，第295页。
[4] 习近平：《干在实处 走在前列——推进浙江新发展的思考与实践》，中共中央党校出版社，2006，第293页。

的发展以精神文化为内核"①。

习近平不仅从人的个体发展视角确认精神文化的重要性,更深层次地从人的群体性发展视角强调精神文化的重要性。他肯定了文化软实力,将其视为人类社会发展不可替代的重要推动力,他指出:文化是"经济发展的'助推器'、政治文明的'导航灯'、社会和谐的'黏合剂'"②。在人类社会发展中,文化内在地弥散于社会运行的各个环节中,可以说,有人的地方便有文化的存在,许多人类社会发展的取向与问题无法单纯地从政治、经济等方面得以诠释,需要引入文化的分析视角。如同韦伯曾判断:任何一项伟大事业的发展,其背后均有成就这一事业的"社会精神气质"。党的十八大之后,习近平总书记更为频繁地强调文化对人的影响,创造性地提出要培育文化自信,指出"没有先进文化的积极引领,没有人民精神世界的极大丰富,没有民族精神力量的不断增强,一个国家、一个民族不可能屹立于世界民族之林"③。所以,文化不仅是人的发展的精神内核,也是民族与社会的发展动力。

其二,让人们在持续的以文化人中提升素养。习近平总书记指出:"通过文化交流,沟通心灵,开阔眼界,增进共识,让人们在持续的以文化人中提升素养,让文化为人类进步助力。"④ 以文化人就是通过提升人的素养推动人的发展。在以文化人的整体意蕴中,"人"是目标性的存在。以文化人的关键在于对人发挥文化的涵化作用,虽然在文化的发展中,"人"是文化的生成主体,但在以文化人的实践中,"人"作为化育对象是化育的客体,文化只有假借人的吸收与外化才能成为影响人的存在方式与社会运行的强大精神因素,即文化与物质世界的客观联系及对社会存在的作用的发挥,是通过其行为主体"人"在自身的社会实践中实现的。具体而言,以文化人凭借文化的影响力为人们提供了进行社会实践的一种意识

---

① 习近平:《干在实处 走在前列——推进浙江新发展的思考与实践》,中共中央党校出版社,2006,第291页。
② 习近平:《干在实处 走在前列——推进浙江新发展的思考与实践》,中共中央党校出版社,2006,第289页。
③ 《习近平关于社会主义文化建设论述摘编》,中央文献出版社,2017,第7页。
④ 《习近平关于社会主义文化建设论述摘编》,中央文献出版社,2017,第187页。

"前见",通过对象"人"的主体作用的发挥,将化人之"文"的精神实质投射到日常生活与实践工作中去,让实践不断趋近化人之"文"的内在要求,并在实践中进行与化人之"文"性质一致的文化实践。这一化育过程诠释着马克思的名言——"光是思想力求成为现实是不够的,现实本身应当力求趋向思想"①,以文化人是以文化化育的方式达成育人者所期待的文化认可与传承的目标。

虽然以文化人是作用于人的实践,但并非任何情境下的以文化人均指向人的发展,这还取决于育人者的阶级属性与价值倾向等因素。新时代以文化人就是期待用先进文化的化育,培育人成为"具有尽可能丰富的属性和联系的人"②,推动人的自由全面发展。

其三,将人的发展作为以文化人的重要实践向度。一切物质文化和精神文明建设的"最终目的就是要促进人的全面发展"③,党员领导干部也要将"促进人的全面发展"④作为重要的初心、使命,因此,人的全面发展也应当是以文化人实践的重要向度。在化人之"文"的界定与选择中,要重视文化的"属人"性,习近平指出文化事业就是"养人心志、育人情操"⑤的事业,社会创造精神财富是为了"满足人民日益增长的精神文化需求"⑥,在文化潜移默化的化育中,人们精神世界丰盈"就可以创造出很多人间奇迹"⑦。关于化人之"文"的选择,明确了要用先进文化化育人,不给人们灌"迷魂汤""软刀子",尊重人的文化权利、保护人的文化利益,摒弃低俗、庸俗、媚俗的负文化,用"社会主义核心价值观和人类优秀文明成果滋养人心"⑧,确保化人之"文"的"文"与人的发展之间的价值关联,用先进文化将"人"化上正道。

---

① 《马克思恩格斯选集》(第 1 卷),人民出版社,2012,第 11 页。
② 《马克思恩格斯文集》(第 8 卷),人民出版社,2009,第 90 页。
③ 习近平:《干在实处 走在前列——推进浙江新发展的思考与实践》,中共中央党校出版社,2006,第 297 页。
④ 《习近平关于社会主义社会建设论述摘编》,中央文献出版社,2017,第 191 页。
⑤ 习近平:《干在实处 走在前列——推进浙江新发展的思考与实践》,中共中央党校出版社,2006,第 295 页。
⑥ 《习近平关于社会主义文化建设论述摘编》,中央文献出版社,2017,第 8 页。
⑦ 《习近平关于社会主义文化建设论述摘编》,中央文献出版社,2017,第 10 页。
⑧ 《习近平关于社会主义文化建设论述摘编》,中央文献出版社,2017,第 50 页。

习近平总书记还极为关注以文化人的实践主体是否将人的发展作为实践的重要向度，比如，他十分关注思想政治教育工作者、文艺工作者、哲学社会科学工作者，强调他们是以文化人的重要主体，"肩负着启迪思想、陶冶情操、温润心灵的重要职责"①，强调以文化人的责任主体要为了人民的需求创作，要致力于丰富人民的精神世界，提升人民的文化素养与发展水平。以文化人实践是否有效，重要的考量指标便是先进文化能否在化育对象的知、情、信、意、行中产生积极效果。化育对象的接纳与否至关重要，而人的社会属性与精神属性决定了人都有发展的需求，对化育对象而言，能否触动我、实现我更好的发展，是愿否接纳化人之"文"影响的重要因素。习近平总书记强调要从人民的发展需求出发，"以精品奉献人民"②，还教育我们要围绕人的需求、处境、发展意愿，"推进理念创新、内容创新、手段创新"③，这些都提醒我们要注意以文化人的形式与吸引力。

2. 促进人的发展符合以文化人育人实践的性质规定

安东尼奥·葛兰西（Antonio Francesco Gramsci）曾将文化视作结合知识，文化的目的无法脱离社会与历史环境的制约而自我演进。以文化人亦是如此，其目的受制于以文化人育人实践的性质，而以文化人育人实践的性质进一步取决于社会的物质生产基础与社会性质。在我国，一切育人究其根本就是要"培养德智体美全面发展的社会主义建设者和接班人"④，要将"立德树人"融入教育的各环节、各领域。据此，我们可以将新时代以文化人的实践性质理解为以文化为载体，用文化影响人的方式立德树人，旨在丰富人的精神世界，促进人的发展，为社会主义培养建设者和接班人。

这个目标属于"目标群"，包含相互联系的三个方面。其一，丰富人的精神世界。本书所研究的文化为狭义层面的精神生产领域的文化。作为狭义层面的观念化的文化，其本身就是人的精神世界的产品，而人作为高

---

① 《习近平谈治国理政》（第3卷），外文出版社，2020，第325页。
② 《习近平谈治国理政》（第3卷），外文出版社，2020，第324页。
③ 《习近平关于社会主义文化建设论述摘编》，中央文献出版社，2017，第52页。
④ 《习近平谈治国理政》（第3卷），外文出版社，2020，第36页。

等动物，精神世界的充盈、精神需求的满足与精神面貌的发展需要文化的教化，进而丰富人的生活体验，提升人的文化品位，引导人体认一系列有价值的事物。其二，促进人的发展。马克思始终将人的发展视为自由而全面的，是"作为一个完整的人，占有自己的全面的本质"①，"完整的人"的全面发展是人的内在属性的充分展示，是生理性需求、社会性需求、精神文化需求的全面满足，并最终在自由自觉的劳动中实现自由个性的发展。其中，能力的提升是人的自由全面发展的核心要件。其三，为社会主义培养建设者和接班人。以文化人的目标是以文化为资源，用文化的方式来形塑人，须知观念形态的文化作为上层建筑，受制于物质生产方式，具有一定的阶级性，而育人亦不只人的智力与体力的提升，更在于人的精神世界的丰富，精神世界的发展便包括价值观以及意识形态的选择与导向问题，其中也涉及阶级性。因而，以文化人的育人目标与社会的阶级属性密切相关，故而，在以文化人中要把握育人的方向，发挥先进文化的价值导向与凝聚作用，培养社会主义建设者和接班人。

在整个目标群中，人的发展是深层次的根本目标，是以文化人的终极目的。与世界具有"为我"性一样，教育亦是"为我"的，如果说丰富人的精神世界是以文化人的直接目标，那么人的发展便是在人的精神世界丰富的基础上更高水平的终极"为我"目标，二者之间具有价值旨趣的同一性。而为社会培养人属于育人的工具性目的，但在社会主义社会，育人的工具性价值是包含在目的性价值之中的，毕竟，随着人类社会的发展，最终进入"人类社会或社会的人类"②阶段，人的发展与社会的发展便统一了，只有实现人的自由全面发展，才可以更好地推动社会发展，反之亦然。故而，建设人本身，实现人的发展是社会主义社会以文化人的根本目标。

3. 人的发展作为根本目标符合社会发展需求与人们精神世界发展需求

以文化人作为一种育人的社会实践活动，不可能脱离社会属性而独立存在，其存在价值理应包含推动社会发展这一项，进而，其目的便反映并

---

① 《马克思恩格斯文集》（第1卷），人民出版社，2009，第189页。
② 《马克思恩格斯选集》（第1卷），人民出版社，2012，第136页。

受制于社会发展的客观要求。

更深一步分析，社会发展的客观要求大致包括三个主要因素。其一，生产力的发展水平是以文化人社会实践得以存在与发展的物质基础。历史唯物主义认为，社会发展的根本动力是生产力的发展进步。不断发展的生产力虽然为人的存在与发展提供了充足的物质条件，但对作为社会发展主体因素的人的多方面素质也提出了更高的期待，且这种期待随着社会的发展演进将更为突出，因而，旨在育人的以文化人的根本目的愈发受到生产力的制约。当前，生产力的发展不断摆脱粗放式的样态，如果说人的体能与体力是人作为劳动力的"硬实力"，那么当前人的劳动力价值更多地来源于其文化素养与精神境界等"软实力"，这并非说人的体能与体力不重要，只是说建立在"硬实力"基础上的"软实力"的价值不断显现，所以，生产力的发展所需要的亦是与其相对应的发展的人，映射在以文化人的根本目标中，便是从文化化育的层面推动人的发展。其二，社会生产关系的状况以及基于此形成的制度体系作为社会发展中的直接因素，影响着以文化人的根本目的。前文述及，育人活动具有阶级性，不同阶级的育人实践的根本目的是迥异的。以文化人的价值主张在我国历史悠久，虽然都是化育群众，但在封建社会，以文化人的根本目标是化育服从于封建统治阶级压迫的"顺民"，而社会主义社会的发展目标是共产主义，"在那里，每个人的自由发展是一切人的自由发展的条件"[1]，故而，以文化人的根本目标当是促进与社会制度性质一致的人的发展。其三，统治阶级施政的价值倾向。任一阶级都不免要"赋予自己的思想以普遍性的形式"[2]，并予以合理化，统治阶级的施政倾向对其所辖范围内的任何社会实践都将有直接而具体的影响。以文化人的根本目标受制于并且必将服务统治阶级的施政倾向，在我国，中国共产党是执政党，其初心和使命"就是为中国人民谋幸福，为中华民族谋复兴"[3]，故而，一切党领导下的社会实践都应当体现并服务党的初心与使命，那么以文化人的根本目标应当指向人的幸福与民族复兴，人的幸福是脱离生物本能的一种状态，离不开人的发展，我们很

---

[1]《马克思恩格斯文集》（第10卷），人民出版社，2009，第666页。
[2]《马克思恩格斯选集》（第1卷），人民出版社，2012，第180页。
[3]《习近平谈治国理政》（第3卷），外文出版社，2020，第1页。

难说茹毛饮血，或是精神苍白的人是幸福的，而民族复兴的主体是人，人的发展是民族复兴的价值体现。因而，从执政党的价值倾向而言，以文化人育人实践的根本目标当着力于人的发展。

"人是人的最高本质"①，以文化人的落脚点是"人"，其所有的化育实践都以直接或间接的方式作用于人，这种作用的发挥不是单向度的育人者的实践，而是建立在育人者对化育对象发展需求的准确把握基础上的一种互动的结果，毕竟，以文化人是属于交往性的育人实践。因而，将人的发展视为新时代以文化人的根本目标，是基于对化育对象精神世界需求的客观认知与积极满足的维度得出的结论。只有围绕化育对象的具体需求出发，充分肯定他们的需求，并且积极满足他们的需求，这样的育人实践才有生命力。习近平总书记指出，"我们的人民热爱生活，期盼有更好的教育"②。这肯定了群众的文化需求。以文化人若想取得"化"的实效性，顺利发挥化育资源的作用，唯有客观认知并尊重化育对象的内在需求才行，否则再好的教育也只是镜中花、水中月，因化育对象的积极性与主动性的缺乏而失效。新时代以文化人所针对的便是化育对象精神世界的需求，在人的精神世界的充盈与精神境界的提升中，实现人的发展，在人的不断发展中，不断丰富人的精神世界，实现人之为人的体面与尊严。

（二）人的发展的目的性本质

马克思、恩格斯曾在对社会历史发展进程详尽的梳理与人的本质深刻思考的基础上，将人的自由全面发展视作人类社会所应有的最高价值追求。人的发展作为以文化人的根本目标，蕴含着深刻的目的性本质。

1. 将人由生物性存在提升到人性存在

当人脱离动物界的时候，人们才有能力自觉自为地"创造自己的历史"③，那么人与动物的最大区别是什么呢？习近平总书记认为，"人类社会与动物界的最大区别就是人是有精神需求的"④。马克思、恩格斯曾用自

---

① 《马克思恩格斯选集》（第1卷），人民出版社，2012，第16页。
② 《习近平关于全面深化改革论述摘编》，中央文献出版社，2014，第91页。
③ 《马克思恩格斯选集》（第3卷），人民出版社，2012，第859页。
④ 《习近平关于社会主义文化建设论述摘编》，中央文献出版社，2017，第8页。

然人、自在人、自为人三个阶段诠释人的发展历程。在自然人阶段，人的存在主要的表征是动物性的生命体征，肉体的自然属性是人性的根本属性，人与动物的区别仅是生物学意义上的物种之分，较其本质而言均是自然界物化的产物。这时期人的精神世界蒙昧未开，人的精神属性、社会属性仍然处于混沌的孕育中，人尚未形成独立的主体意识，无法区分自我与自然界，"受动性"是自然人的典型特征，人既受自然的限制，又从属于人的群居共同体。原始社会的人类便处于自然人阶段。自在人是建立在自然人所提供的物质基础上的一种社会化的人，在自然属性之外，人性衍生出精神属性与社会属性，人成为"一切社会关系的总和"[①]。人性超越了自然人的"受动性"，更多地体现出政治、法律、社会规范等外在存在条件的"他律性"。其间，人有一定程度的主体性与自我性，但仍然追逐当下利益，对物的依赖性突出，因而，人的精神世界与行为实践一定程度上被社会奴役。自为人是建立在自在人基础上的，是人性得以确认的理想状态，自为人有追求真善美的意识与能力，社会运行与发展的规则已经内化为人的自我需要，人由他律走向自律，达到一种摆脱异化的自在自为境界。

那么，人如何由当下的自在人走向自为人呢？自然本性仅仅赋予人作为生命体的特征，人性的存在究其本质而言是后天社会塑造的，是诸多因素合力的结果，其中文化的化育便是重要的方式，在建构人的精神世界的过程中，提升人的能动性与主体性，为人从动物性存在提升到人性存在提供原动力。

2. 引导人自觉占有人的本质

以文化人目的性本质的另一个重要层次是引导人在社会化生活中自觉占有人的本质，为人的主体性发挥作精神、文化层面的筹备。要通过文化事业的发展、文化交流的深化来"让人们在持续的以文化人中提升素养，让文化为人类进步助力"[②]。文化化育在引导人对其本质的自觉占有主要体现在两个相互联系的层面。

[①] 《马克思恩格斯选集》（第1卷），人民出版社，2012，第135页。
[②] 《习近平关于社会主义文化建设论述摘编》，中央文献出版社，2017，第187页。

其一，文化化育引导人更深刻地理解生命的意义。人应当正确看待并诠释生命，既要知道人是什么，还要知道在人的生命中要追求什么。对这一系列问题的理解关涉人对人性的理解是建立在纯自然属性上的享乐、顺从等，还是超越自然属性，对社会属性、精神属性的拓展，这需要一种积极的人格意识。而在人的生命中要追求什么关乎人对生命的期待与努力方向，涉及生命中假丑恶与真善美的博弈。但作为自然与社会同构影响下的生命体，人无法仅依靠生物遗传，抑或纯自发性的实践来成就人之为人的生命旅程，人性的应然状态虽是确定的，但实然层面是流动性的，需要人积极主动占有。文化化育的意义便在于此。文化化育能引导人们审视生命的意义，规划并适时调整生命的实现方式，将自我尚未定型的人性导入对"自然的美、生活的美、心灵的美"[①]的真切体悟中，合理满足自我发展中的多层次需求，形成对人性、人格的科学认知，在积极、主动、有价值的生命实践中自觉占有人的本质。

其二，文化化育赋予人发挥主体性的能力。自觉占有自我本质是建立在人的主体性确认与主体性发挥基础上的人性展示。其中，理解生命的意义仅是自觉占有人的本质的前提要件，而能力是自觉占有人的本质的关键要件。所谓人的主体性指涉人对自我思与行的自觉主宰，是权利与义务统一的结合体，即既要能够理解并积极维护人的权利，追求与社会发展相一致的权利确认；又要能够履行作为社会主体的义务，在目的性的实践中自觉争取权利、践履义务。那么如何具备这种能力呢？这种能力应该是体力与智力的集合体，这里的"智力"不仅涵盖技能、智能等因素，还包括人的思想状态、道德品质、心理素养等精神性因素。文化化育便是作用于人的精神世界，在改造人的精神世界的过程中，赋予人主体性发挥的精神动力，这种动力是"生命力、创造力和凝聚力的集中体现"[②]。另外，代际文明的传承和发展对民族进步、个人发展具有重要作用，这种文明的传递与丰富发展，主要凭借外界的影响与塑造，以文化人的实践便是通过文化化育逐渐提高人的文化素养，建构人的主体性发挥所需的能力条件。

[①] 《习近平关于社会主义文化建设论述摘编》，中央文献出版社，2017，第166页。
[②] 习近平：《干在实处 走在前列——推进浙江新发展的思考与实践》，中共中央党校出版社，2006，第292页。

3. 追求对人的终极关怀

人的发展作为以文化人的根本目标，其目的性本质更深层次地包含对人的终极关怀的追求，是文化化育对群众"接受教育、感受快乐、享受文明"①的价值追求。人的终极关怀是在对人的本质全面占有的过程中必然面对的问题，既包含对人的物质层面的关注，又包括对人的精神层面的关怀，是此岸世界的安好与彼岸世界的超然的统一。在以文化人的目的性本质中，终极关怀包含三个层次。一是终极关怀指向对人的生命状态的关怀，尤其是人生的价值、意义与追求，不仅对人的实践活动进行合理性的思考，还要为人的生命提供体面的、有尊严的解释。二是终极关怀更侧重精神世界的引导。人的存在从来都不拘泥于物质世界，正如同我们不能用物质财富的多寡来衡量人幸福与否、高贵与否一样，如同赫舍尔的解释："人的存在从来就不是纯粹的存在，它总是牵涉到意义。"② 精神世界的充盈始终是人的不懈追求。三是终极关怀是动态的。如同人的发展是未定型的一样，终极关怀更多地指向未来，作为一种持续性的追求，这和以文化人的持续性是一致的，我们不能说终极关怀到何种程度就够了，正如同我们不能断言人所受到的文化化育到多少就可以停止了一样。

以文化人所实现的终极关怀，便是为人的发展提供精神栖息地，也就是通过文化化育来"养人心志、育人情操"③。观念化的文化作为育人资源，传递的是一种价值与精神，在人的精神世界的价值与意义的建构中推动人向内探索，完善人性。这对喧嚣的工业化时代与社会急速变迁转型中人的安抚尤为重要，这便是为此岸奔波的人提供彼岸的精神栖息地，维系人之为人的体面。与此同时，在实现人的发展的根本目标中，文化为人创设了符合人性的崇高的思想空间。人的坚韧与高贵之处不在于体能的强健与物质的繁盛，而在于慎思高远的思想境界，它能够为人们诠释人生的价值、意义，在一系列规定性价值的传递中，潜移默化地引导人们所欲、所

---

① 习近平：《干在实处 走在前列——推进浙江新发展的思考与实践》，中共中央党校出版社，2006，第291页。
② 〔美〕赫舍尔：《人是谁》，隗仁莲译，贵州人民出版社，1994，第46页。
③ 习近平：《干在实处 走在前列——推进浙江新发展的思考与实践》，中共中央党校出版社，2006，第295页。

求、所为，引导人们明晰生命的目的性，在应然的人生目的追求中，激发潜能，实现生命的多种可能。

（三）人的发展的主要维度

以文化人的根本目标作为以文化人实践的终极方向，需要化育者与化育对象持续的努力去达成，在这一过程中，人的发展需要分解为不同的维度，通过不同维度的具体目标的实现，最终达成人的发展这一根本目标。新时代以文化人的育人实践主要从五个维度促进人的发展。

1. 为人的认知与实践提供科学的价值观指导

在人的一切认识与实践过程中，已形成并主要遵循的不外乎两大重要准则：一是真理原则，二是价值原则。真理原则偏重对事物的构成及发展规律的客观认知；而价值原则偏重主体与客体之间的一种需要与满足关系。真理原则与价值原则客观地、现实地存在于人们的认知与实践中，自发或自觉地发挥着指引作用。而人们对真理与价值的认知更多地来自后天的文化习得，以文化人就是期待在先进文化的化育中，引导人们摆脱盲目的、自发的行为状态，"把理想信念建立在对科学理论的理性认同上，建立在对历史规律的正确认识上，建立在对基本国情的准确把握上"[①]，为人的发展设定求真路径与价值坐标，实现自我发展的合目的性与合规律性的统一。

2. 为人的发展提供符合社会发展规律的思维方式

人的发展是人与社会互构的过程，人的思维的发展趋势亦与社会动态的历史文化演进相一致。其中，个体为了在现实生活世界获取生存的能力与发展的资本，需要在社会实践中不断提高思维能力，形成符合社会发展规律的思维方式。而人的思维方式不外乎来自自我的生活体验、反思积累，以及对历史文化的择取与习得。其中，恰当的思维引导有助于人的思维方式的发展，而文化对人的思维引导至关重要。新时代以文化人便是通过先进文化的化育来优化人的思维方式，通过科学的理论指引、良好的文化熏染等直接与间接的化育方式，使人们形成认识与改造世界的科学方法

---

① 《十八大以来重要文献选编》（上），中央文献出版社，2014，第278页。

论。这也是习近平总书记所强调的"学会运用马克思主义立场、观点、方法观察和解决问题"①，优化思维方式，提高思维能力的重要意蕴。

3. 坚定人发展中必需的慎思高远的理想信念

理想信念是人的精神之"钙"，以文化人便是从文化化育的角度来补足人的发展之"钙"。任何观念形态的文化究其根本都具有"为我"性，都寄托并表征着人对自我或者"类"的发展的理想与信念，因而，文化化育在人的理想信念的形成过程中意义重大。

4. 为人的发展提供精神动力

"人无精神则不立，国无精神则不强"②，人的发展需要多方面的物质与非物质条件。以文化人关心人的发展中深层次的精神素质，为人的发展提供强劲而持续的精神动力。通过先进文化的积极化育，人对自我、社会、自然等逐渐形成积极的感觉、思想、动机，逐渐建构积极的精神世界，展现人所独有的精神风貌。在人的主体性的确认与塑造中，以文化人的育人实践为人开展实践活动提供深厚的精神动力。一方面，规范与引导人的发展方向与路径；另一方面，指引人确认与社会导向相符、与自我发展相合的人生目的、价值，生成丰富的人生意义。马克思所言的"理论一经掌握群众，也会变成物质力量"③与毛泽东强调的"人是要有一点精神的"④，都说明了文化对人的作用。

5. 提升人的发展中自由时间的生活品质

马克思、恩格斯在论及人的自由全面发展时，不仅关注人的能力与自由个性的全面发展，还关注人们所拥有的自由时间及其支配方式。马克思认为时间之于人是一种"积极存在""生命的尺度""发展的空间"⑤，并将其区分为劳动时间与自由时间。如果说劳动时间的支配方式影响着人的发展中的物质基础，那么自由时间的支配方式则关乎人的发展的精神面貌与精神动力。有的人吃喝玩乐；有的人耽溺于声色犬马等低俗、媚俗的恶

---

① 《习近平关于社会主义文化建设论述摘编》，中央文献出版社，2017，第62页。
② 《习近平关于社会主义文化建设论述摘编》，中央文献出版社，2017，第13页。
③ 《马克思恩格斯选集》（第1卷），人民出版社，2012，第9页。
④ 《毛泽东文集》（第7卷），人民出版社，1999，第162页。
⑤ 《马克思恩格斯全集》（第47卷），人民出版社，1979，第532页。

趣；有的人将自由时间误解为对速度与效率的浪费；等等。这些都不符合人的发展的规律与内涵。新时代以文化人便是期待用积极的文化产品来满足人的精神需求，引导人更好地支配自由时间。新时代要关注群众自由时间的文化选择，重视文化产品的供给，让文艺更好地"承担着以文化人、以文育人的职责"①，社会要供应真善美的文化产品，"推出更多群众喜爱的文化精品"并"建立健全把社会效益放在首位、社会效益和经济效益相统一的文化创作生产体制机制"②。

二 化育新人：新时代以文化人的根本任务

以文化人的根本目标的实现，以文化人有效性的提升，均有赖于其根本任务的履行。在任一社会实践中，根本任务贯穿实践活动的始终，对每一个阶段、层面的主要任务与具体任务起着决定性的指引作用，根本任务始终是实践活动的主要方面，因而，明晰了根本任务及其关联性内容便明确了新时代以文化人的重要使命。

（一）"化人"的根本任务在于"育人"

以文化人的核心要义就是确认并丰富人的文化性存在方式，它是充盈人精神世界的育人实践。其对象是人，触及的是人的精神灵魂，实践成果外化的表征是人的发展。对此，我们需要站在育人的高度来讨论新时代以文化人，这一根本任务与人的发展这一根本目标是一致的。

1. 以文化人承担着以文育人的重要使命

习近平总书记强调要"努力用中华民族创造的一切精神财富来以文化人、以文育人"③；之后，又进一步指出文艺担负着"以文化人、以文育人"④的职责，思想政治工作要"更加注重以文化人以文育人"⑤等。以

---

① 《习近平关于社会主义文化建设论述摘编》，中央文献出版社，2017，第182页。
② 《中共中央关于坚持和完善中国特色社会主义制度 推进国家治理体系和治理能力现代化若干重大问题的决定》，人民出版社，2019，第24~25页。
③ 《习近平关于社会主义文化建设论述摘编》，中央文献出版社，2017，第140页。
④ 《习近平关于社会主义文化建设论述摘编》，中央文献出版社，2017，第182页。
⑤ 《习近平谈治国理政》（第2卷），外文出版社，2017，第378页。

文化人与以文育人并举，并非同义反复，而是对以文化人所承担的以文育人重要使命的确认。以文化人应当有育人导向，不是什么"文"都能用来化人，在社会转型期，文化环境多样混杂，有的人价值观淡漠，言行举止没有准则，在利益的驱使下，一些文艺、文化工作者，唯市场逻辑马首是瞻，"去思想化""去价值化""去历史化""去中国化""去主流化"，[①] 偏离了育人的初衷。当下，化人之"文"一定要指向人的发展，要"弘扬正能量"[②]，能够"温暖人、鼓舞人、启迪人"[③]，着力提升人的"思想认识、文化修养、审美水准、道德水平"[④]，维系"乐观心态和进取精神"[⑤]。育人者要善于在以文化人中弘扬爱国主义精神、培育与践行社会主义核心价值观，提高立德树人的实效性，做到"明大德、守公德、严私德"[⑥]。

从人的教育视角出发，以文化人是以文育人的机制化表达，以文育人是以文化人应然的使命指向。以文育人具有明确的目的导向，即通过文化作用于现实的人，在人的发展中使人"成人"，指向"文明的教育化"和"教育的文明化"两个价值维度。"文明的教育化"意指通过文化育人来实现人对自然属性的超越，驱散兽性，获得人的社会属性与精神属性，完善人性，是对人的一种规范化期待；"教育的文明化"指向教育的"为人"性，用文化育人的方式克服教育的单一化，实现人的社会化与人的自由全面发展的有机统一。那么如何来让"文"育人呢？这便需要以文化人，"化"的本义通生成、改变、造化，指改变事物的形态与性质，后发展为对人的教行迁善。相对以文化人而言，以文育人是上位概念，以文化人是以文育人使命实现的现实的、具体的路径体现，可以视为一种机制表达。这里的机制原意指机器的构造、运行原理，后常被引申为工作、实践系统中的组织或要素的作用方式与作用过程。文化的这种育人使命的达成正是通过以文化人来实现的，文化虽然作为育人的显性载体与资源，但文化的

---

① 《习近平关于社会主义文化建设论述摘编》，中央文献出版社，2017，第9页。
② 《习近平关于社会主义文化建设论述摘编》，中央文献出版社，2017，第179页。
③ 《习近平关于社会主义文化建设论述摘编》，中央文献出版社，2017，第179页。
④ 《习近平关于社会主义文化建设论述摘编》，中央文献出版社，2017，第179页。
⑤ 《习近平关于社会主义文化建设论述摘编》，中央文献出版社，2017，第179页。
⑥ 《习近平关于社会主义文化建设论述摘编》，中央文献出版社，2017，第118页。

作用发挥是潜移默化的，在人的"内化于心，外化于行"的转化中达成。反之亦然，以文化人唯有指向育人的根本任务，才有存在的意义与价值，否则对"文"不加择选，对"化"的路径不加选择，实践主体恣意化之，必定引人入歧途。

2. 以文育人是以文化人实践发展的必然要求

以文化人探讨的是人的精神世界建构问题，这一问题的涉及面极为宽泛，需要我们在以文化人的实践中，带着特定的责任与使命去厘定以文化人的方向与边界，推动以文化人实践的发展。而对任一事物而言，其内在的矛盾运动是事物发展变化的根本动力，以文化人的基本矛盾推动着以文化人的实践，决定了以文化人的必然使命。在以文化人的实践过程中，化人主体对化育对象的文化素养期待与化育对象实际文化素养水平之间的矛盾是以文化人的基本矛盾。文化纵然是人的本质力量对象化的产物，但观念化的文化表征的是人的"类"属性，文化之间存在形态、性质等方面的差异，任一种文化在面对影响对象时均可能产生不同程度的矛盾与张力。其一，群体性文化的规范性、约束性与个体人的自发文化实践之间的矛盾与张力。观念化的文化一经形成，就会以文化模式的方式作用于人的生活实践，对人产生规范、引导，甚至是约束、限制的影响，这便可能与个体的人的自发性的思与行之间产生冲突。其二，在开放社会，文化选择的内容与途径具有多样性，传统的直线型传播、一元性选择的文化环境被网状传播、多元演进的文化环境所取代，人们往往从自我的处境与兴趣出发，选择与自我或自我所处群体的文化趣味一致的文化，但这种文化与以文化人所选择的"文"往往是冲突的，因此，我们发现，尽管在以文化人实践中期待的是化人之"文"得到化育对象的接收与接受，并转化为一种自觉的文化实践，但实际上常常出现化育对象难以接收与接受化人之"文"的影响，导致其文化实践与化人之"文"的性质背道而驰困境的出现。

正是在对以文化人实践中基本矛盾的深刻认识下，我们一方面要加强精神文明建设，坚持"社会主义先进文化前进方向"[①]，"用富有时代气息

[①] 《习近平关于社会主义文化建设论述摘编》，中央文献出版社，2017，第12页。

的中国精神凝聚中国力量"①，期待人们的精神世界丰富充盈，推动个人发展与民族进步；另一方面正视化育对象实际文化素养水平，警惕一些人存在的"不讲对错，不问是非，不知美丑，不辨香臭，浑浑噩噩，穷奢极欲"②的低水平情况。要扭转这种困境，文艺工作者、哲学社会科学工作者等重点育人主体，必须承担以文化人、以文育人的重要使命，坚持文以载道，将以文育人作为以文化人的根本任务，"为全国各族人民不断前进提供坚强的思想保证、强大的精神力量、丰润的道德滋养"③。

3. 以文育人是培育与践行社会主义核心价值观的客观需求

价值观在文化中发挥着"中轴"作用，所谓的文化的差异与冲突，究其实质，"是价值观念之争"④，要在以文化人中培育与践行社会主义核心价值观，发挥"文化熏陶"对人的价值引导作用，要让优秀的精神文化产品"潜移默化地影响着人们的思想观念、价值判断、道德情操"⑤，让社会主义核心价值观如空气一般弥散开来。

既然以文化人是培育与践行社会主义核心价值观的客观要求，那么以文化人必然要将育人作为其实践的根本任务。其一，价值观教育的本质便是铸魂育人。与专业技能类知识教育不同，价值观教育不关乎程序性、事实性知识与技能的获得，而关注人的整体价值态度、价值情感、价值理念、价值原则等对人的生存与发展起引导作用的价值体系的形成。价值观是人类所特有的，而人将自我与兽类相区分的最根本的途径便是人类对文化的创造、实践、传承，因为文化所传递出的文化精神与实践模式，本身就是一种价值观的展示与输出，是价值观在丰富的社会实践中所展现出来的具体形式，文化就是一种符号化的价值观，价值观亦是文化的"硬核"存在。在这一人性的获得中，教育至关重要，教育并非特指技能的获得，而是一种精神世界的化育与价值引导，需要通过文化来达成，让人成为雅

---

① 《习近平关于社会主义文化建设论述摘编》，中央文献出版社，2017，第10页。
② 《习近平关于社会主义文化建设论述摘编》，中央文献出版社，2017，第8页。
③ 《习近平关于社会主义文化建设论述摘编》，中央文献出版社，2017，第10页。
④ 《习近平关于社会主义文化建设论述摘编》，中央文献出版社，2017，第105页。
⑤ 《习近平关于社会主义文化建设论述摘编》，中央文献出版社，2017，第109页。

思贝尔斯口中的能够"自己选择成为什么样的人以及自己把握安身立命之根"①的人。其二，群众价值观分化的客观现实需要。随着国家综合国力的不断增强与中国特色社会主义文化先进性的不断彰显，对社会主义核心价值观的认同在群众中不断扎根、生长。然而，在经济飞速发展和社会急速转型的时代背景下，部分群体尤其是青年群体被包裹在智媒体时代所建构的信息网中，面临着信仰危机和存在焦虑，在价值选择层面体现为价值观的多样性且伴随主流价值在精神空间的弱化甚至不在场。其中，诸如以"有用"取代"有意义"的工具性价值倾向，以"有趣"取代"有价值"的感官娱乐化价值倾向，以"有同伴"取代"有引领性"的从众化价值倾向等情况出现。这种不良价值观分化情况既影响了社会主义核心价值观在群众心中的落地生根，又不利于丰富群众的精神世界，因此，亟须发挥先进文化的作用，让以文化人承担育人的使命，在文化的化育中，让社会主义核心价值观"成为全体人民的共同价值追求"②。

（二）化育新人是育人的时代表征

以文化人的根本任务作为其实践理念具体化的呈现，就是要满足社会发展与人的发展对以文化人实践所提出的现实需要。这种现实需要既是以文化人实践中所要回应与化解的现实矛盾，亦由此生成了任务使命，这与"理论在一个国家实现的程度，总是取决于理论满足这个国家的需要的程度"③的道理一样。因而，深刻认识新时代以文化人的根本任务，还需要在对现实环境与时代主题的研判中承续以文化人的历史方位，并结合以文化人实践规划的未来指向明确根本任务的时代表征。新时代，育人的具体表征应当是化育新人，而"育新人，就是要坚持立德树人、以文化人，建设社会主义精神文明、培育和践行社会主义核心价值观，提高人民思想觉悟、道德水准、文明素养，培养能够担当民族复兴大任的时代新人"④。育新人不仅是遵循时代的规定，更是对历史与逻辑规定的延展。

---

① 〔德〕雅思贝尔斯：《什么是教育》，邹进译，生活·读书·新知三联书店，1991，第4页。
② 《习近平关于社会主义文化建设论述摘编》，中央文献出版社，2017，第125页。
③ 《马克思恩格斯选集》（第1卷），人民出版社，2012，第11页。
④ 《习近平谈治国理政》（第3卷），外文出版社，2020，第312页。

1. 化育新人是党育人价值主张的历史演进

在社会历史的发展变革中，人作为剧中人与剧作者具有双重身份，决定了人纵然在时代变迁中受到自然环境与社会因素等诸因素的挑战与制约，但在社会的历史演进中，人也在实践的过程中不断提升实践能力、实现自我价值，在自我的不断实现与超越中，实现人的发展。所以，社会与人发展的同构史就是人的历史出场中的断裂性与连续性的辩证统一，其中，不断塑造时代的"新人"，也可以说"每个人都是他那时代的产儿"①。马克思、恩格斯在对人类社会演进进行科学、系统的梳理后，从人类社会所面临的时代问题出发，提出建立迥异于阶级剥削的旧社会生产关系的共产主义社会，培育"自由全面发展"的新人，自此，人的历史出场中的"新"就有了真理性与价值性相统一的新特质。党自成立之日起便秉承马克思、恩格斯的"新人"理念，将其作为重要的价值追求，根据不同历史时期对育人的现实要求，提出了一系列具体而现实的"新人"目标，而育时代新人正是党育人价值主张历史演进的结果。

中国共产党的育人价值主张可以追溯至五四时期先进知识分子对"新人"的期待。当时先进知识分子掀起了以"民主""科学"为重要理念的新文化运动，致力于在培育"生理上完成真青年之资格""精神上别构真实新鲜之信仰"②的"新青年"的过程中，改变国民落后的思想意识，形成积极进步的社会心理。"新青年"的培育，为党成立后的育人工作奠定了启蒙性基础。中国共产党成立后，在争取民族独立的斗争中，既要团结各族人民，又要加强根据地建设，故而党在致力于促进农民阶级政治意识的觉醒、政治素养的提升，改造旧社会遗留的地痞流氓，培育革命斗争的军民共同体等育人行动中，塑造"党政新人""劳动新人"等"无产阶级革命新人"群体。新中国成立后，党围绕社会主义建设开展了一系列破旧立新工作，在事业中，首次明确了"干社会主义大事，做共产主义新人"③的育人目标，强调要培育新型的人，使其"变为大有利于人民的人"④。改

---

① 〔德〕黑格尔：《法哲学原理》，范扬、张企泰译，商务印书馆，1961，第12页。
② 黄修荣、何虎生主编《信仰书》，人民出版社，2012，第19~20页。
③ 《干社会主义大事，做共产主义新人》，《解放日报》1958年11月23日。
④ 《毛泽东选集》（第2卷），人民出版社，1991，第660页。

革开放后，党在科学研判新时期社会发展与人的进步等方面情况的基础上，提出要培养"有理想、有道德、有知识、有体力的"[①] 人，后经过多次调整，正式提出新的育人目标，即"在四化建设的伟大实践中培养和造就一代有理想、有道德、有文化、有纪律的共产主义新人"[②]。由此我们发现，在党的发展史中，一代代新人，都是围绕着时代境遇、民族复兴、社会进步而产生的。党的十八大以来，习近平总书记所提出的"时代新人"正是在党育人价值主张历史延续的过程中，为实现中华民族伟大复兴的中国梦而提出的，是对马克思主义"自由全面发展"的新人的践履，也是对一代代共产党人所追求的共产主义的承续，体现了党育人价值主张的阶段性与长远性的辩证统一。

2. 化育新人是党育人历程演进的逻辑产物

马克思主义从"实践人学"的视域出发考证了人类历史的发展进程，认为一切社会的运动变化都是人的实践活动与价值追求的产物，积极的人类实践与价值选择带来社会的进步，反之，则导致社会发展的停滞甚至倒退。所以，是人的积极主动的创造性实践推动了社会的发展进步，一句话，"人们自己创造自己的历史"[③]。

一代代"新人"的提出，就是对人的主体的实践本性的确认，也是对人的发展中的价值选择的引导。从五四时期的"新青年"到抗日战争时期的"无产阶级革命新人"及至社会主义建设时期的"共产主义新人"与改革开放新时期的"四有新人"，都是对人民群众作为社会历史发展主体的实践本性的确认，也是对人民群众现实存在的一种超越，对其未来的、开放式的、可生成性的主体内涵与实践能力的一种期待。所以，"新人"是共产党对人民群众实践本性应然状态的一种规引，而中国共产党百余年的光辉历程也验证了党育人实践的成效性。一方面，共产党的每一次成功都是依靠人民、发动人民的成功；另一方面，共产党必须注重人的培养，坚持育人，也就是说任何一项伟大事业要成功，都必须牢记人民，因为"只

---

① 《邓小平文选》（第 2 卷），人民出版社，1994，第 369 页。
② 向洪、邓洪平主编《邓小平思想研究大辞典》，四川人民出版社，1995，第 783 页。
③ 《马克思恩格斯选集》（第 1 卷），人民出版社，2012，第 669 页。

有人民,才是创造世界历史的动力"①。我们要"培养一代又一代拥护中国共产党领导和我国社会主义制度、立志为中国特色社会主义事业奋斗终身的有用人才"②,其中"一代又一代"的人就是党育人历程中所引导与确认的"新人"。而今,面对民族复兴的光荣使命更需要持续的、艰辛的努力奋斗,这个奋斗主体便是人,育"时代新人"的过程就是对人的实践方向与价值取向的一种规引过程。

3. 化育新人是新时代党育人实践的现实要求

育人实践承担着时代对人的期待的一种责任,化育新人是新时代党育人实践的一种现实要求。习近平总书记在党的十九大报告中明确了"中国特色社会主义进入新时代"③这一新的历史方位,而"每一代人都要走好自己的长征路"④,党极为重视对一代代"接班人与建设者"的培育,新时代育人的具体指向就是培养堪当民族复兴大任的时代新人。

其一,新的历史方位明确了育人的时代表征是育新人。反观党的实践历程发现,每一代"新人"的提出,都是党在对时代发展的核心任务认真研判的基础上,对社会实践主体所提出的新期待,进而,这种期待成为每个时代群众实践的新规约。而群众对一代代"新人"的接纳与践行的过程,便是主动承担时代赋予实践主体责任的过程,也便是每个时代核心任务顺利完成的过程。新时代的历史方位决定了中国面临着"强起来"的时代任务,面临着实现中华民族伟大复兴的使命,在伟大梦想面前,更需要担负时代使命的"新人"的自我养成与积极创造,让伟大梦想在一代代青年的接力奋斗中变为现实。其二,新的社会发展决定了要育新人,培养社会主义建设者和接班人。在任一社会形态中,推动社会发展的根本力量是人的实践,而人的实践能力的高低与社会对人才培养的方向与性质密切关联。在人类社会发展进入 21 世纪以来,人才成为社会的宝贵资源,而人才竞争也是民族与国家之间竞争的重要表现。其三,新的育人需求决定了新时代育人的关键词是育新人。从马克思主义人学视域出发,育人的着力点

---

① 习近平:《在纪念毛泽东同志诞辰 130 周年座谈会上的讲话》,人民出版社,2023,第 15 页。
② 《习近平谈治国理政》(第 3 卷),外文出版社,2020,第 328~329 页。
③ 《习近平谈治国理政》(第 3 卷),外文出版社,2020,第 9 页。
④ 《习近平谈治国理政》(第 2 卷),外文出版社,2017,第 48 页。

在于人的成长需求的满足以及人的自由全面发展的实现,而人的发展并非理念范围内的运用,也不是脱离社会发展的纯粹的育人实践。人"是在现有的生产力所决定和所容许的范围之内取得自由的"①。育人的价值导向要与社会发展的人才需求一致,中国梦的实现迫切需要能勇于担当、回应时代需求的"新人",时代新人必然成为育人的时代表征,对此,习近平总书记曾在面对青年群体时,表达了这一期待:"我衷心希望每一个青年都成为社会主义建设者和接班人,不辱时代使命,不负人民期望。"②

(三) 化育新人的主要维度

习近平总书记指出,"育新人,就是要坚持立德树人、以文化人"③。在现实性方面,通过以文化人来化育新人,着力点在于以先进文化的化育来指引时代新人基本素养的提升,使其理想、本领、担当有文化基础、有精神支撑、有社会性指引。具体而言包括三个维度:在时代新人的文化塑造中确认主体的社会属性与精神属性,增强主体追梦的意识与本领;在时代新人的精神动员中,激发起主体追梦、圆梦的信念与信心,提振主体的精神动力;在时代新人的意识形态教育中,培育主体坚定对马克思主义、中国特色社会主义、社会主义核心价值观的信仰,确保主体担当作为的实践方向。在这一实践过程中,以文化人肩负起化育新人这一育人的时代责任。

1. 时代新人的文化塑造

"人,本质上就是文化的人,而不是'物化'的人"④,人"是能动的、全面的人,而不是僵化的、'单向度'的人"⑤。我们不能用物质财富替代人的精神世界的成长,要"让人们在持续的以文化人中提升素养,让文化为人类进步助力"⑥。新时代我们对以文化人的强调,从文化哲学的高度深刻揭示了人的文化性发展方式。虽然文化是"人化"的产物,但人的

---

① 《马克思恩格斯全集》(第 3 卷),人民出版社,1960,第 507 页。
② 习近平:《在北京大学师生座谈会上的讲话》,人民出版社,2018,第 11 页。
③ 《习近平谈治国理政》(第 3 卷),外文出版社,2020,第 312 页。
④ 习近平:《之江新语》,浙江人民出版社,2007,第 150 页。
⑤ 习近平:《之江新语》,浙江人民出版社,2007,第 150 页。
⑥ 《习近平关于社会主义文化建设论述摘编》,中央文献出版社,2017,第 187 页。

社会属性也决定了人是时刻接受文化的"化人"影响的，因而，人之为人的核心在于人的存在样态是文化性的，这种文化性内置于人的本质及历史发展之中。人的本质是"一切社会关系的总和"①，所谓的"社会关系"生成于人的实践劳动中，人的实践在外化人的本质力量的同时，也建构起生动的、属人的社会关系，这一关系世界既是人所生存的物质世界，更是人存在的精神世界、文化空间，正是从这个角度说，文化历史地凝结于政治、经济等社会发展的诸要素中，成为人的社会属性的重要表征。同时，文化还是人这一群体发展、创新的能量因素。文化的衍生过程是继承性与选择性的统一。一方面，文化自身有传承的过程，通过以文化人实现文化的代际传递，实现了文化的历史性延续与人类的历史演进的内在统一，在文化的传承中，人类也延续了自由自觉的实践方式，按照人的尺度改造世界，不断进步。另一方面，文化的历史承续与选择超越共生，在以文化人的过程中，不仅文化对人产生影响，而且人也在比较与鉴别各种文化的过程中进行选择，并在不断的对象化实践中实现文化创新，因而，文化的历史演进机制是属人的、否定之否定的发展过程，在这个过程中不断提升"化"人的水平，推动人类进步。

不难发现，人的社会属性与精神属性确证了人需要文化的熏染与教化，从以文化人的育人任务维度审视，时代新人的最基本前提是"人"，是超越单纯的生物属性，是实现生物属性与社会属性、精神属性相统一的人。因而，人的文化塑造构成了在新时代以文化人中育新人的基本点。

2. 时代新人的精神动员

列宁认为，"世界不会满足人，人决心以自己的行动来改变世界"②。而人的任何一个自觉的行动，其背后都有驱使其实践并支撑其坚持的精神动力。对时代新人而言，其肩负着民族复兴的伟大使命，尤为需要强大的精神支撑与动力源泉，新时代对以文化人的强调，便有此初衷。习近平总书记指出，"一项没有文化支撑的事业难以持续长久"③，并进一步强调民

---

① 《马克思恩格斯选集》（第1卷），人民出版社，2012，第135页。
② 《列宁全集》（第55卷），人民出版社，2017，第183页。
③ 《习近平关于社会主义文化建设论述摘编》，中央文献出版社，2017，第3页。

族复兴"需要强大的精神力量"①，要发挥先进文化的精神引领作用，让"伟大创造精神、伟大奋斗精神、伟大团结精神、伟大梦想精神"②能够实现代际传承。在"化"人的过程中，文化对精神动力的激发主要是通过共同的情感链接与信念塑造来实现的。文化的内核是价值观，通过民族文化的传承实现民族精神与价值信仰的历史承续，实现民族的生物性遗传与文化性遗传相统一，在共时性与历时性的两个维度链接大众的民族情感，凝聚大众的价值体系与意义世界。

对时代新人而言，践行使命需要"付出更为艰巨、更为艰苦的努力"③。通过以文化人的育人机制，以先进文化"化"之，充盈育人对象的精神世界，使其具备坚定的理想信念、相同的情感基础、坚强的意念斗志，进而集结为强大的精神动力。这种动力因素在个体层面一则有助于形成强大的内驱力，将自发性的实践转化为目的明确、方向正确、持久不断的自觉性实践；二则有助于激发人的本质力量，以高度的使命感、责任感开展实践，将被动的、服从性的实践转化为主体性的、创造性的实践；三则有助于开发潜能，强大的精神动力是个体潜能开发的前提，影响潜能开发的程度，而有效的潜能的开发进一步表征着个体实现了自我发展与社会发展的同频。从社会层面而言，所有的社会进步都是经由人的力量实现的，强大的精神动力通过人的对象性实践，不断促进人的本质力量的外化，构成社会发展的合力。因而，伟大的事业需要伟大的精神，伟大的精神离不开文化的化育，这是新时代以文化人之于时代新人培育的关键点。

3. 时代新人的意识形态教育

马克思、恩格斯曾在《德意志意识形态》中对意识形态作出三个维度的解读，即从认识论维度解读的"虚假的意识"，从价值论维度解读的"统治阶级的意识"，从社会运行维度解读的"社会意识形式"，本书所探讨的"意识形态"主要关涉马克思、恩格斯讨论的"统治阶级的意识"与"社会意识形式"。由此出发，我们可以发现社会关系中任一自由自觉的主

---

① 《习近平关于社会主义文化建设论述摘编》，中央文献出版社，2017，第7页。
② 习近平：《在北京大学师生座谈会上的讲话》，人民出版社，2018，第5页。
③ 习近平：《在北京大学师生座谈会上的讲话》，人民出版社，2018，第2页。

体无不与意识形态相关联。具体而言，首先，意识形态从社会角色的使命、任务、职责等主体的社会属性维度对每一社会个体的身份进行了规范性的界定与符号化的辨识，表达了一定性质的社会关系对其成员的一种身份期望。其次，意识形态在社会个体的角色扮演中统筹了理想与现实，将统治阶级的意识转化为普遍的社会意识形式，激发了社会个体为理想愿景而奋斗的热情。而意识形态在社会生活中并不独立出现，往往以文化的形式出场，在一定程度上可以说，人的文化身份就是其意识形态身份的一种泛化，故而意识形态教育离不开文化的影响，需要通过文化教育凝聚价值共识，引导舆论风向。对此，习近平总书记曾强调，要"用中国特色社会主义理论体系引导舆论，用社会主义核心价值观凝聚人心"[1]。

在新时代以文化人的过程中，要用先进文化引导教育客体形成与时代发展相称的价值取向，理解、认同并积极维护主流舆论用先进文化渲染社会意识形式，培育教育客体在主旋律的社会背景下自觉将民族复兴的使命内化为自我的意识形式。对时代新人培育过程而言，育人中意识形态的举旗定向性关乎育人的方向与性质，是育新人的重要保障，因为一旦"思想防线被攻破了，其他防线就很难守住"[2]。因此，时代新人的意识形态教育构成了在新时代以文化人中育新人的保障点。

---

[1] 《习近平关于社会主义文化建设论述摘编》，中央文献出版社，2017，第36页。
[2] 《习近平关于社会主义文化建设论述摘编》，中央文献出版社，2017，第21页。

第三章

把握"教育之道"：新时代以文化人的基本原则

作为一种育人实践，在以文化人的整体过程中，除了需明晰以文化人的根本目标与根本任务之外，还应当遵循基本的实践原则。确定并遵循以文化人的基本原则，是新时代有效践履以文化人实践的重要前提，即育人尤其要把握教育之道。以文化人的基本原则是以文化人实践中客观规律的整体映射。但是，"原则不是研究的出发点，而是它的最终结果"[1]，以文化人的原则来源于以文化人的具体实践经验，反映以文化人实践的基本规律。本章提炼了新时代以文化人实践需要遵循的四个基本原则：主体性原则、方向性原则、层次性原则、渗透性原则。四个原则协同并进、辩证统一，成为推进新时代以文化人实践发展的重要遵循。

一 "关键在人"：主体性原则

任何一种实践活动都离不开特定的主体，主体性原则主要回答实践的出发点与落脚点是"谁来主导""以谁为中心""为了谁"等系列问题。在以文化人的实践中，一切育人者都应先受教育，要有育人的自觉性，育人对象也应有接受教育的积极主动性，毕竟，育人实践成功与否关键在人。一切实践都不可能脱离人而孤立存在，从以文化人实践的有效性与价

---

[1] 《马克思恩格斯选集》（第3卷），人民出版社，2012，第410页。

值倾向性的维度考量，坚持主体性原则是推进这一育人实践的首要原则。

（一）主体及主体性的哲学意涵

一切社会实践均是以单个人或者群体的人为主体的活动，是人们遵从自我的目标与需求，通过自我的劳动将人的本质力量作用于实践对象的过程。在此过程中，单个人或群体的人展示了实践中人的主体地位，体现了主体性。故而，所谓的主体，便是在具体的认识与实践活动中扮演实施者这一角色的人，是认识与实践活动所指向的对象性世界的实施者与享用者。所以，究其实质，人类的自由自觉的活动就是主体在将主体力量见之于客体的过程中，所从事的一种"为我"性实践，而在此过程中所体现的主体性，就是人类以实践劳动为契机与途径所展现出的"不断促动的创生发展的获得性属性"①，这种获得性属性生成于人的对象化与非对象化的实践活动中。

1. 从人的实践活动的对象化过程及特性来理解主体性

一切实践活动的直观感性的表现首先是一种外向性的对象化活动，其本质是单个人或群体的人本质力量的客体化。在这一过程中，作为主体的人，既从事认识与改造对象化世界的活动，同时也充分、主动地展示自我在实践中的主体性，不断表现、确认、创生本质力量。也就是说，所谓的对象化实践便是人们在与外界发生物质性与非物质性能量及信息的交换过程中，赋予实践客体系列属人性的变化。其中，人的本质力量从内在于主体的存在样态被输出与转换成一种外在的客观对象的样态，进而，凝聚在改造对象的存在样态中，实践主体在客体的变化中实现了自我的实践目的。故而，实践活动的对象化本质就是将作为主体的人所独有的现实的、积极能动的社会性力量予以实在化，体现人的创新精神与创造能力，并最终促成了自然的属人性转化，生成了社会文化。与此同时，本质力量的对象化，也是作为人的主体性不断形成、确认与增强的过程。人这一实践主体的内在素养、实践本领、发展状态，对外界规律的认知、把握与利用程度等，都会在对象化的实践活动中得到充分的展示、全面的检验与及时的

---

① 袁祖社：《马克思主义人学理论与社会发展探究》，人民出版社，2016，第22页。

反馈。人可以"能动地、现实地复现自己，从而在他所创造的世界中直观自身"①。在这一过程中，人展示出其作为实践主体的鲜明主体性。其一，在不断的对象化实践中，人自身也自然地成为现实的、具象的实践主体与认识主体，超越了人的生物性与受动性，在对自我的认识与实践进行自由选择、调整、控制的过程中，彰显了人之为人的主体性。其二，随着社会历史的演进，人的对象化实践的深度与广度都在不断拓展，而人在实践中所接触到的外在事物愈丰富、面临的情况愈复杂，愈能充分化解实践中的困难与矛盾。人作为实践主体的能力与才能发展得越为完善，建之于人的本质力量基础上的主体性也就发展与发挥得越充分，随之，对依赖性的扬弃也更为彻底。其三，一切实践的目的与结构都指向人的需求，当主体不断按照自我的需求改造客体时，其主体性发挥的空间能够在新的实践客体的创设与改造中得到拓展。由此我们发现，在实践客体不断因实践主体的主动性、创生力的发挥而获得新的规定性时，实践主体的主体性也就不断获得发展。

所以，对象化实践活动中人的主体性表现为对实践客体所展示出来的主动性与创生力。这种主体性所依附的生命体可能是个人也可能是群体，但主体性所表达与展示的是作为人的类本质属性，主体性是历史的、具体的、社会性的，是不断变化发展的。

2. 从人的实践活动的非对象化过程及特性来理解主体性

人类的实践活动是具备对象性与非对象性二重属性的统一体。对象化活动侧重表达人的本质力量之于实践客体的影响，非对象化活动关注客体的对象性中所出现的对人的本质力量的回应与转换。具体而言，并非任何一个外在于主体的客体都是实践客体，只有成为实践中主体本质力量对象化的对象，实现了主体客体化，才能称为与实践主体相对应的实践客体。从这个维度来看，主体与客体是彼此映射、相互对应的。在实践过程中，主体对应着客体的全部信息，而客体也对应着主体的全部信息，二者既是矛盾的双方，也是统一的双方。正如没有脱离实践主体的实践客体一样，也没有脱离实践客体的实践主体，主体与客体之间是相互规定的关系。在

---

① 《马克思恩格斯全集》（第42卷），人民出版社，1979，第97页。

实践的非对象化过程中，首先，客体的对象性在内容上成为主体实践的规定性。客体的存在状态、发展规律、内在逻辑等内在规定性成为实践主体发挥主观能动性所遵循的一种外在规定性，在此过程中，客体的发展演变逻辑内化为主体实践中的认知、行为逻辑。在实践中，不仅实践主体引起客体的变化，实践客体也在对象化的过程中，促使实践主体的能力素养在质与量方面发生变化。其次，在实践主体的主体性发挥与发展中，客体对象化还在形式上促使实践主体的主体性变化。一则客体对象化为主体的主体性发挥提供了物质与能量基础。人的主体性的发挥最基本的前提是人作为生命体的存在，而人最初的生产实践就是为了维系生命的运行，其中实践客体逆向回流的基础形态就给予了实践主体物质支撑与能量供应。二则客体对象化丰富了主体的精神世界，为主体性发挥提供精神支撑。在人类实践的演进中，实践客体的存在价值由初级的温饱需求升级为精神需求与发展需求，一系列指向人的发展的客体进入人的实践视域，而人的本质力量客体化的产物也不再拘泥于衣食住行，文字、文化产品等的发展便是明证，其中，客体对象化回流为实践主体的精神发展提供支撑。三则客体对象化推动了人的主体性的增强。每一次人的主体性的增强，都充分调动了实践的创造性、能动性，而这一结果并非实践主体单向的努力，更深层次的原因是在非对象化实践中，主体所发展起来的与客体的内在规定性相匹配的实践能力。

所以，非对象化实践中人的主体性表现为人的实践的为我性，不仅实践的动机是人的需求，人对对象世界里自我所实践与创造的一切成果都表现为主动、积极的把握，对一切实践客体的全面、充分的合理占有。在这一客体对象化的能量回流中，主体并非受动的，依然是积极主动地触发、调控、争取实践客体对自我主体性发展的推动作用。

（二）以文化人的实践主体

以文化人的实践主体是这一育人活动的发起者、承担者、组织者与实施者，有广义与狭义之分。从以文化人实践活动的发起与组织角度来看，广义的实践主体既包括作为育人实践中的现实的个人，也包括由现实个人与群体所组成的国家机构、社会组织、社会团体以及他们所承担的职能工作等。而狭义的实践主体主要指承担以文化人具体任务的育人者，如思政课教师等。新时代以文化人的实践主体应该是更为广泛意义上的实践主体。首先，文艺工作者、哲学社会科学工作者都"承担着以文化人、以文育人、以文培元的使命"①，广大教师和教育工作者要"坚持以美育人、以文化人，提高学生审美和人文素养"②。其次，作为重点育人领域，高校思想政治工作要更加注重以文化人、以文育人，学校一切工作要真正做到以文化人、以德育人，要坚持在立德树人、以文化人中育新人，而国家层面要充分利用"艺术形式和新媒体，以理服人、以文化人、以情感人"③。需要指出的是，对化育者作为实践主体的地位确认，并不否定化育对象的积极主动性。从广义的育人活动来看，一切人都应然与实然地作为以文化人的化育对象，而一切人对文化的精神性需求都彰显着人在文化化育影响中的主体地位，这种主体地位虽因在具体的化育实践中不同的人所扮演的角色不同而相异，但其都在以文化人的实践中发挥不同的能动性作用。

（三）培养化育者的育人自觉

以文化人作为一种培育人与塑造人的实践，在主体性原则的分析与贯彻中，还是应当着力培养化育者的育人自觉，毕竟，育人者当先受教育。

1. 坚持主导性，培养担当民族复兴大任的时代新人

任何育人活动都具有一定的阶级属性，都涉及依靠谁、为了谁的问题，"古今中外，每个国家都是按照自己的政治要求来培养人的"④，体现在以文化人的具体实践中，化育主体应当按照育人的根本目标与根本任务来开展实践。前文述及，新时代以文化人的根本目标是实现人的自由全面发展，与此对应的根本任务是育人，其时代表征为化育新人。作为以文化人实践的发起者、承担者、组织者与实施者，化育者责无旁贷地应当坚持育人工作的主导性原则，培养担当民族复兴大任的时代新人。

---

① 《习近平谈治国理政》（第3卷），外文出版社，2020，第325页。
② 《坚持中国特色社会主义教育发展道路 培养德智体美劳全面发展的社会主义建设者和接班人》，《人民日报》2018年9月11日，第1版。
③ 《习近平关于社会主义文化建设论述摘编》，中央文献出版社，2017，第128页。
④ 习近平：《在北京大学师生座谈会上的讲话》，人民出版社，2018，第6页。

以文化人实践主体的主导性是指实践主体在文化化育的实践中,所展现出的一种人所特有的积极属性。人的培养离不开外在的引导与塑造,也无法经由个人独立的自发性行为完成,因此,以文化人实践中的主导性原则主要是针对化育者提出的。在以文化人的实践过程中,对应育新人的时代任务,化育者遵循的主导性原则应包括四个方面内容。其一,意识形态主导。育新人的核心在于"新人"能"担当民族复兴大任",是巩固无产阶级政权、让社会主义事业后继有人的育人事业。而在整个育人过程中,尤为关注立德树人,充分认识思想战线与意识形态的重要性,要把牢领导权、管理权、话语权。其中,化育主体应当理直气壮地巩固马克思主义在意识形态领域的指导地位,与一切去意识形态化、价值中立等错误思想作斗争。其二,育人地位主导。正如杜威曾言:"认为自由的原则使学生具有特权,而教师被划在圈外,必须放弃他所有的领导权力,这不过是一种愚蠢的念头。"① 新时代以文化人的实践主体要强化育人实践中的主导地位,运用先进文化资源化育对象,引导其成长为时代新人。其三,化育目标与任务主导。一切育人目标与任务均服务于特定社会与特定阶级。以文化人的实践主体要坚守以文化人的根本目标与根本任务,在时代新人的培养中,服务于实现人的自由全面发展的根本目标,并且根据不同的处境分设一个个具体的目标与任务,提升育人工作的实效性。其四,化育内容主导。"统治阶级的思想在每一时代都是占统治地位的思想"②,以文化人实践主体在文化选择多元化的时代背景下,要能够在化育资源的选择与运用中坚持先进文化,正如习近平总书记所指出的,"实现中国梦必须弘扬中国精神"③。对此,化育者要能够用先进文化育人,在化育对象中加强价值观引导,用中国精神凝聚中国力量,培育追梦、圆梦的时代新人。

2. 增强主动性、掌握主动权、打好主动仗

在育人实践中,实践主体总是需要积极主动地根据事物的发展变化来实施育人任务,用发展的眼光看待育人实践,展示鲜明的积极主动性。在

---

① 〔美〕约翰·杜威:《我们怎样思维·经验与教育》,姜文闵译,人民教育出版社,1991,第228页。
② 《马克思恩格斯文集》(第1卷),人民出版社,2009,第550页。
③ 《习近平关于社会主义文化建设论述摘编》,中央文献出版社,2017,第3页。

化育者方面，习近平总书记就针对以文化人重点实践主体较为代表性地表达了对其主动性的重视，他要求宣传思想工作必须"增强主动性、掌握主动权、打好主动仗"①，用主旋律、正能量影响群众、引导认知；在学校思想政治理论课教师座谈会上，他强调"办好思想政治理论课关键在教师，关键在发挥教师的积极性、主动性、创造性"②；针对文艺工作者，他积极肯定了文艺工作者主动"投身实现'两个一百年'奋斗目标、实现中华民族伟大复兴中国梦的火热实践"③。发挥主动性，践行好主体性原则的实质在于实践中对人的能动性的确认，体现实践主体主动、自觉地了解、探索实践客体的存在样态，是对受动性的不断扬弃。主动性作为以文化人实践中主体性原则的重要内涵，其存在缘由在于较之于化育者的实践目标而言，外在于主体的环境因素、化育资源、化育对象等事物并不会自觉地朝向主体所期待、所需求的方向发生变化，也未必会积极地接纳或配合主体的育人实践，甚至有时候还出现抵抗、逆反的情况。所以，育人实践中主客体所存在的矛盾，必然要求实践主体不断探求实践规律，克服困难，化解矛盾，让好的文化在化育对象身上产生积极的影响。

化育者在育人实践中对主动性的发挥，并不是脱离化育对象的单方面努力，而是在掌握主动权的过程中积极调动化育对象的主动性，共同推动以文化人的有效践履。在以文化人的实践中，化育对象的客体地位是相对于化育者的主体地位而言的，但作为人，化育对象在实践中仍然发挥着重要的主动性，这种主动性体现为化育对象对以文化人实践活动是否有精神需求、是否主动接纳、是否能顺利外化。也就是说，化育对象是以文化人实践过程中的逻辑起点与逻辑归宿。化育对象的主动性主要体现在三个方面。其一，化育对象构成化人之"文"的源头活水。比如，在文艺界，"人民是文艺创作的源头活水"④，文艺工作者要重视人民的需求，用以人民为主体的作品化育群众，促使人民主动接纳化人之"文"。其二，化育对象的主体需求构成了以文化人实践的源头动力。"人民对精神文化生活

---

① 《习近平关于社会主义文化建设论述摘编》，中央文献出版社，2017，第27页。
② 习近平：《思政课是落实立德树人根本任务的关键课程》，人民出版社，2020，第10页。
③ 习近平：《在中国文联十大、中国作协九大开幕式上的讲话》，人民出版社，2016，第2页。
④ 《习近平关于社会主义文化建设论述摘编》，中央文献出版社，2017，第160页。

的需求时时刻刻都存在"①，化育对象的精神需求驱使其有接受文化化育的主动性。其三，化育对象在文化资源的选择中具有主动性。文化需求、文化选择具有典型的个体性与多元化，与每个人的处境密切相关，以文化人实践的有效推进离不开化育对象发挥主体性，主动地选择先进文化。

3. 激发创新性，因事而化、因时而进、因势而新

一切育人活动都离不开创新性，创新性贯穿于育人实践过程的始终，成为育人实践的典型特征。创新性能否得以充分发挥，与实践主体的主体性发挥的程度密切相关。习近平总书记针对思想政治工作者提出的要求尤具代表性，他指出"要因事而化、因时而进、因势而新"②地做好高校思政工作，在遵循育人规律的同时，"更加注重以文化人以文育人"③，不断创新技术手段等。这里，"因事而化、因时而进、因势而新"的要求同样适用对以文化人育人主体的期待。习近平总书记还针对哲学社会科学工作者提出，没有及时创新思想、理念、方法，"理论就会苍白无力"④从而出现"肌无力"⑤，难以有效说服人、化育人；针对文艺工作者，他指出，"创新是文艺的生命"，"要把创新精神贯穿文艺创作生产全过程"，⑥要把脉时代，为时代的新情况、新问题、新需求发声；针对宣传思想工作者，他指出要兴文化，"激发全民族文化创新创造活力"⑦；针对具体的环境、人员、需求创新传播手段和话语方式，提升文化化育效果。同时，激发化育对象的创新性也很重要，激烈的竞争环境中"惟创新者进，惟创新者强，惟创新者胜"⑧；习近平总书记对既是以文化人实践中的化育者也是化育对象的知识分子提出，要"勇立潮头、引领创新"⑨；要求广大青年在增

---

① 《习近平关于社会主义文化建设论述摘编》，中央文献出版社，2017，第8页。
② 《习近平谈治国理政》（第2卷），外文出版社，2017，第378页。
③ 《习近平谈治国理政》（第2卷），外文出版社，2017，第378页。
④ 《习近平谈治国理政》（第2卷），外文出版社，2017，第342页。
⑤ 《习近平谈治国理政》（第2卷），外文出版社，2017，第342页。
⑥ 《习近平关于社会主义文化建设论述摘编》，中央文献出版社，2017，第157~158页。
⑦ 《习近平谈治国理政》（第3卷），外文出版社，2020，第312页。
⑧ 《习近平谈治国理政》（第1卷），外文出版社，2018，第59页。
⑨ 习近平：《在知识分子、劳动模范、青年代表座谈会上的讲话》，人民出版社，2016，第5页。

强文化自信的同时，"让青春在创新创造中闪光"①；等等。

　　激发创新性其实质就是对人的主体性的一种彰显与确认。人对外界的认识与实践不是简单、对应性的倒影式映射，而是经过一系列感性的认知、理性的飞跃的过程，以文化人的实践尤为如此，不仅需要把握一切无生命的影响因素，还需要对极为复杂的文化予以鉴别、筛选、转化，并最终在对化育对象身心需求与发展规律的充分把握的基础上，实现先进文化的内化与外化。在这个过程中，既需要化育者的创新性工作，又需要化育对象的创新性学习，整个过程充分彰显出实践主体的主体性。在创新性实践中，主体不仅认识与把握了实践客体，并且将实践主体的本质力量见之于客体，依据实践目的创造出新的理想客体，而实践主体也在不断的创新性实践中日益超越旧我，迈向自我的新状态。在有效的以文化人实践中，化育者总能通过一系列创新性实践，将化育对象引至化育者所期待的发展状态中，而化育对象也能在化育者的引导下积极通过自我的创新性学习与实践，不断将学习成果吸收并外化，最终化育者与化育对象都能在创新性实践中实现自我本领的提升。因而，在以文化人的实践中，践行主体性原则就需要不断激发创新性，其中既包括创新性思维的培养与创新性意识的增强，也包括创新性知识的获得与创新性能力的提升。

4. 坚持为我性，让人们在持续的以文化人中提升素养

　　为我性是主体性原则的又一方面内容，从哲学意义上看，人的实践本质上就是人从自我的需求、条件与目的等因素出发所进行的一种自觉自为的为我性活动。也就是说，"各个人过去和现在始终是从自己出发的"②，而对现实的、具体的人来说，一切与自我有关系的事物存在，都具有为我所用的潜质。为我性是人生而有之的一种特性，但这种特性不同于后天人在社会化过程中所形成的自私性，自私性代表了一部分尤其是剥削阶级的属性，往往是建立在牺牲他人利益基础上的一种违背道德精神的劣性，但为我性是人的一种普遍性的本能属性，表征着人的主体性，旨在处理人与自然、社会、他人之间的诸类关系，反映的是主体的合理性的自我需求，

---

① 《习近平谈治国理政》（第3卷），外文出版社，2020，第334页。
② 《马克思恩格斯文集》（第1卷），人民出版社，2009，第587页。

构成了实践的动力与价值选择的基础，成为推动人类社会运动发展的重要合力因素。

"让人们在持续的以文化人中提升素养"① 就表明了以文化人的为我性。在以文化人的具体实践中，这种为我性表现在两个方面。一方面，从化育者的角度出发，以文化人实践的所有过程服务并服从于化育者的实践目的，即人的发展。另一方面，从化育对象的角度出发，以文化人实践的顺利开展需满足自我的精神文化需求，否则就没有接纳的必要性。化育者与化育对象的为我性首先具有相通的一面，主要表现为双方的实践目的具有一致性。化育者希望以文化人，提升化育对象的精神境界，确认化育对象的文化性存在方式，提升化育者的文化素养，指向对化育者发展的深切关怀；化育对象希望在文化的滋养中实现自我精神世界的丰满，丰富自我作为人的社会属性与精神属性，实现自我更好的生活与发展。这种实践主体的为我性还存在相异之处，化育者的为我性侧重提高以文化人的实效性，希望先进文化能更快、更充分地被化育对象接纳，并顺利内化、外化，期望从化育对象身上看到自我化育实践的成果，即将化育对象塑造为一定阶级与社会所期待的文化形象，并顺利推动化育对象的自由全面发展，所以，化育者的为我性更为直接统一。而化育对象的为我性更侧重自由地选择自己感兴趣的文化内容，更愿意接近自己所信任的化育者，更乐见创新性的化育方式，所以化育对象的为我性多元、易变，更为复杂。故而，对化育者而言，为我性的坚持是与主导性、主体性、创新性相一致的，需要更为积极主动地发挥能动性，重视化育对象的主体性、创新性、为我性，协调育人目标任务与化育对象期待的关系，更好地学习、阐释先进文化，更好地利用新的文化传播载体，多路径实施以文化人实践，切实让化育对象在持续的先进文化化育中提升素养。

二 "坚持正确政治方向"：方向性原则

正如习近平总书记所强调的，在育人实践中要"坚持正确政治方

---

① 《习近平关于社会主义文化建设论述摘编》，中央文献出版社，2017，第187页。

向"①，方向性是以文化人实践的重要原则遵循，一旦忽视方向性，以文化人的实践就会丧失其立足基础，其存在价值与意义就会弱化甚至消失。

（一）以文化人实践中的方向性考察

一切人类实践都具有方向性。以文化人作为一种育人实践，从统治阶级与化育主体的育人立场看，文化化育的目标与任务在于育人，而人的培育究其本质，不仅是知识技能的提升，更在于文化修养、价值取向、政治意识、思想素养等精神境界的发展，以文化人的育人指向便在于后者，这就涉及育人的方向性，具体到为谁育人、育什么样的人的问题。方向性之于以文化人实践的客观性与必然性在于三个方面：一是方向性客观生成于以文化人实践的形成与发展中，二是方向性是以文化人实践区别于一般性知识技能教育实践的特殊属性，三是方向性贯穿以文化人实践的始终。

1. 方向性客观生成于以文化人实践的形成与发展中

以文化人作为一种育人实践得以生成与发展的重要前提有两个。其一，文化具有化育人的可能性。文化具有典型的属人性特质，从文化的发生发展维度视之，文化的生成与发展是人类所独有的实践产物，在人类的实践历史中凝聚、沉淀，表征着人的社会属性与精神属性；从文化的作用功能维度视之，人类实践在创造文化的同时，文化也以其独特的精神特质与文化模式构成了人类实践的规则与机理，进而，人按照文化的方式存在着，正如蓝德曼所言："人在创造文化的同时，人也创造了自己。"② 其二，人有接受文化化育的必要性。尽管我们常将文化视为人的"第二自然"，但人的文化性存在与发展方式无法通过生理与自然途径获得，文以化人的同时，人亦需要以文化之。在文化化育中，人习得一定群体所认可并承袭的价值准则与行为规范，在个体与外界的张力与协调中实现自我发展，在文化的持续化育中，摆脱兽性，丰富人性。由此可以看出，人与文化的相互规定性促进了以文化人实践的生成，其中就涉及方向性的问题，正因文化是人化的产物，相异的群体便拥有导向性不同的文化，并用代表本群体

---

① 《习近平关于社会主义文化建设论述摘编》，中央文献出版社，2017，第24页。
② 〔德〕M. 蓝德曼：《哲学人类学》，彭富春译，工人出版社，1988，第7页。

发展方向的文化化育群体的成员，维系群体文化导向的稳定性。这种文化化育虽区别于武力控制的权力实现形式，但也以强大的精神因素影响着群体的发展方向。所以，在人类的发展史上，以文化人广受重视，不同阶级各自坚持着各自化育的方向性，古今中外概莫能外。在封建社会，统治阶级朝着维系封建王朝、培养封建"顺民"的方向出发，以封建礼法化民成俗；在共产党奋斗征程中，分别朝着民族独立与新中国建设、社会主义发展的方向培育一代代新人。17~18世纪，在西方资产阶级运动中，新兴的资产阶级亦是用"理性之光"化育群众，朝着资本主义发展的方向厚植群众基础。而如今，无论是亨廷顿所言的文化的冲突还是福山曾认为的意识形态的终结，实质上都折射出不同的民族与利益群体的文化不同、价值信仰不同、以文化人的政治导向不同的事实。所以，在育人中要坚持正确的政治方向，在育人实践中要促进化育对象的紧密团结，服从社会发展的全局性期待。

2. 方向性是以文化人实践区别于一般性知识技能教育实践的特殊属性

与人的整体属性相对应的是人的存在是"实体性"存在和"意义—价值性"存在[①]的统一体。其中，意义与价值性存在决定了人的本质属性以及符合人性的存在样态，也就是说人的存在、发展是以精神文化为内核的。只是人的存在始终是生成性的，所以才需要不断追求人的发展，这种生成性的状态不仅指人的生理机能，更侧重人的"意义—价值性"存在不断生成。而"意义—价值性"存在的生成是文化化育与人的成长同构的结果，如前文述及，这里的"文"较之于外化的物质文化与制度文化而言，是更深层次的精神文化，它凝结于人的历史实践中，成为群体的价值内核、文化模式与行为规范。所以，以文化人实践促进了人的意义理解与价值生成，它不侧重化育对象具体的、规范化的程序性知识与技能的习得，旨在影响化育对象的精神世界，培养其合理的精神生活的能力，这是以文化人的本质规定性。而所有的精神世界均不过是物质世界的产物，反映并服务于物质世界的发展方向，即"支配着物质生产资料的阶级，同时也支

[①] 郭晓明：《知识的意义性与"知识获得"的新标准》，《华东师范大学学报》（教育科学版）2004年第2期。

配着精神生产资料"①，对任何一个统治阶级而言，要实现并维护阶级的政权统治，就不得不将代表本阶级利益的意识形态予以主导化、普遍化，将其内化为群众的精神世界与意义追求，从这个角度而言，以文化人在塑造人"意义—价值性"存在的同时，也承担了社会意识形态建构的职责，育人实践显著的政治方向性，将其与一般性知识技能教育实践区别开来。从统治阶级的立场出发，必然要求化育者从维护统治阶级的权力出发，用代表本阶级利益的文化建构化育对象合理的精神世界，让主流价值、主流舆论成为人们精神消费、生产、创造的思想遵循，毕竟，共同的理想信念是国家与民族同心同德迈向前进的重要支撑，要始终以"社会主义核心价值观和人类优秀文明成果滋养人心、滋养社会"②，通过文以载道的途径，让正确导向的思想文化掌握群众，引导群众"意义—价值性"存在的方向与社会的发展期待一致。

3. 方向性贯穿以文化人实践的始终

任何实践都有其目标与任务，而围绕实践的根本目标与任务，多方关系与因素的交叠作用就会出现各种矛盾，其中，化解基本矛盾将贯穿整个实践，成为决定实践成效的关键。以文化人实践中的基本矛盾是一定社会对其成员所期待的文化素养与人们实际文化素养水平之间的矛盾，其中社会一元价值引导与人们多元价值选择之间的冲突尤为明显。化解这一基本矛盾，就是要把统治阶级主张的主流文化、主流价值内化为人们自觉的文化自信与价值信仰，并顺利外化为统治阶级所期待的文化实践。其中，方向性贯穿以文化人实践的始终。化育实践要始终"引领风气之先"，"让理想信念的明灯永远在全国各族人民心中闪亮"③。更进一步理解便会发现，首先，文化的内容本身就是极为丰富与多元的，文化的属人性决定了不同的群体所实践的文化的相异性，从而结成不同的文化共同体。从世界范围来看，人类文化圈的划分有国别与民族的差异；而从人类微观的文化生活来看，在任何一个群体内部都存在主流文化与次文化、亚文化共生的情

---

① 《马克思恩格斯选集》（第1卷），人民出版社，2012，第178页。
② 《习近平谈治国理政》（第2卷），外文出版社，2017，第337页。
③ 《习近平谈治国理政》（第2卷），外文出版社，2017，第324页。

况，这种情况在媒体互联的开放时代尤为突出。那么以文化人实践面对主流文化之外的诸多文化他者，坚守方向性是化解基本矛盾的必然要求，必须贯彻以文化人实践的始终。其次，人的文化选择具有偶然性、多样性。尽管以文化人实践所期待的是化育对象在文化选择中能够选择并接受主流文化的化育，但现实是人的文化选择往往存在具体处境的不同、环境影响因素的不同等诸多原因而具有偶然性、多样性，其中，如果文化化育者不能始终把握化育的正确方向，那么化育对象就可能在其他非主流文化的化育下走向了与统治阶级利益相悖的道路。最后，无论是文化的生成与发展还是人的文化素养水平都是历史的、具体的。随着时间的推移与社会的发展，以文化人实践中的化育资源、对象、介体、环境等因素都可能发生变化，其中，化育者可以调整资源、革新手段，但唯一不能放弃的便是育人的方向性。

（二）注重实践的旗帜方向

方向性代表以文化人实践的旗帜导向。党在以文化人实践历程中始终坚持鲜明的方向性。当下，在民族复兴的圆梦进程中，我们面临的任务更为艰巨、矛盾更为复杂，需要更强有力地凝聚人们的思想意识，建构共同的文化基础与共同的价值共同体；在文化交流、交锋的背景下，文化环境多元化，一些与社会主流文化、主流舆论不相称的社会思潮开始涌动，在改革开放与社会主义市场经济深入发展的条件下，随着物质生产方式与利益分配方式的变革，人们的自主意识不断增强，个性张扬，文化选择、消费不再拘泥于社会主流文化，而是逐渐多元化；随着网络空间的发展，人们的物质生产方式与精神生活方式得以前所未有的革新，以文化人实践所面临的环境更为微观、复杂。一系列新的形势与挑战迫切要求在以文化人的实践中必须坚持鲜明的方向性原则，同心同德，用社会主义核心价值观凝聚共识、汇聚力量，各级各类教育要坚持社会主义办学方向，因此，指向化育新人的以文化人实践，理所应当坚持社会主义育人方向，这一方向性原则在新时代主要表征为四个方面。

1. 牢牢把握"化"什么人的根本任务

以文化人所化的"人"只能是"中国特色社会主义事业的建设者和接

班人，而不是旁观者和反对派"①，只能是"拥护中国共产党领导和我国社会主义制度、立志为中国特色社会主义奋斗终身的有用人才"②。当下，这个"人"的具体表征便是时代新人。"化"什么人作为根本任务，指向的是以文化人的实践结果，这一结果的有效性依赖以文化人实践中的化育者与化育对象的实践状态，以及以文化人实践的持续开展。从化育者自我角度而言，以文化人实践是在化育者的主导与实施下，引导化育对象精神世界变化发展的实践，化育者理应将自我在实践中的期待与育人的根本任务对应起来，时刻关注育人任务的实现程度、表现形态与化育者的期待之间的关系。对此，化育者要旗帜鲜明，充分地向化育对象展示育人的方向性，按照育人的目标任务，引导人、塑造人，将化育新人的根本任务阐释好、落实好，将以文化人的实践结果与整个化育对象的根本利益对接好、协调好。从化育者对化育对象的引导来看，化育者要有能力引导化育对象自觉配合其育人的使命，朝着时代新人的方向努力。在整个以文化人的实践中，文化与物质世界的客观联系及对社会存在的作用的发挥，是通过其行为主体"人"在自身的社会实践中实现的，文化只有假借人的吸收与外化才能成为影响政权统治与社会运行的强大精神因素。具体而言，化育者实质上是通过先进文化的影响为化育对象提供了进行社会实践的一种意识"前见"与知识图式，通过对象"人"的主体作用的发挥，将先进文化的精神实质投射到日常生活与实践工作中去，让实践不断趋近先进文化的内在要求，并在实践中促进先进文化的创新发展。也就是说，化育者不仅要从自我实践的角度牢牢把握"化"什么人的根本任务，还要力求让化育对象的思与行趋向以文化人的应然结果。从化育者对以文化人实践的整体把握看，与人的文化选择及文化行为生成的复杂性相对应的是以文化人实践的漫长而繁杂，化育者需要协调不同阶段、不同角度的化育实践，始终将"化"什么人这一根本任务作为以文化人的结果导向，贯彻到不同时空、不同类型、不同群体的化育过程中，以此确保持续坚守育人的方向性。

---

① 《习近平会见清华大学经济管理学院顾问委员会海外委员和中方企业家委员》，《人民日报》2017年10月31日，第1版。
② 《坚持中国特色社会主义教育发展道路 培养德智体美劳全面发展的社会主义建设者和接班人》，《人民日报》2018年9月11日，第1版。

2. 牢牢把握为谁服务的根本要求

习近平总书记曾强调要通过立德树人、以文化人,"培养能够担当民族复兴大任的时代新人"①,进而又指出,文艺工作者、哲学社会科学工作者承担"以文化人、以文育人、以文培元的使命"②,要"为党和人民继续前进提供强大精神激励"③。以文化人要做到"为人民服务,为中国共产党治国理政服务,为巩固和发展中国特色社会主义制度服务,为改革开放和社会主义现代化建设服务"④,这既符合国家发展需求,也符合人的发展需求。从国家层面来看,以文化人以精神凝聚、意识形态引导、价值引领等多种非直接物质化形式,作用于现有的社会制度维护、执政党的执政安全以及社会发展,在以文化人的实践中将执政党的执政理念、意识形态予以大众化,使其成为群众的思想意识与价值信仰,并将一定群体的生存方式与文化模式普遍化,使其成为社会运行的规范、机理,并以此化育群众,成为群众社会化的文化资本。这便是以文化人对国家层面的影响,如同斯迈尔斯所言,一个国家的繁荣远不在于物质财富的多寡,而在于其"公民的文明素养,即在于人们所受的教育、人们的远见卓识和品格的高下"⑤。新时代,便需要化育者弘扬主旋律、传递正能量,激发全体群众"朝着党中央确定的宏伟目标团结一心向前进"⑥。从人的发展层面来看,这里的人不是一部分、特殊的或是单个的人,而是广大群众;这里的发展亦不是人的外在机能、内在素养等单个要素的发展,而是指向人的精神世界的发展。所以,服务人民的需求,就是要始终从人民的文化生活处境、文化生活需求出发,确认并不断满足人民的精神文化需求。从硬件与软件层面做好以文化人的育人实践与育人资源的供给侧改革,让所有的群众都能受到先进文化的化育,都能提升文化素养。

---

① 《习近平谈治国理政》(第3卷),外文出版社,2020,第312页。
② 《习近平谈治国理政》(第3卷),外文出版社,2020,第325页。
③ 《习近平谈治国理政》(第3卷),外文出版社,2020,第326页。
④ 《习近平谈治国理政》(第2卷),外文出版社,2017,第377页。
⑤ 〔英〕塞缪尔·斯迈尔斯:《品格的力量》,刘曙光、宋景堂、李柏光译,北京图书馆出版社,1999,第1页。
⑥ 《习近平谈治国理政》(第3卷),外文出版社,2020,第312页。

还需澄明的是，以文化人实践的服务方向与对象虽然包括人的发展、国家利益与社会发展多方面，但这些方面并不是相悖的，它们统一于"四个服务"中。其中，为人民服务是核心，人民的利益是党治国理政的初心，是制度体系所保障的对象，人民是社会发展的利益普惠者与动力源。为人民服务就是为社会主义社会的建设服务。同时，没有脱离社会的人，为人民服务不能脱离中国特色社会主义的基本背景，需要化育者在以文化人的实践中，将党中央所主张的意识形态、核心价值、主流文化、共同理想等精神追求与意义世界内化为化育对象自身的理想目标，使其自觉追求，实现人与社会的互构发展。

3. 牢牢把握社会主义意识形态的根本导向

习近平指出，"文化具有鲜明的意识形态属性"①，在文化化育中理应"强化它的意识形态属性，达到以优秀作品鼓舞人的目的"②。在以文化人的实践中要牢牢把握社会主义意识形态的根本方向，就是要正确引导人们的思想与舆论发展。

首先，巩固马克思主义在意识形态领域的指导地位。人的成长离不开后天的教育与环境影响，教育者将特定阶级的意识形态内化为自我的思想，进而指导实践，所以在育人实践中，教育者也是意识形态的载体，并不断培育着新的意识形态载体；而环境不限于自然环境，社会发展造就了太多人化环境，环绕在人们周围。每当社会化的人言谈与交往时，所展示的便是隐去自然面貌的意识形态化的"人"。当然，这并不意味着人能够随意创造意识形态，一切意识形态都是对物质生活的反映，是物质生活的产物，人在创造与改变物质生活的同时，也不断地批判与革新着社会意识形态。所以，一切人都无法摆脱意识形态而独立存在，同时，人们也在以自己的力量选择、创造新的意识形态，而新的意识形态又将引导人们维护并巩固产生新的物质基础。因而，作为以文化人的实践主体，化育者不可避免地成为一定意识形态的传播对象，并在这种传播与化育中不断受到影

---

① 习近平：《干在实处 走在前列——推进浙江新发展的思考与实践》，中共中央党校出版社，2006，第 328 页。

② 习近平：《干在实处 走在前列——推进浙江新发展的思考与实践》，中共中央党校出版社，2006，第 331 页。

响，进而培养出更多的特定意识形态载体。新时代化育者所承担与维护的就是坚持马克思主义在意识形态领域指导地位的根本制度，培养更多正确的意识形态载体，将更多的人引到正确道路上。文化是意识形态的载体，要"用先进文化、用具有吸引力的正面的东西，去占领每一个阵地，让负面的东西和敌对势力无法乘虚而入，失去生存的土壤"①。化育者还需要在以文化人实践中处理好意识形态主导与多种声音的关系。文化虽然是意识形态的载体，但文化的外延广于意识形态，以文化人之"文"不能等同于意识形态与政治纲领，要关注化人之"文"的先进与多彩。

其次，弘扬社会主义核心价值观。"文化的影响力首先是价值观念的影响力"②，以文化人的本质是一种价值引导。社会化的人最重要的标志便是有一定的价值观，在价值观的驱使下对实践对象作出价值评价，进而展现不同的人、群体之间的思维方式与存在样态。而价值观的形成背后有着价值主体日用而不觉的文化精神、文化模式，反映出价值主体的价值需求与价值倾向。这就容易出现两类问题：一类问题是一些价值主体从较为自私的、低层次的需求出发，在狭隘或者庸俗的文化背景的驱使下，形成功利化的、纯粹利己的价值取向；另一类问题是价值主体的文化背景不同、所处境遇不同、需求目标不同造成价值取向的多元化。这两类问题都不利于社会这个利益共同体的发展，倘若社会没有共同的追求与价值观，"整天乱哄哄的，那就什么事也办不成"③。这就涉及社会的价值导向，社会的价值导向决定了个人价值取向的内容与性质，是将社会的群体化的价值目标内化为人们共同的价值信念与价值评价，同时，个人也在社会价值导向的过程中不断社会化。社会价值导向是弘扬社会主义核心价值观，与以文化人的本质是价值引导一致的是，弘扬与培育社会主义核心价值观的过程就是以文化人的过程，用怎样的文化化育对象，就可能引导对象形成怎样的价值观。要重视以文化人实践的价值引导性，通过文化熏陶等方式，

---

① 习近平：《干在实处 走在前列——推进浙江新发展的思考与实践》，中共中央党校出版社，2006，第300页。
② 《习近平关于社会主义文化建设论述摘编》，中央文献出版社，2017，第105页。
③ 《习近平关于社会主义文化建设论述摘编》，中央文献出版社，2017，第130页。

"使社会主义核心价值观内化为人们的精神追求，外化为人们的自觉行动"①。化育者就是要用能够反映与弘扬社会主义核心价值观的文化资源去涵化、滋养、熏陶化育对象，不断影响化育对象的文化心理与文化素养，为其培育和践行社会主义核心价值观做好相应的文化精神铺垫。

4. 牢牢把握育人队伍建设的根本依靠

习近平总书记指出："人才培养，关键在教师。"② 在以文化人的实践过程中，化育者的意识与实践对以文化人的实践结果有着积极的主导性作用，这种主导性体现在两个层面。其一，化育者积极践履育人角色。这包括对化育对象、化育介体、化育环体等情况的基本认识，以及对以文化人实践的目标与任务的理想追求与情感体验。化育者的自觉意识为以文化人的实践提供了育人的理性认知与精神动力，能顺利将一定社会对人们文化素养的要求转化为自我的育人目标，以正确的认知与积极的状态面对化育者。这构成了推进以文化人实践的重要前提条件。也就是说，"如果你想感化别人，那你就必须是一个实际上能鼓舞和推动别人前进的人"③。其二，化育者有效推进育人进程。相对以文化人实践中的化育介体、化育环体以及化育对象而言，化育者的主导地位应该受到积极肯定，化育者通过对化育对象进行调查研究，科学编制化育形式，有针对性地阐发化育内容，积极引导化育对象亲近、理解、接纳化人之"文"，朝着化育者的育人目标发展。化育者的积极实践有利于促进化育对象自觉地将以文化人的育人目标内化为自我的价值追求。

三 "区分层次 突出重点"：层次性原则

以文化人实践中的层次性原则是指化育者能够从具体的育人实际以及化育对象的境况出发，有针对性、分众化地因材化育，既鼓励先进，又关照到多数人群，区分层次、突出重点，切实让以文化人育人实践充分普惠

---

① 《习近平关于社会主义文化建设论述摘编》，中央文献出版社，2017，第108页。
② 习近平：《在北京大学师生座谈会上的讲话》，人民出版社，2018，第7页。
③ 《马克思恩格斯文集》（第1卷），人民出版社，2009，第247页。

人民群众。

（一）对象的差异性需要层次性的化育

层次性原则是在分析化育对象利益追求差别化、价值诉求趋异化、文化选择多元化的基础上确立起来的。在推进以文化人的实践中，尽管化育者期待的是化育对象能够始终坚持文化选择的先进性，在先进文化的化育中凝心聚气，自觉承担先进文化的传承、传播、创新、发展的职责。但是，这种要求只是以文化人实践的理想状态，是对积极进步的化育对象而言的，一般情况下，在一个未经筛选的群体中，先进的人总是少数，大多数是一般分子，甚至还掺杂一些落后分子，而若不顾及化育对象的精神面貌、文化修养等方面的差异，不遵循育人中的层次性原则，一刀切，一个期待，一个办法管到底，那么以文化人的实践很容易脱离实际。

1. 化育对象存在差别化的利益追求

以文化人关注的是人的思想与精神，而人的思想与精神层面的样态与变化都不是偶然的，都是对其现实物质基础与基于此而产生的利益追求的一种反映，利益追求成为影响化育对象思想文化状况与精神追求的重要驱动力。法国唯物主义学者克洛德·阿德里安·爱尔维修（Claude Adrien Helvétius）将利益视为人类基本的物质生产的本源驱动力，并从人的物质利益出发来解释社会的运行与人类智慧的发展。他认为人类所创造的所有文化与科学财富都是人在追求物质利益过程中的产物，因此，应重视利益需求对人的思想与实践取向的驱动力。爱尔维修对人的利益追求的肯定，以及他对利益之于人的精神世界影响的关注很有启发价值。也就是说，没有彻底脱离利益追求的人，而人的利益追求又是千姿百态的。人的利益追求的差别化，客观上造就了人的思想与文化现状的不同，这个现状从育人实践过程来看，就是化育对象的"接受基"不同，化育对象拥有与其处境与利益追求相呼应的认知图式，进而影响了其对化育者化育实践的接纳与吸收。

习近平总书记一贯注重人的利益需求，强调要瞄准人们"最直接最现实的利益问题"[①]。具体到以文化人的实践中，一方面，要尊重化育对象因

---

① 《习近平谈治国理政》（第3卷），外文出版社，2020，第135页。

年龄的悬殊而存在利益追求差别化的事实，注重针对不同生理属性的群体来有侧重性地进行文化价值引导，对儿童、青少年等不同年龄群体提出侧重点相异的要求。另一方面，从社会属性来看，化育对象因政治身份与经济身份的不同而存在更为复杂多样的差别化利益追求。尤其是改革开放以来，在多样化的分配制度下，人们客观上归属于不同的经济利益群体，存在不同的利益追求与利益矛盾，这对以文化人实践产生了巨大挑战，所以，针对不同社会群体推进以文化人实践，要反对大水漫灌式的育人，要"将总体上的'漫灌'和因人而异的'滴灌'结合起来"①，创新育人的形式与方法，在有针对性的、积极的思想文化供应中，筑牢思想共同体。

2. 化育对象有着趋异化的价值诉求

文化引导是一种价值引导，那么，现实中化育对象趋异化的价值诉求，客观上就需要化育者根据化育对象相异的价值诉求开展层次化的以文化人实践。比如，文学艺术不能千篇一律、机械化生产，既要有阳春白雪，也要有下里巴人；舆论宣传既要结合受众的价值诉求，更要有时效性、针对性、可读性；等等。从理论上而言，化育对象趋异化的价值诉求是由价值因价值主体不同而相异的本性所决定的。如果说价值是"以主体尺度为尺度的主客体关系质态"②，那么价值诉求必然因主体的不同而不同，必然受到来自价值主体的各方面条件的规定。在以文化人的实践中，众多化育对象趋异化的价值诉求有着个体性与多元性、多维性与全面性、时效性与历时态的特点。首先，每一个价值主体生理结构与社会处境不同，在实践中展现出独特的个体性特征，那么独特的个体在对价值客体的选择与利用中，也因自我的需求与喜好的不同而不同，因而，在价值关系中，所对应的主体在怎样的具体层次、具体处境、具体关系中成了价值主体，就决定了这一主体与怎样的价值客体结成怎样的价值关系。价值诉求的个体性必然带来社会范围内价值诉求的多元性，不同主体间存在多样的价值衡量指标，展现出相异的价值诉求，而在多样的价值主体间，很难用彼方的价值诉求来衡量或者取代此方的价值诉求。其次，主体的价值诉求

---

① 《习近平关于社会主义文化建设论述摘编》，中央文献出版社，2017，第100页。
② 李德顺：《价值论——一种主体性的研究》，中国人民大学出版社，2013，第57页。

因其生理构成与社会规定性的复杂、多样以及需求层次的多重而展现出多维性。每一个价值主体的每一方面、每一个发展过程都会产生新的价值诉求，需要新的价值客体的满足，而且随着单个的人的成长发展与整个人类社会的发展进步，主体价值需求的维度无限延展，任一实践或者客体若想进入主体的价值关系中，就需更精准地把握主体价值需求的多维性，贴切地去满足价值主体某一方面或某些方面的价值诉求。与人的发展的终极追求在于自由全面相一致的是，主体价值诉求的多维性必将延展为价值诉求的全面性，需要不断有适宜的价值客体来满足价值主体对自我本质自由全面占有的发展诉求。最后，作为因变量，价值诉求因主体的存续而变化，这就存在一定的时效性，以历时态的方式演进。从个体的发展而言，不同的价值主体在人生发展的不同时期，对价值客体的选择与需求有区别，某些价值诉求是即时性的，而另一些价值诉求则是存续性的，但在人的成长的不同时间内，需求的迫切程度不同。从人的动态发展来看，价值诉求的存在是历时态的，有些客体的价值在历史的发展中频频刷新，而有些客体的价值却能不断积淀。总而言之，化育对象价值诉求的趋异化，需要以文化人实践客观上从一种层次化的视角切入，来让文化化育的实践更顺利地进入化育对象的价值关系中，在满足化育对象分层化的价值诉求中实现化育目标。

3. 化育对象拥有多元化的文化选择

改革开放以来，在宽松的文化氛围与全球化的文化交流背景下，群众的文化选择由单一的泛政治化向复杂多元演进，在主流文化的核心场域外游离着大量的次生文化圈，其中有与主流文化精神内涵和表现形式一致的，也有大量与主流文化的价值指向不一致，甚至是相悖的成分，群众的文化选择进入了"思想大活跃、观念大碰撞、文化大交融的时代"[①]。化育对象多元化的文化选择及其所凸显出的问题，既迫切地要求先进文化的引领，又呼唤在以文化人实践中，化育者能够针对化育对象文化选择的实然状况，予以层次化推进。当前，群众文化选择多元化的态势主要表现为以下三个方面。

---

① 《习近平关于社会主义文化建设论述摘编》，中央文献出版社，2017，第8页。

其一，多种社会思潮并存。近代以来，国家被动地由传统社会进入现代社会，人们来不及进行深入系统的社会历史分析，迫切渴望摆脱旧社会进入现代社会，一时间各种"主义话语的泛滥，构成了现代社会的一个基本现实"[①]，而新中国成立以来，一方面是社会主义在复杂的国际环境中谋发展，另一方面是社会处于急剧转型期，各种社会矛盾凸显，群众在国家发展的大是大非与个人成长理想与现实的差距面前，容易受到不良思潮的影响，典型的如新自由主义、文化保守主义、历史虚无主义等。一波又一波形态各异的思想体系在时间的酝酿下开始碎片化传播，不同程度地影响着自我的文化选择，加之网络技术的便利性也在不断干扰着主流文化的权威地位。

其二，多样亚文化繁盛。新媒体时代，亚文化以其多变、流动、混杂等后现代特征在人们尤其是青年文化选择中成为一股不可忽视的文化力量，大家因趣缘相投而聚集，不同的境遇、情绪交织演绎出诸如"二次元"文化，拍客、直播等视觉系文化，极客、黑客等技术派文化，网络族群文化等一系列色彩斑斓、充满未知与不确定的文化图景。一些人在亚文化实践中积累了文化资本，获取了文化场域中的话语权力。大家因共同的情感结构而建构起与之呼应的亚文化，虽然符合文化的生成逻辑，但需要注意的是，亚文化的价值取向极有可能亦正亦邪，其中既有与主流文化衔接、对话的可能，又有与主流文化对峙、抵抗的因素，甚至还可能包括一些反文化与负文化的因素，比如毒品文化、犯罪文化、恐怖文化等，多样亚文化的繁盛对主流文化的权威地位同样构成了挑战。

其三，话语体系混杂混搭。群众的语言创造力在网络词语的混搭中展现到了极致。一方面，在用语来源、构成形式、语义边界上混杂模糊，诸如"蓝瘦香菇"、疯狂打 call 等；另一方面，表达符号的图文混搭，各种表情、flash 都可以在一些语境中表达相应情绪。网民对这种充满创意与趣味的表达符号乐此不疲，倘若仅作为娱乐行为并无大碍，问题是文化选择可能始于偶发与即兴，但其所产生的影响绝不止于此，各种支离破碎、言不及义的文化符号与逻辑严密、注重传承、体系化的主流文化存在距离，

---

① 刘小枫：《现代型社会理论绪论》，上海三联书店，1988，第198页。

容易造成主流文化与群众精神生活的脱嵌，在群众的文化身份认同上空场。

（二）提升化育的层次契合度

正因化育对象是现实的、具体的人，有着客观的差异性，所以在以文化人的具体实践中，根据化育对象的具体实际予以层次性的化育，不仅是合理的，而且是必需的。在实践中，可将以文化人的化育对象分为四个层面予以推进。

1. 核心层

前文述及，无论是化人之"文"的选择还是以文化人的实践，究其本质，都带有鲜明的阶级性色彩，是统治阶级的意志彰显。所以，从我国的政体以及社会组织形式而言，执政党以及代表执政党意志的部门、群体等是以文化人实践中的核心层。这一群体以共产党员尤其是党员领导干部为主，还包括执政党的喉舌部门、队伍，即宣传思想工作者、哲学社会科学工作者、文艺工作者，以及落实立德树人根本任务的重要群体，即教育者尤其是思想政治教育者。核心层的群体在先进文化的生产、加工、引领中起着关键作用，引导社会主流文化的传播与舆论风向，同时，在以文化人实践中还兼具双重身份，作为化育者，是以文化人的重要实践主体；但作为普通人，是先进文化化育的对象。育人者必须先接受教育，对党员尤其是党员领导干部而言，先进性和纯洁性是马克思主义政党的本质属性，要用先进文化增强党员思想意识，坚持用马克思主义中国化最新成果熔铸理想信念，补足精神之钙，毕竟，"革命理想高于天"[1]，要自觉用科学理论武装头脑，"自觉做共产主义远大理想和中国特色社会主义共同理想的坚定信仰者、忠实践行者"[2]，共产主义远大理想所追求的就是一切人的自由全面发展，不仅党员要在先进文化的涵化中坚定理想信念，促进自我朝着文化化育的根本目标即人的自由全面发展前进，还要努力推动根本目标在更广泛的群众群体中实现。在化人之"文"的选择中，党员尤其是党员领

---

[1] 《习近平谈治国理政》（第2卷），外文出版社，2017，第34页。
[2] 《十八大以来重要文献选编》（上），中央文献出版社，2014，第470页。

导干部不仅要原原本本、反复地读原著、悟原理，还要"把系统掌握马克思主义基本理论作为看家本领"①，并能顺利用化人之"文"丰富精神世界，做到真学真懂真信真用。

对宣传思想工作者、哲学社会科学工作者、文艺工作者、教育者，尤其是思想政治教育者等群体而言，这一育人主体要先接受先进文化的化育，做先进文化的实践者、传播者。宣传思想工作者要能够"自觉承担起举旗帜、聚民心、育新人、兴文化、展形象的使命任务"②。重任在肩，队伍建设尤为重要，要系统化地培育一支政治坚定、业务精湛、作风优良、党和人民放心的宣传思想工作队伍，先进文化在其中发挥着凝聚与导向作用，确保宣传思想工作者的正确文化与舆论导向。哲学社会科学的发展水平对国家发展具有重要作用。社会跃进与文明发展离不开哲学社会科学的知识变革和思想先导。哲学社会科学工作者要能够从先进文化引领者的高度来要求自己，"立时代之潮头、通古今之变化、发思想之先声"③，旗帜鲜明地学习、坚持马克思主义理论，着力构建中国特色哲学社会科学。文艺工作者要有正确的文化取向、文化理想，以便创作出弘扬先进文化的作品涵化群众，要"坚守中华文化立场、传承中华文化基因、展现中华审美风范"，"保持对自身文化理想、文化价值的高度信心，保持对自身文化生命力、创造力的高度信心"④，以正确的历史观、民族观、国家观、文化观指导文化实践。同时，通过加强党的全面领导，坚持政府主导，以外在的思想引导、制度规范与文艺工作者积极的文化选择，来强化先进文化的化育效果。为了能够更好地在育人中以文化人、以文育人，教育者尤其是思想政治教育者"自己首先要明道、信道"，"努力成为先进思想文化的传播者"⑤。重视教育者队伍的文化涵养，在教育部等部门的牵头组织下，以骨干教师培训、假期研修等多种形式提升教育者的文化涵养，跟进先进文化的化育，在系统、专业的先进文化学习与涵化中，能够讲好中国故事，传

---

① 《习近平关于全面从严治党论述摘编》，中央文献出版社，2021，第188页。
② 《习近平谈治国理政》（第3卷），外文出版社，2020，第312页。
③ 习近平：《在哲学社会科学工作座谈会上的讲话》，人民出版社，2016，第8页。
④ 《习近平谈治国理政》（第2卷），外文出版社，2017，第349页。
⑤ 《习近平谈治国理政》（第2卷），外文出版社，2017，第379页。

播好先进文化，培育好时代新人。

2. 重点层

青年群体与党外知识分子具有一定特殊性，可以视作新时代以文化人实践中化育对象的重点层。

其一，青年是人生的关键阶段。青年阶段是整个人生的拔节孕穗期，是精神有待丰富的关键期，所以，在精神需求方面，青年急需先进文化的滋养。个体精神需求大致可以分为三个层次：基础层次，即个体对自我存在的一种认知需求，诸如自我整体认知、对尊严的需求等；中级层次，即个体对自我存在的价值与意义的一种探寻与确立，涉及个体的人生观、世界观与价值观，是一种主体存在的立场表达与价值投射；高级层次，即个体对自我价值与意义的追求，涉及个体与外界实践中的能量交换及外界对自我的积极认可。青年的精神需求刚好处于基础层次向中级层次过渡，并积极为高级层次做准备的时期，所以说，"青年时期学识基础厚实不厚实，影响甚至决定自己的一生"[1]。其二，青年是社会的重要群体。马克思、恩格斯极为重视青年在社会发展中的重要地位，指出无产阶级革命与人类社会的进步取决于"正在成长的工人一代的教育"[2]以及"青年人崇高奔放的激情"[3]。习近平总书记也指出："青年是祖国的未来、民族的希望，也是我们党的未来和希望。"[4] 青年以其所处年龄阶段特有的激情、体力与创造力优势，不仅成为推动社会进步的重要人力、人才资源，更因其生命的活力与延展性而成为党的事业重要的后继之人。对后继之人，育才应以德为先，要加强价值引领，而价值引领、德性塑造离不开先进文化的滋养。其三，青年是各类文化的争取对象。世界范围内的各种思潮以及敌对势力的西化、分化，都对青年的世界观、人生观、价值观产生潜移默化的影响。因青年的重要地位、青年价值选择的未定型等，青年尤为容易成为各类文化的争取对象，在文化旋涡中产生价值信仰迷茫、迷失的情况，因

---

[1] 习近平：《在知识分子、劳动模范、青年代表座谈会上的讲话》，人民出版社，2016，第11页。
[2] 《马克思恩格斯全集》（第16卷），人民出版社，1964，第217页。
[3] 《马克思恩格斯全集》（第41卷），人民出版社，1982，第176页。
[4] 习近平：《在庆祝中国共产党成立95周年大会上的讲话》，人民出版社，2016，第27页。

此，需要通过先进文化形塑理想信念。正因如此，青年是先进文化化育的重点群体。青年要在对科学理论的理性认同的基础上树立理想信念，通过学懂弄通马克思列宁主义、毛泽东思想、邓小平理论、"三个代表"重要思想、科学发展观、习近平新时代中国特色社会主义思想，特别是要领会贯穿其中的马克思主义立场、观点、方法，做到眼明心亮，通过系统的学校学习、社会熏染、自主学习，在先进文化的化育中，成长为堪当民族复兴大任的时代新人。

党外知识分子在整个以文化人的实践中地位很特殊，这部分群体既属于恩格斯所言的"有教养的阶层"①，又是当前能够在社会发展与人类文明进步中发挥重要作用的群体；同时，他们有别于核心层的知识分子，是将核心层知识分子所倡导的文化主张进行消化、吸收，进一步发酵、扩散的阶层，他们吸收、认可先进文化的程度影响着更广泛群众的文化选择与文化素养。所以，历来知识分子尤其是党外知识分子都是各类新思潮的争夺对象，是意识形态交锋的重要群体。在党的发展史上，党始终高度重视争取党外知识分子。党的十八大以来，以习近平同志为核心的党中央实施了更加开放的党的人才政策，关注知识分子成长，对知识分子的重要地位，不分党内外，都给予了极高的认可，将其视为"社会的精英、国家的栋梁、人民的骄傲，也是国家的宝贵财富"②，其中，党外知识分子的文化选择与价值信仰便成为重要的统战工作，关乎第二个百年奋斗目标的实现。在文化化育方面也要"改进工作方法，学会同党外知识分子打交道特别是做思想政治工作的本领"③，努力争取先进文化化育目标的"最大公约数"，既要强调政治性与导向性，拥护党的领导，践行社会主义核心价值观；又要包容多样性，区分好学术问题与政治问题，在以文化人的具体实践中，尊重党外知识分子在一元价值主导下的多元文化选择，不拘一格用好人才。

3. 依靠层

在以文化人的实践过程中，人民就是重要的依靠力量。人民处于先进

---

① 《马克思恩格斯全集》（第10卷），人民出版社，1998，第251页。
② 习近平：《论坚持人民当家作主》，中央文献出版社，2021，第173页。
③ 《习近平关于社会主义政治建设论述摘编》，中央文献出版社，2017，第134页。

文化化育对象中依靠层的重要位置是由三方面因素所决定的。其一，化人之"文"是由人民群众共同创造的。马克思、恩格斯在对人类社会历史的研究中批判了过去一切关注少数人、为少数人谋利的运动，提出了伟大的群众史观，强调了社会的进步、历史的变迁是由无数个现实的、具体的、普通的个体共同作用的结果，肯定了群众在创造各种社会财富中的主体地位。文化是精神财富的重要构成，毋庸置疑当是人民群众实践的产物。习近平总书记也指出，人民"依靠自己的勤劳、勇敢、智慧，开创了各民族和睦共处的美好家园，培育了历久弥新的优秀文化"[1]。无论是在历史发展中，还是在未来社会的运动中，人民群众都代表着生产力发展中最为革新与活跃的因子，不断创造与积累包括文化在内的一切社会财富，从古至今，中华民族的历史都是人民书写的历史，人民群众在创造先进文化并推动其丰富发展的进程中也成了文化的表现主体。其二，全体人民的自由全面发展是以文化人实践的根本目标。"人民对美好生活的向往就是我们的奋斗目标。"[2] 新时代以文化人满足的是人民的精神需求，旨在推动全体人民的自由全面发展。故而，以文化人的实践具有极强的人民属性，自然要将人民作为依靠层，开展贴近人民需求、表现人民生活、关心人民诉求、引导人民前进的育人实践来实现以文化人的根本目标。其三，人民群众是推动以文化人这一育人实践深入发展的动力因素。党的一切事业的发展都要依靠人民群众，人民群众自然是推动以文化人这一育人实践深入发展的动力因素。这一动力作用表现在两个方面。一方面，以文化人实践的开展离不开人民群众的主体作用，不仅化人之"文"具有群众属性，而且整个育人活动的实效性也有赖于群众的主动性，依靠群众积极地支持、配合先进文化的化育。另一方面，"群众意见是一把最好的尺子"[3]，满足群众的精神文化需求是以文化人实践的根本价值所在，只有成为群众自觉消费的先进文化，化人之"文"才能发挥潜移默化的育人功效；群众的价值评判是决定化人之"文"能否流入市场、占据市场的重要因素，文化产品要通

---

[1] 《习近平著作选读》（第1卷），人民出版社，2023，第60页。
[2] 《习近平关于社会主义社会建设论述摘编》，中央文献出版社，2017，第8页。
[3] 习近平：《在党的群众路线教育实践活动总结大会上的讲话》，人民出版社，2014，第10~11页。

过市场实现价值，这个市场就取决于群众对文化产品的价值评价；群众的文化消费取向是决定以文化人实践能否进入群众文化精神需求视域的重要因素，在育人实践中，只有坚持依靠群众，才可能走近群众，实现育人效果。

对于人民群众这一重要的依靠群体，既要让群众在持续的以文化人实践中提升素养，又要求化育者切实从人民群众的需求、利益、视域出发，开展文化化育实践。要求文艺工作者反映好人民心声；要求宣传思想工作者下沉到人民群众中去，解决好为了谁、依靠谁、我是谁的根本问题，贴近群众，接地气地在理论研究、文艺创作、宣传报道等工作中化育群众；要求文化工作者从供给侧为人民提供更丰富更有营养的文化产品，总之，"文化产品的先进性与实现人民群众的文化利益是一致的"①。同时，考虑到人民群众作为依靠力量的重要地位，以及人民群众文化素养参差不齐、文化选择多样的客观现实，还要注意对化人之"文"的选择，实现"用现实主义精神和浪漫主义情怀观照现实生活，用光明驱散黑暗，用美善战胜丑恶，让人们看到美好、看到希望、看到梦想就在前方"②，在先进文化的化育中，让社会主义核心价值观成为全体人民的共同价值追求，进而推进人民群众的自由全面发展。

4. 团结层

新时代以文化人的化育对象并不仅局限于国内的群众，还包括世界人民，因此，要"以理服人，以文服人，以德服人"③，向世界展现中华文化的魅力，毕竟，自古以来中国便主张"远人不服，则修文德以来之"，在民族形象的塑造方面，"以德服人、以文化人是其中很重要的一个方面"④。其中的"人"便是世界人民。在全球化深入发展的过程中，国际文化交流日甚，其中，国外群众对一国文化的了解、理解、认同不仅成为国家国际形象塑造的重要因素，更成为影响国家整体发展的重要软实力，表征着国家的吸引力。对国家间的交流交往而言，文化是重要的桥梁，在价值观相

---

① 习近平：《之江新语》，浙江人民出版社，2007，第9页。
② 《习近平谈治国理政》（第2卷），外文出版社，2017，第319~320页。
③ 《习近平关于社会主义文化建设论述摘编》，中央文献出版社，2017，第201页。
④ 习近平：《在文艺工作座谈会上的讲话》，人民出版社，2015，第3页。

似的国家，文化强化了国家间的情感纽带，有利于不同国家人民之间的交流；在价值观相异的国家，文化因其丰富的表现形式与宽阔的外延，可以促进群众的交流。故而，世界人民属于化育对象中不可或缺的团结层，通过对世界人民进行文化熏染，来寻求更多的价值认同，塑造国家形象，营造有利于国家发展的群众基础。

当然，对世界人民的涵化与对国内群众的培育的性质与要求均不同，对国内群众的化育，旨在以先进文化涵化、教化群众，在社会主义核心价值观的引导与主流文化的传承、发扬中，促进人民群众的自由全面发展，其内核在于社会主义核心价值观的培育与社会主义意识形态的教育；而针对世界人民的以文化人，旨在推动中华文化的国际传播以及引导世界人民客观认识我国，侧重点在于"引导人们更加全面客观地认识当代中国、看待外部世界"①，破除误解，增强我国"在国际上的话语权"②，树立"全面、真实、立体"③的国家形象，来增进情感认同。为此，习近平总书记要求育人者从话语体系、传播平台、价值阐释、公共外交、传播队伍等多角度提升以文化人、以文服人的效果，"让当代中国形象在世界上不断树立和闪亮起来"④。

四 "润物细无声"：渗透性原则

渗透性原则是指在以文化人的实践中，将先进文化的影响力融入人们的日常生活中，发挥先进文化潜移默化的熏染功效。人总是存在于各种时空场域与社会关系中的，也就是说，"人们的存在就是他们的现实生活过程"⑤。人的文化选择、文化实践总是与人们的现实生活密切相关，进而，针对人的文化化育只有渗透在人们的现实生活中，才能更好地进入化育对象的视域，满足其精神文化需求，更精准有效地促进其成长。

---

① 《习近平关于社会主义文化建设论述摘编》，中央文献出版社，2017，第197页。
② 《习近平关于社会主义文化建设论述摘编》，中央文献出版社，2017，第198页。
③ 《习近平关于社会主义文化建设论述摘编》，中央文献出版社，2017，第204页。
④ 《习近平关于社会主义文化建设论述摘编》，中央文献出版社，2017，第202页。
⑤ 《马克思恩格斯选集》（第1卷），人民出版社，2012，第152页。

（一）文化渗透在人们的现实生活中

以文化人的育人载体是文化，它"总是'润物细无声'地融入经济力量、政治力量、社会力量之中"①。从宏观上看，文化融入社会发展的诸因素中；从微观生活来看，文化对人们的影响亦是潜移默化的。而正因文化渗透于人们的现实生活中，客观上就决定了在以文化人实践中需要遵循渗透性原则来发挥文化的化育作用。

1. 文化弥散在人们的存在方式中

马丁·海德格尔（Martin Heidegger）曾借用柏拉图的名言来解释"存在"这一问题的未了然性。他指出："虽然我们也曾相信领会了它，现在却茫然失措了。"② 其实在人的各种"存在着"的方式中，人的文化性存在样态是无意识的，文化常常熟视无睹地与我们的生活交融。米切尔·兰德曼（Michael Landmann）甚至指出，从历史的起源考证，即便是最早的人也是无意识的文化性存在着。克洛德·列维-斯特劳斯（Claude Levi-Strauss）更详细地将文化视作内置于社会运行中的诸种现象之后的，并且一般不会被社会成员所直接触碰、感知的深层次的结构。由此出发，生活在弥散着文化因素的社会之中的成员，亦是无意识的"文化着"。韦伯对人的经济活动中存在的非理性因素所进行的分析，有助于我们更好地了解文化在人的存在方式中的渗透，对照韦伯所揭示的五个方面的非理性因素③，人的文化性存在样态可作如下解读。其一，人的价值观念是一种文化渗透的产物。文化是价值观念的依附体，而价值观念是文化的内核，当我们选择何种价值客体，进行怎样的价值实践时，实际上是一种文化的无意识性行为，诸如古代的图腾信仰与今天的技术信仰，其背后都是两种文化模式的无意识性遵从。其二，人的情感状态是一种无意识的文化产物。社会化的人的情感表达绝不仅是生物性的情绪表达，更深刻的是其所归属

---

① 习近平：《之江新语》，浙江人民出版社，2007，第149页。
② 〔德〕马丁·海德格尔：《存在与时间》，陈嘉映、王庆节译，生活·读书·新知三联书店，1987，第1页。
③ 韦伯将人在经济活动中的非理性因素归纳为五个方面：内化在行为者意识中的价值观念；渗透在行为者活动中的情感因素；体现在行为者身上的传统习惯因素；灵感、直觉、顿悟等因素；本能、欲望、需求等因素。

的群体的文化的无意识性表达，诸如中国人聚餐时喜好亲密、热闹，而西方人更喜好保持距离、安静等，其背后都是一种民族文化精神。其三，人们所继承的传统习惯是一种文化性表达。所谓传统习惯其实质便是群体的文化模式的代际流传，继承了怎样的传统习惯便是承袭了怎样的文化精神。其四，以顿悟、灵感等方式出现的对某一类事物的即时、直接、应急的反映，也是一种文化无意识性的产物。较为典型的诸如佛家所言的醍醐灌顶等，实质上就是主体所信仰的佛家文化的一种无意识性存在；还有小孩子听到国歌立即驻足敬礼，也是一种文化的无意识性存在。其五，人的本能、欲望、需求背后所折射的文化无意识性。生理结构一致的人、物质生活满足程度相仿的人，在不同的群体、历史条件中可能会有截然不同的本能反应以及欲望与需求。比如，灾难面前，有人的本能反应是自我保护，有人选择了保护他人；在物质生活充裕的条件中，有人选择安逸到老，有人选择不断奋斗；等等。其背后都是一种无意识性的文化存在。所以，从人作为实践主体的那一刻起，人们的精神世界与行为模式就时时刻刻与文化互为一体地存在着，文化日用而不觉地融于生活，对人产生影响。

2. 文化熏染主体的思想行为

文化的影响是建立在文化渗透于人们现实生活基础上的一种濡化，是一种长期的、潜移默化的文化熏染。这种文化熏染是文化渗透性的一种表现机理。在主体的成长中，文化对其思想行为的熏染有三种表现。其一，家庭与社会环境的一般性文化熏染。主体一出生，就先行而后觉地接受文化熏染，婴幼儿并不了解文化精神、文化意旨，仅在父母等家人的示范与教导下，习得作为人的类属性的文化行为，而后随着年龄的增长，在扩大的社会交往中接受一定社会的文化熏染，获取社会化过程中必要的文化资本。在这一层次的文化熏染中，主体的无意识性强，明显表现出在文化渗透性影响下的一种自发的文化性成长。其二，个体或社会变革期的冲突性文化熏染。在个体或者社会未遭遇重大转折或变革时，渗透在现实生活中的文化对个体的思想行为产生的熏染性影响不会被明显感知，但在重大的变化面前，冲突性文化熏染将渗透在主体生活中的文化集中地展现出来。这种冲突性一般有两种形式。一种形式是陌生的文化间的平行冲突。诸如个体从原有的文化群体中脱离，来到迥异于原生文化精神的群体中，那么渗透在个体原有现实生活中的母文化一方面继续熏染着个体的思想行为，另一方面与文化他者产生激烈的冲突，表征为主体既有的思想行为与现行环境的不相容、不适应。另一种形式是主体的母文化遭遇更为激进的、有力的文化力量的冲突。这种情况往往发生在社会转型期，这一时期的主体常以一种非常激烈甚至是极端的方式感受文化对自我与他者思想行为的熏染，即不同的文化选择与文化信仰所带来的不同主体间思想、行为的激烈冲突。在冲突性文化熏染的过程中，个体更多的还是一种自发性的文化存在样态，因此往往会处于文化迷茫、价值迷失中。其三，个体发展中的积极性文化熏染。随着社会的发展以及教育水平的提高，人的主体性会不断"苏醒"、彰显，随之而来的便是对自我存在样态与发展路径的一种积极的反思，这便包括积极的文化选择。也就是说，主体性强、文化程度高的个体更倾向于接受有利于自我成长的文化熏染，更可能主动接受先进文化的熏染。在这种情况下，先进文化会以更充分的形式渗透在个体的现实生活中，个体在文化的渗透性影响中表现为一种自觉的文化成长。

3. 文化熔铸社会性格

人是群居性的、社会性的生命体，故而，理解文化在人的现实生活中的渗透性，不仅需要从个体的人的存在与思想行为状态中考察，更要考察文化对群体的人的渗透性影响。文化对群体的人的渗透性影响集中表现为对社会性格的熔铸。"社会性格"经由埃里希·弗洛姆（Erich Fromm）提出。弗洛姆综合了马克思主义宏观的社会发展视野与弗洛伊德心理学中微观的个体本能与需求视域，提出了"社会性格"与"社会无意识"这一对概念。就"社会性格"而言，弗洛姆从西格蒙德·弗洛伊德（Sigmund Freud）对个人的性格研究出发，即认为一个人的性格决定了其思想观念与行为举止，认为，社会性格是"同属于一个文化时期绝大多数人所共同具有的性格结构的核心"[1]，社会性格与个人性格不同，个人性格更多地表现为差异性，而社会性格是一种典型的、较为稳定的群体性的性格结构。弗

---

[1] 〔美〕埃里希·弗洛姆：《在幻想锁链的彼岸：我所理解的马克思和弗洛伊德》，张燕译，湖南人民出版社，1986，第82页。

洛姆对社会性格的定义突出了"文化"的重要前提，从文化的作用方式来看，文化正是通过对社会性格的熔铸来渗透到人们社会生活的方方面面。弗洛姆认为社会性格的形成主要取决于群体"共同的生活方式和基本实践活动"[1]，而文化正是在人们的实践基础上生成的，并进一步作用于人们的生活方式和实践活动，即任何群体的有意识或下意识的思想、行为背后都有一种社会性格的展示，而这种社会性格更深层次的内核是文化精神与价值观念。社会性格一经形成就对人们的思想行为产生趋同化的、深刻的控制力，人们的所思所想、所作所为都有意识或下意识地朝着一定群体所习惯或是期待的方向发展，而置身于群体中的个人也因自我的行为符合社会性格的要求而感到安全与满足，这便是文化渗透在群体性生活中的一种典型表现。文化对社会性格的熔铸不仅作用于群体活动的心理层面，更外化为具体的道德准则、规则制度、风俗习惯等，这一系列的外化表征共同构成了一定社会的运行机理，在这个过程中，文化真切地渗透到政治、经济、社会运行各个层面，构成社会发展的重要推动力。也正是考虑到文化对个体、群体乃至社会的渗透性影响，今天在考量人与社会发展中的各种问题时，很难脱离文化单纯地就某一方面作出判断。

（二）实现育人于无声

正因文化渗透在人们生活的方方面面，熏染着个体的思想行为，熔铸着集体性格，所以在以文化人的实践中亦需要遵循渗透性原则，在文化与个体或群体的现实生活相融中达到育人于无声的效果。

1. 贯穿于社会生活的方方面面

"良心是由人的知识和全部生活方式来决定的。"[2] 价值观不可能脱离社会生活而独立产生影响，人们只有在具体的实践中才能够感知与领悟到价值观的意义，要将"社会主义核心价值观贯穿于社会生活方方面面"[3]，"像空气一样无处不在、无时不有"[4]。社会主义核心价值观是新时代化人

---

[1] 〔美〕埃里希·弗洛姆：《逃避自由》，陈学明译，工人出版社，1987，第358页。
[2] 《马克思恩格斯全集》（第6卷），人民出版社，1961，第152页。
[3] 《习近平关于社会主义文化建设论述摘编》，中央文献出版社，2017，第108页。
[4] 《习近平关于社会主义文化建设论述摘编》，中央文献出版社，2017，第125页。

之"文"的内核,将社会主义核心价值观贯穿于社会生活的方方面面,就是要在以文化人的实践中,将先进文化渗透于社会生活的方方面面。只有将化人之"文"融入人的社会生活,才能更有效地发挥出文化的影响作用,这与人的实践本性以及文化的实践特性密不可分。也就是说,无论是人的发展还是文化的生成与影响作用的发挥都是统一于实践的,而社会生活的本质就是实践。人与社会生活始终是一对互构的关系,人以实践的方式在社会生活中不断建构着理想世界,而社会生活也在人的实践中塑造着人的精神世界与行为方式。人在对象化与非对象化的实践中所获得的不仅是物质财富与生活资料,更是不断创造、选择与其社会生活相适应的文化,从这个角度而言,人很难接受与其社会生活无任何交叉的文化影响。从文化的生成与发展视角来看亦是如此,文化的本质就是群体的人的实践产物,任何一种文化形态一旦脱离了活色生香的社会生活,就成了虚幻的、脱离实际的、主观臆想的产物,就失去了其应有的实践本性,也就丧失了延续与发展的活力,更谈不上化育大众。所以,从人、文化统一于社会生活、统一于实践的哲学原理出发,贯穿于社会生活的方方面面是在以文化人实践中遵循渗透性原则的一个重要方面,具体而言,就是要在落细、落小、落实上努力,从渗透性原则的角度来看,就是要从人们社会生活的点滴出发,将先进文化嵌入每一个具体的生活环节,从小处着眼,将"漫灌"与"滴灌"相结合,让以文化人的育人实践渗透到每一个人的实践中与心坎上。

2. 发挥各种礼仪活动的社会教化作用

"礼仪是宣示价值观、教化人民的有效方式。"[1] 习近平总书记更进一步强调:"一些重大礼仪活动要上升到国家层面,以发挥其社会教化作用。"[2] 礼仪活动的社会教化作用是在以文化人实践中遵循渗透性原则的又一重要方面,即以礼仪活动为载体、为契机,将先进文化渗透到群众的生活与思想中去。其中,我们需要对礼仪活动与文化化育及社会生活的关联有深刻的理解。一方面,礼仪活动其本身就是文化意旨、文化精神的一种

---

[1] 《习近平关于社会主义文化建设论述摘编》,中央文献出版社,2017,第110页。
[2] 《习近平关于社会主义文化建设论述摘编》,中央文献出版社,2017,第110页。

彰显，是人们的文化信仰与价值追求的重要的仪式化表征。对有着悠久文明史的中国而言，礼仪活动、礼仪规范奠定了中国社会的运行秩序，彰显了中华文化博大精深的自信逻辑，正如典籍所述："中国有礼仪之大故称夏，有服章之美谓之华。华夏一也。"[1] 所以，有外国人认为中华文化的"核心思想就是'礼'"[2]。礼仪文化承载着一定群体、民族的精神实质，以行为举止、仪式活动等方式展示出主体所遵循的价值理念与文化规约，成为主体习以为常的行为模式。另一方面，人们的社会生活离不开一定的礼仪活动，文明所及之地，必定是礼仪所生之地。社会活动是以人为主体的群体性的人类实践，这就涉及各类复杂的社会关系，相对于律法规章而言，礼仪活动之于社会关系的调节有着独特的软价值，能够在引导社会成员的过程中建立和谐的公序良俗，维持社会生活的秩序。可以说，任何和谐、有序的社会生活均离不开礼仪的支撑。相对于群众之间的礼尚往来而言，大型礼仪活动更能在全社会范围内倡导文明风尚，优化社会生活的秩序，有重要的化民成俗的价值。相对于具体的行为举止而言，以文化人的育人资源，即"文"具有一定的抽象性，以礼仪活动为载体，能够有效将其背后所传递的文化精神渗透到群众的生活中去，通过具象的、可操作的行为实践，在社会中弘扬先进文化，在行为践履中认同化人之"文"所倡导的文化理念与价值取向，形成高度的文化共鸣，进而升华为文化自信，达到将先进文化内化于心、外化于行的目的。利用礼仪活动的化育作用来增强以文化人的渗透性，需要注意三方面内容。一是规范化，要"有计划地建立和规范一些礼仪制度"[3]，避免礼仪活动的乱、杂，以精心筹备、有章可循的礼仪活动化育群众。二是抓契机，教育要善于因时而变，利用重大纪念日、民族传统节日等契机，在群体化的纪念活动中融入先进文化，强化群众共同的文化记忆。三是丰富内容形式。组织开展形式多样的纪念庆典活动，赋予群众更多有意义的纪念性符号，建构更多的线上线下纪念性空间，营造主流价值导向的纪念性氛围，将纪念性庆典活动作为满足个体精神发展需求与达成先进文化化育目标有机结合的切入点，渗透到化育

---

[1] 阮元校刻《十三经注疏》（下册），中华书局，1980，第 2147~2148 页。
[2] 〔美〕邓尔麟：《钱穆与七房桥世界》，蓝桦译，社会科学文献出版社，1995，第 7 页。
[3] 《习近平关于社会主义文化建设论述摘编》，中央文献出版社，2017，第 110 页。

对象的社会生活中。

3. 融入各种精神文明创建

人们的社会实践可分为物质类与精神类两种形态，物质生产实践生成物质财富，提高人的物质生活水平；与之对应的精神生产实践通过将人的主观世界改造外化为精神财富，其中，精神文明创建就属于重要的精神生产实践。融入精神文明创建是在以文化人实践中遵循渗透性原则的又一方面，对此可做出三方面理解。其一，精神文明创建为以文化人渗透到群众的生活之中搭建了持久性的平台。加强社会主义精神文明建设是社会主义的重要特征，而各种群众性的精神文明创建活动就是精神文明建设的重要载体。新中国成立以来，党高度重视精神文明创建，开展了一系列群众性精神文明创建活动，有力支持了党和国家各项事业发展。党的十八大以来，党总结了精神文明创建的历史经验，发扬了贵在坚持、久久为功、务求实效的工作作风。在政策的导向下，精神文明创建已经成为人们社会生活的重要组成部分，影响着人们的知与行，成为以文化人渗透群众思想与行为的持久性平台。其二，精神文明创建本质就是文化化育的过程。正如习近平总书记针对学校教育所言"要更加注重以文化人以文育人，广泛开展文明校园创建"①，以文化人与精神文明创建具有育人的同源性，精神文明创建指向的就是人的精神世界的提升，关注参与主体的价值诉求、精神需求与主体性的发挥，其本质就是一种文化化育与价值引导，有助于让先进文化发挥润物细无声的作用。其三，融入精神文明创建有助于先进文化像空气一样无所不在、无时不有。习近平总书记极为重视社会主义核心价值观培育中的生活情景和社会氛围，并用空气的渗透性比喻社会主义核心价值观的影响，对待以文化人的实践亦是如此。精神文明创建是一种群众性的精神实践活动，是全社会的广泛动员与积极参与。融入精神文明创建，有助于以文化人渗透到全社会的各个层面、各种人群，在所有人对"文明观念""文明公民""文明形象"的推崇中，扩大先进文化的化育面。新时代，将以文化人实践融入各种精神文明创建，就是要对照《关于深化群众性精神文明创建活动的指导意见》的总体要求，在党的领导下，

---

① 《习近平谈治国理政》（第 2 卷），外文出版社，2017，第 378 页。

引导精神文明创建的价值取向，致力于群众科学文化素质与健康素质的提升，营造精神文明建设的良好社会氛围。

4. 融入制度建设

文以载道，新时代化人之"文"所载的道便是社会主义核心价值观，要"健全各行各业规章制度，完善市民公约、乡规民约、学生守则等行为准则"[①]，使化人之"文"及其所倡导的价值理念成为人们日常工作生活的基本遵循。将先进文化融入制度建设并不是偶然的，这与以文化人实践所遵循的渗透性原则不仅不相违背，而且是遵循渗透性原则的必要举措。一方面，现代文明社会，制度建设是社会有序运行必备的基本条件，而人的社会属性决定了人无法脱离社会关系而独立存在，自然，人也无法脱离制度约束而独立存在。实质上，制度已经成为每一个社会人生产生活的必要条件与环境因素。因此，将先进文化积极融入制度建设，便是将化人之"文"渗透到社会人的知与行中，在他律性的外在约束中持续发挥先进文化的作用。另一方面，以文化人的过程不仅是化人之"文"要进入化育对象的精神视域，更是需要化育对象将其外化为行为的准则，进行与化人之"文"精神意旨相一致的社会实践，其中不仅需要像空气一样无所不在的先进文化的渗透，更需要代表先进文化价值意旨的刚性规约，以此既能制约化育对象的文化选择与文化实践，又能指引化育对象做出化育者所期待的文化选择与文化实践。

---

① 《习近平关于社会主义精神文明建设论述摘编》，中央文献出版社，2022，第110页。

第四章

用"先进文化"启迪人民：新时代以文化人的资源构成

在以文化人的实践过程中，化人之"文"作为育人资源是基础性的存在，决定着以何"化"人以及将人"化"往何处。21世纪以来，面对多元文化并存的现状，文化环境中出现了"一与多""古与今""虚与实"等多种类型的矛盾，对用何种"文"化人，社会上出现了各种声音，一时间，对以文化人育人资源的界定与选择混沌不清。对此，习近平指出，"先进文化在启迪人民"[1]方面有着"强大的号召力、吸引力和凝聚力"[2]。先进文化一经人民掌握，可以转化为强大的物质力量。新时代化人之"文"的选择当为"先进文化"，它包括三个序列，即马克思主义、中国特色社会主义文化、其他民族的优秀文化成果。其中，化人之"文"不是彼此孤立、分散地发挥育人价值，三序列育人资源有着特定的结构关系与地位，彼此密切联系、辩证统一，共同构成了新时代以文化人的育人资源。

一 马克思主义：以文化人资源的旗帜引领

以文化人的育人资源是根据一定社会与时代的需求所选择与确定的先

---

[1] 习近平：《干在实处 走在前列——推进浙江新发展的思考与实践》，中共中央党校出版社，2006，第299页。
[2] 习近平：《干在实处 走在前列——推进浙江新发展的思考与实践》，中共中央党校出版社，2006，第299页。

进文化。马克思主义是新时代以文化人资源的旗帜引领。马克思主义世界观与方法论为人们奠定科学的思想基础。

（一）马克思主义具有强大真理力量

马克思主义是"源于那个时代又超越了那个时代，既是那个时代精神的精华又是整个人类精神的精华"①。

1. 马克思主义是科学的理论，创造性地揭示了人类社会发展规律

人是社会化的人，任何人都无法脱离人类社会的发展而获得自我的发展，对人类社会发展的科学的、规律性的认知，是实现人的自由全面发展的重要前提，而马克思主义对人类社会发展独具慧眼的见解与科学规律的认知，是其作为化人之"文"的重要价值依据之一。马克思主义"创造性地揭示了人类社会发展规律"②，其中包含三个层次的具体内容。其一，马克思主义首次从历史唯物主义的视角出发，揭示了人类历史的发展阶段与递进规律。历史唯物主义是支撑马克思、恩格斯对人类历史发展阶段作出科学判断的重要基石。马克思、恩格斯将"主要的经济生产方式和交换方式以及必然由此产生的社会结构"③视为具体的历史时代生成与依赖的基础，也是判断社会发展阶段的重要因素，其中涉及生产力与生产关系两个关键变量，生产力是决定历史变迁、社会发展的终极动力。基于此，人类历史的发展首先是基于生产力发展基础之上的物质生产的一种变迁。同时，人类在生产实践中必然结成特定的生产关系，生产关系成为影响历史变迁、社会发展的又一重要动力。人们在生产关系的基础上结成各种社会关系，并交织形成特定的社会样态，故而马克思、恩格斯将各种各样的生产关系的总和视为每一个特殊的人类历史发展阶段的重要标志。而最终生产力与生产关系的矛盾构成了人类历史发展、变迁的基本动力。其二，马克思、恩格斯创立了科学社会主义。同样是对人类社会美好愿景的期待，空想社会主义者无法科学揭示人类历史发展变迁的动因与规律，故而无法有效揭示通往美好社会的路径。而马克思、恩格斯在对人类历史发展系统

---

① 习近平：《在纪念马克思诞辰 200 周年大会上的讲话》，人民出版社，2018，第 7 页。
② 习近平：《在纪念马克思诞辰 200 周年大会上的讲话》，人民出版社，2018，第 7 页。
③ 《马克思恩格斯选集》（第 1 卷），人民出版社，2012，第 385 页。

性研究的基础上，尤其是极为缜密地分析了资本主义社会的运行规律与发展趋势，揭示了资本主义社会发展中的顽疾，得出了资本主义必然灭亡与社会主义必然胜利的结论，社会主义从此超越了观念性的空想，走向基于事实的科学之路。其三，指引人们迈向自由王国。马克思主义始终是站在全人类解放的高度来研究人类社会历史的变迁，饱含为全人类谋取理想人生的人文情怀。恩格斯曾在《社会主义从空想到科学的发展》等文章中指出，在资本主义社会及其以前的社会形态中，人们受奴役的生存状态使劳动无法成为展示人们创造力、获取幸福生活的途径，而是成为奴役自我、限制自我的一种枷锁，而不劳动的人却在源源不断地获得成果，由此，劳动在劳动者身上发生了异化，在劳动者与不劳而获者之间引发了对立，导致人们处于历史必然性王国中。而超越这种奴役形态，需要通过无产阶级革命迈向自由王国，这里的自由王国是与历史性必然王国相对应的一种社会发展的理想状态，在那里，人们将拥有更为自由与充分的劳动，拥有发展的闲暇时间，实现自由全面发展。

2. 马克思主义是人民的理论，第一次创立了人民实现自身解放的思想体系

习近平总书记曾用"为人类求解放"[①]这一关键点来概括马克思主义丰富的理论内涵，正因这一理论是为了人民、服务人民的伟大理论，才决定了它理应成为面向人民的以文化人的育人资源。与以往为少数人利益辩护的理论相比较，马克思主义"第一次站在人民的立场探求人类自由解放的道路"[②]。其中包含三个层面的内容。其一，马克思主义将现实的人的发展作为理论演进的重要主体向度。较之于德国古典哲学从抽象的理念、思想出发来理解与解释现实的人而言，马克思主义的研究进路发生了根本性的变化，它将具体的、感性的、现实的人作为一切理论的研究基点，去考察社会运行与发展的历程。在这个过程中，马克思、恩格斯提出了人的自由与解放的历史进程，即人的自由与解放将从前资本主义时期的"人的依赖关系"发展至资本主义时期的"物的依赖关系"，进而在共产主义阶段

---

① 习近平：《在纪念马克思诞辰200周年大会上的讲话》，人民出版社，2018，第8页。
② 习近平：《在纪念马克思诞辰200周年大会上的讲话》，人民出版社，2018，第8页。

实现人自由全面发展。其二，马克思主义所追求的人的解放与发展不是单个的人，而是一切人的解放与发展。它从总体性的价值取向高度确认人的解放与发展，将单个人的解放与发展与更广泛意义上人的群体性的解放与发展相统一，也正是基于对人民的深切关怀，马克思主义处处彰显着对阶级压迫、贫富分化的不满，主张平等、自由、民主。其三，马克思主义指明了人民实现自身解放的路径。马克思、恩格斯指出，一切人的解放与发展的实现也就是人的存在由必然王国迈向自由王国的过程，必然王国表征的是人的发展处于自发甚至压抑状态，人没有实现彻底解放，而自由王国代表的是人的自觉性的劳动，一切劳动实践都指向自我的自由全面发展，人实现了彻底解放。而要到达自由王国，就要消灭现存社会的剥削关系、消除私有制，实现共产主义。同时，马克思主义是实践的理论，它生成于人们的劳动实践，并依靠人民的力量实现理想社会。马克思主义从来就不是书斋理论，整个马克思主义的发展史就是马克思、恩格斯开展调查研究的历史，是他们指导人民争取解放的斗争史。人民的生活状态、生活期待、发展需求等一系列物质与精神层面的需求成为马克思主义的重要立论基点与表现内容，所以，马克思主义是人民自己的理论。不止于此，较之于以往的社会发展史惯于从统治阶级与伟大人物的视角揭示历史的运动而言，马克思主义明确了人民群众是历史的创造者。

3. 马克思主义是实践的理论，指引着人民改造世界的行动

"实践性是马克思主义理论区别于其他理论的显著特征。"[①] 马克思、恩格斯毕生都致力于建立可用于指导实践的理论体系，将理论变为现实。实践性贯穿于马克思主义的三大重要组成部分：马克思主义哲学、马克思主义政治经济学和科学社会主义。其中，马克思主义哲学将哲学由"密涅瓦的猫头鹰"式的反思之学提升至改变世界的实践之学，从此，哲学不再是止于纯粹思维与理念的形而上的关怀，而是有了指导与改变世界的实践力量。为了使这种实践之用不是主观性的臆想与占卜，马克思主义哲学转向对具体的、现实的人的关怀，从物质生产方式与社会生产关系的具体实践出发，观察、解释人类社会，揭示出人类社会发展的三大形态、五个阶

[①] 习近平：《在纪念马克思诞辰 200 周年大会上的讲话》，人民出版社，2018，第 9 页。

段及规律性,这种规律性与人的自由解放与全面发展的价值取向是一致的,实现了社会发展的合规律性与合目的性的统一。由此,马克思主义哲学的实践性就有了科学的立论基础。不仅于此,马克思主义还指明了社会发展由实然状态向应然状态转变的关键在于人们积极地、主动地开展社会实践,也正是为了更好地指导人们的实践,马克思、恩格斯从辩证唯物主义与历史唯物主义的哲学视角,从具体的社会实践入手,创立了马克思主义政治经济学与科学社会主义。在这个过程中,马克思、恩格斯从经济发展的角度,研究了社会运行发展的内在机理,揭示了资本家财富累积的奥秘,其中,马克思提出的剩余价值学说,进一步论证了劳动的异化,展示出现实世界的不合理,为人们改造世界的实践提供了现实依据。马克思、恩格斯还从社会更迭与人类解放的高度,提出了要建立自由人的联合体,即共产主义社会,为人们实践确立了彼岸世界的方向。马克思、恩格斯从社会发展的规律与动力因素出发,赋予了无产阶级实践极为崇高的使命,即实现共产主义。与以往的哲学意义上的抽象的实践观以及实证科学中直观的实践观相比,马克思主义的实践性是站在整个人类实践的高度显现出来的,是基于无产阶级斗争的需要而产生的,这种实践性包含着高度的自觉与革命精神,是将现实的、普遍的人民的根本利益作为实践的价值诉求,包含着深切的人文关怀,是引导人们将有限的生命投入无限而崇高的全人类的解放事业中,包含着崇高的理想主义精神。因而,这一实践的理论同时也为人民的实践提供了强大精神力量。

4. 马克思主义是不断发展的开放的理论,始终站在时代前沿

马克思主义不是固化、停滞的,是马克思、恩格斯及理论继承人持续性地"根据时代、实践、认识发展而发展的历史,是不断吸收人类历史上一切优秀思想文化成果丰富自己的历史"[①],具有鲜明的时代性,这是马克思主义时刻保持生命力,对人类实践有着持续性指导意义的根本所在。对此,我们可以从三个方面进行理解。其一,马克思主义的产生是在系统性研究与科学借鉴历史优秀文化成果与人类实践经验的基础上形成的。马克思主义的主要创始人马克思、恩格斯以极其开阔的理论视野与丰富的实践

---

① 习近平:《在纪念马克思诞辰200周年大会上的讲话》,人民出版社,2018,第9页。

经验，展开了理论研究。他们尤其深入地钻研了当时极富有影响力的德国古典哲学、英国古典政治经济学以及英国与法国的空想社会主义，在批判性继承的基础上，创立了马克思主义。其二，马克思、恩格斯具有时代慧眼，开放性地进行理论研究。马克思主义关注的全人类的解放与发展这一命题本身就是时代的呼唤。他们所生存的时代是工业化迅速发展、现代性危机逐渐暴露的时代，其中，资本家与劳动人民的阶级对立开始显现并逐渐激化，如何保护劳动群体的权利，实现更普遍的人类解放就成为重要的时代命题，他们就是基于对这一前沿性问题的思考创立了马克思主义。同时，马克思、恩格斯始终以开放性的态度进行理论研究，随着时间的推移与实践的深入，他们不断发展甚至是反思曾经的思考。比如，1895年恩格斯在反思他和马克思关于1848年欧洲革命的观点的时候直言不讳地指出："历史表明我们也曾经错了，暴露出我们当时的看法只是一个幻想。"[1] 另外，马克思、恩格斯积极看待科技发展对人类社会的变革。恩格斯认为在科技的锐进中，"唯物主义也必然要改变自己的形式"[2]。正是秉持着开放性与时代性的理念，恩格斯还特别强调马克思贡献的是"方法"而不是"教条"。因此，马克思主义创始人的思维与理念也是发展的、开放的、富有时代气息的。其三，马克思主义作为育人资源，必将随着时代的发展而不断发展。肯定马克思主义的育人价值，并不代表一种静态、保守的承袭，而必须以发展的姿态，将马克思主义的观点、方法与新的实践相结合，在新的历史方位中呈现马克思主义耀眼的理论光辉。对此，习近平总书记强调，坚持与发展马克思主义，要"结合新的实践不断作出新的理论创造"[3]。

（二）马克思主义引领育人资源的先进性

在育人资源的整体构成中，马克思主义是旗帜，引领着育人资源的先进性，正如习近平总书记指出，"我们要坚持用马克思主义观察时代、解

---

[1] 《马克思恩格斯选集》（第4卷），人民出版社，2012，第382页。
[2] 《马克思恩格斯选集》（第4卷），人民出版社，2012，第234页。
[3] 习近平：《在哲学社会科学工作座谈会上的讲话》，人民出版社，2016，第13页。

读时代、引领时代"①。马克思主义作为化人之"文"的旗帜引领，主要源于两个方面。

1. 马克思主义决定了化人之"文"的前进方向和发展道路

"意识形态决定文化前进方向和发展道路"②，要"巩固马克思主义在意识形态领域的指导地位"③。意识形态经由法国启蒙思想家特拉西提出并使用，原初内涵是"观念的科学"，致力于通过分析人的感觉（涵盖人的知觉、回忆、判断、意愿）来达到解放自我与解放世界的目的。但是这种从观念出发解决认识世界与改造世界的问题注定只能是美好的想象，真正从社会实践出发，将意识形态作为一种"批判的武器"来科学地解释世界与改造世界是从马克思、恩格斯开始的。侯惠勤就曾指出马克思、恩格斯从三个层面使用了意识形态一词。④ 一是在认识论意义上将意识形态视为"虚假的意识"，批判了德国思想家们颠倒现实与观念的顺序。二是在价值论的意义上将意识形态视为"统治阶级的意识"，认为它是代表执政者利益的政治思想。三是在社会学意义上将意识形态视为"社会意识形式"，是基于经济基础而产生的上层建筑的一部分。在马克思、恩格斯之后仍然有诸多学者从不同角度争论意识形态的要义。诸如丹尼尔·贝尔（Daniel Bell）认为任何社会的发展都需要有"意义系统"，否则就会造成社会的"茫然困惑"，其中的意义系统实质上就是意识形态。而路易·皮埃尔·阿尔都塞（Louis Pierre Althusser）更是强调："为了培养人、改造人和使人们能够符合他们的生存条件的要求，任何社会都必须具有意识形态。"⑤ 事实上，对任何一个国家与社会而言，都需要有代表国家利益与社会发展需求的意识形态，来最大范围内凝聚社会成员的思想意识。那么，意识形态是通过什么介体传递给社会成员的呢？最常见与最有效的介体便是文化。尽管文化的外延远远大于意识形态，在其整个文化构成中包括不同领域、不同侧面社会实践在精神世界的反映，涵盖普通的乡俗民情、情感结构、

---

① 《习近平谈治国理政》（第3卷），外文出版社，2020，第76页。
② 《习近平谈治国理政》（第3卷），外文出版社，2020，第32页。
③ 《习近平关于社会主义文化建设论述摘编》，中央文献出版社，2017，第22页。
④ 侯惠勤：《马克思的意识形态批判与当代中国》，中国社会科学出版社，2010，第15~16页。
⑤ 〔法〕路易·阿尔都塞：《保卫马克思》，顾良译，商务印书馆，2010，第201页。

娱乐休闲等多个层面，但在这些内容中，决定着文化的性质与发展方向的是反映阶级立场与政治关系的文化内容，这就是意识形态。也就是说，"支配着物质生产资料的阶级，同时也支配着精神生产资料"①。故而，从整个的文化构成来说，任何民族与国家的文化都不可能脱离阶级属性而存在，意识形态决定着文化的性质与发展方向。

在我国，坚持化人之"文"的正确的意识形态属性，就是要坚持马克思主义在育人资源中的举旗定向性。首先，坚持马克思主义在育人资源中的举旗定向性在于国家的社会主义性质。我国的执政党是在马克思主义指导下成立并发展起来的党，党一成立就按照马克思主义对社会发展构想的指引，结合具体的实践探索，实现民族独立及社会发展。并且当前世界的社会发展样态仍处于马克思主义对社会发展的预判范畴内。国家的属性决定了我们文化发展的方向与育人的方向都必须是社会主义性质的，而代表着社会主义发展方向的意识形态是经历史证明了的科学的理论体系，即马克思主义。同时，我们还要看到文化作为上层建筑对社会发展的积极的能动作用，坚持了马克思主义在育人资源中的举旗定向性，就坚持了文化发展与文化育人的社会主义性质，这将持续为中国特色社会主义伟大实践提供必要的精神动力与关键的人才支撑。反之，社会文化的发展与育人的方向将偏离实践需求，影响中国特色社会主义伟大实践的正确发展方向。其次，坚持马克思主义在育人资源中的举旗定向性还在于抵御国外不良势力的意识形态渗透。随着全球化的深入发展，多种境外不良意识形态打着文化交流的幌子蒙骗群众，诱导群众信仰西方文化，颠覆其对社会主义、共产主义的信念。一些亲西方的所谓的"文化精英"散布不良意识形态，干扰了我们自己民族思想共同体的形成与巩固，进一步危及国家安全。正所谓国家之魂，文以铸之，只有坚持马克思主义在育人资源中的举旗定向性，才能保证以文化人的实践能够凝聚精神力量，培育社会主义建设者与接班人。

2. 马克思主义推动了中国特色社会主义文化的发展

对中国特色社会主义文化而言，马克思主义发挥了不可替代的效用，

---

① 《马克思恩格斯选集》（第1卷），人民出版社，2012，第178页。

它占据着真理和道义的制高点,"给我国社会带来深刻变革,给中国人民带来巨大福祉"①,其中的变革与福祉亦涵盖了文化层面。

马克思主义推动了中华优秀传统文化的现代转型。恩格斯曾说:"文化上的每一个进步,都是迈向自由的一步。"② 不仅人类社会的每一次变革与实践都会在文化的发展中留下痕迹,而且文化也会在自身的发展进步中,推动人类社会的前行。我们在考察中国文化与中国社会的发展时发现,一方面,中华优秀传统文化历经千年而未断,成为内置于中国社会发展与民族精神形成的深层次的精神基因,是中华民族的根与魂;但是,另一方面,近代以来,国家频繁遭受外强欺辱,不少有识之士从文化与价值维度对中国的社会制度进行反思,后来严复得出的"旧学之必不足恃"的结论受到了时人的认可,一时间反传统的呼声与学习西方文化精神的热情高涨,中华优秀传统文化面临与中国所有传统文化一起遭遇断裂的危机。但西方资本主义并不能拯救中国,最终推动中华优秀传统文化现代转型的是马克思主义。70多年前毛泽东的论述很值得思考,他指出,自从中国人学会了马克思列宁主义,中国人就赢得了精神的主动权,"伟大的胜利的中国人民解放战争和人民大革命,已经复兴了并正在复兴着伟大的中国人民的文化"③,毛泽东所指出的"复兴"不是简单的文化复制与延续,而是在先进文化刺激下的中华优秀传统文化的现代转型。具体而言,马克思主义从三个方面推动了中华优秀传统文化的现代转型。一是为中华优秀传统文化注入了代表人民利益的意识形态。马克思主义之所以能为越来越多的人所信服,很重要的一点在于它从不是为了某一部分人的利益而奋斗,而是为了消灭剥削、压迫,为了全人类的自由解放而寻找"批判的武器"。马克思主义向中华优秀传统文化中注入了群众史观、无产阶级革命、共产主义理想信念等代表人民利益的意识形态,使得中华优秀传统文化能够服务于社会主义性质国家的现代化进程。二是为中华优秀传统文化的发展提供了理论视角。在党的执政理念中,始终重视中华优秀传统文化的发展,从毛泽东所强调的不能割断历史,到习近平总书记所提出的中华优秀传统

---

① 《习近平关于社会主义文化建设论述摘编》,中央文献出版社,2017,第99页。
② 《马克思恩格斯选集》(第3卷),人民出版社,2012,第492页。
③ 《毛泽东选集》(第4卷),人民出版社,1991,第1516页。

文化的创造性转化、创新性发展，为中华优秀传统文化的现代承续与发展提供了理论指导。三是为中华优秀传统文化的时代转型提供了科学的世界观与方法论。运用好辩证唯物主义与历史唯物主义的立场观点方法，有助于推动中华优秀传统文化与马克思主义相结合，实现新的时代发展。

马克思主义催生了革命文化与社会主义先进文化。马克思主义与民族的革命实践以及社会主义建设实践相结合，催生了新的文化成果，即革命文化、社会主义先进文化。早在新民主主义革命时期，毛泽东就强调要将马克思主义作为工具看待，不能教条化、神秘化，要实事求是，这种思想与马克思主义所倡导的实践观是一致的，后来中国革命的胜利也验证了马克思主义中国化的正确性和科学性。在建设、改革、复兴的伟大征程中，中国共产党坚持和运用马克思主义的世界观与方法论，摸着石头过河，实现了从站起来向富起来、强起来的伟大发展，形成了蕴含民族精神、时代感强的社会主义先进文化。可以说，正是因为马克思主义传入中国，为中国共产党与人民群众提供了科学的世界观与方法论，激励群众为争取民族独立与自我解放浴血奋斗、勇往直前，中国共产党才能带领人民群众在艰苦卓绝的革命实践与崭新的社会主义实践中创造出催人奋进的革命文化与社会主义先进文化，进而奠定了马克思主义在化人之"文"中的旗帜引领地位。所以，"马克思列宁主义、毛泽东思想一定不能丢，丢了就丧失根本"[1]。

二 中国特色社会主义文化：以文化人资源的主体

中国特色社会主义文化是我们民族"最深层的精神追求""独特的精神标识""强大精神力量"[2]。因此，中国特色社会主义文化处于育人资源的主体地位。

（一）中国特色社会主义文化的精神价值

中国特色社会主义文化源于中华优秀传统文化，熔铸于革命文化和社

---

[1] 《习近平关于社会主义文化建设论述摘编》，中央文献出版社，2017，第59页。
[2] 《习近平关于社会主义文化建设论述摘编》，中央文献出版社，2017，第14页。

会主义先进文化，三种类型文化具有各自重要的精神价值。

1. 中华优秀传统文化有永不褪色的时代价值

针对中华优秀传统文化的价值，习近平总书记用"永不褪色的时代价值"[1]对其进行了高度评价，并在纪念孔子诞辰2565周年国际学术研讨会上的讲话中，站在全人类发展的高度，用"三个可以"评析了其中的育人价值。

首先，"可以为人们认识和改造世界提供有益启迪"[2]。中华优秀传统文化"蕴含的天下为公、民为邦本、为政以德、革故鼎新、任人唯贤、天人合一、自强不息、厚德载物、讲信修睦、亲仁善邻等，是中国人民在长期生产生活中积累的宇宙观、天下观、社会观、道德观的重要体现，同科学社会主义价值观主张具有高度契合性"[3]。在世俗生活中，对广大群众而言，中华优秀传统文化在天人、群己、自我关系等方面的价值主张具有重要启迪意义。在人与自然的关系方面，主张天人合一的和谐。天人合一的价值主张源于周，后孟子以"性天相通"的观点、董仲舒以"人副天数"的观点予以丰富，及至宋代经张载、程颢、程颐等主要学者的发展走向成熟，主要思想包括，天地万物与人本是一体，人能够以自己的活动积极影响自然，但不可忽视、违背自然的发展规律，人们只有承认"人与天地一物"，才能更好地认识自我、改造自然。这种天人合一的思想后来也进一步影响到人与他人的关系与自我修养。在人与他人的关系方面，中华优秀传统文化极为重视伦理、亲情、道德秩序，讲究"人和"，强调以和为贵。一方面强调人与人之间要求同存异，以和为贵，有仁爱、兼爱、非攻的思想，主张君子要心怀天下，关爱他人，有"不独亲其亲，不独子其子"的思想境界；另一方面强调在人际关系相处中要"反求诸己"，要"修己以安人"，重视礼仪修养，减少人际交往中的攻击性，尽量与他人达成共识，相互尊重、通力协作。在人与自我的关系上，强调自我修养与理想人格的塑造，重视内心的平和。这一系列认识与改造世界的和谐思想，对解决工

---

[1] 《习近平关于社会主义文化建设论述摘编》，中央文献出版社，2017，第116页。
[2] 《习近平关于社会主义文化建设论述摘编》，中央文献出版社，2017，第143页。
[3] 习近平：《高举中国特色社会主义伟大旗帜 为全面建设社会主义现代化国家而团结奋斗——在中国共产党第二十次全国代表大会上的报告》，人民出版社，2022，第18页。

业文明以来人类所面临的生态危机、人际焦虑等现代性问题有着重要的时代价值，对现代人们的文明素养的提升有着积极的化育价值。

其次，"可以为治国理政提供有益启示"①。典型的如以下几个方面。一是"变易发展"的理念。《易经》作为儒家的经典学说之一，以八卦推演的形式，传递出深奥而又充满智慧的变化发展的思想，彰显了"变易"的价值主张，古代的变易思想也为近代以来的历次变法革新提供了文化渊源，这种变易的价值主张与当下改革创新的时代主张亦是吻合的。二是丰富的民本思想。民本思想在中国历史上影响深远，众人耳熟能详的"民贵君轻"说便出自儒家的孟子之口，而这一理念也成为评价历代封建帝王德行的重要标准。在明清之际的学者王夫之、黄宗羲、顾炎武等人对封建君主专制的批判中，民本思想甚至有了一定近代意义上的启蒙思想色彩。因此，我们有理由相信，民本思想为新时代"以人民为中心"的治国理政方略提供了理论渊源。三是以德服人、以文化人。中华优秀传统文化注重治国理政中的德性引导与文治教化，主张"远人不服，则修文德以来之"，在这个过程中不仅强调施政者自我道德修养，还关注对百姓的礼乐教化，反映出治国理政中的仁爱思想。新时代，中华优秀传统文化为治国理政提供的有益启示，不仅有利于提高领导者与管理者的思想境界与工作能力，更有助于群众更好地参与社会治理，推动治国理政的理念落地见效，因此，中华优秀传统文化具有积极的化育价值。

最后，"可以为道德建设提供有益启发"②。中华优秀传统文化极为重视道德修养，讲究修身养性，如儒家学派强调"内圣""外王"，"内圣"指向个体人格的完善，注重"慎独"，重"仁"、讲"诚"、明"德"等。关注个人修养中善与仁的一面，强调仁德与仁道，注重道德理性自觉。"外王"关注经世致用，强调认知与实践的统一，要有治国平天下的抱负与理想。又如道家强调理想人格与道德修养中的"真"，关注个体生命与个性自由，强调在尊重规律的前提下，实现个体逍遥的个性发展。中华优秀传统文化中还尤为重视道德精神的培育，提倡刚健有为、奋发向上，如

---

① 《习近平关于社会主义文化建设论述摘编》，中央文献出版社，2017，第143页。
② 《习近平关于社会主义文化建设论述摘编》，中央文献出版社，2017，第143页。

《易传》曾言"天行健，君子以自强不息"，民间则有"人穷志不短"的说法，主张越是遇到困难，越要奋起抗争，积极作为。在有关道德建设价值取向的义利与理欲方面，儒家提倡的重义轻利、"志于道"的思想也对道德建设影响深远。可以说中华优秀传统文化培养了人们积极向善、向上的价值观念，有利于涵化社会道德秩序与个人道德修养，是重要的化人之"文"。

2. 革命文化是永远激励我们前进的宝贵财富

革命文化是党带领人民在争取民族独立与民族解放的伟大实践中所凝结成的精神文化成果，是一代代革命先烈所留下的文化财富。革命文化在观念上将先进的马克思主义与中国具体实际相结合，推动了民族文化的现代化转型；在实践中培育了顽强的奋斗精神、大无畏的牺牲精神，并在一代代共产党人的传承中，成为一种新型的先进民族文化。革命文化是宝贵的红色基因，是永远激励我们前进的宝贵财富，要代代相传，让党的事业血脉永续。

革命文化弘扬了"革命理想高于天"精神，有助于人们在铭记历史中坚定理想信念。这一文化形态展现了先辈们不灭的革命精神，形成了诸如红船精神、长征精神、井冈山精神等一系列高度展现党革命理想的文化财富，是党革命奋斗实践的精神文本，在纪念革命先烈、学习革命精神等一系列革命文化的学习与传承中，有助于厚植人们的爱国主义情怀，将爱国与爱党、爱社会主义相统一；有助于荡涤人们趋利的浮躁心理，驱散人们好逸恶劳的懈怠精神；有助于提振和平时期人们的精气神，使人们坚定崇高的理想信念。革命文化所展示的革命先烈为了民族大义舍生忘死的伟大事迹，有助于人们在牢记传统的过程中，传承红色基因。圆中国梦需要一代代中国人的努力，这需要强大的精神动力，因此，要把红色基因传承好，凝聚全民族的奋斗精神。革命文化是激发民族精神的优秀现实教材，通过回顾与学习革命先烈具体、生动的革命事迹，有助于人们更好地理解革命文化的内涵，对革命先烈"砍头不要紧，只要主义真"的革命精神产生深切的积极共鸣，践行并发扬先烈的革命精神，这便是红色基因的传承。红色基因的传承在当前各种社会思潮涌动、文化价值多元演进的时代尤为重要，有助于人们还原真实的民族独立与解放的历史，看清历史虚无主义、新自由主义等不良社会思潮的虚伪本质与险恶用心，坚定理想信念。革命文化所蕴含的革命精神和革命传统有助于激励后人牢记使命、砥砺前行。对革命历史的回顾要有继往开来的精神，要在回顾中"增强开拓前进的勇气和力量"[①]。在实现第二个百年奋斗目标的艰巨历程中，革命文化有着不可替代的激励与支撑作用，通过崇高的精神品质、先进的价值主张、丰富的实践案例为人民群众在圆梦的历程中提供勇于前行的精神动力，为共产党人践行初心、担当使命提供精神土壤，为培养群众不怕困难、艰苦奋斗精神提供动力；为全民族的文化自信提供强韧的文化支撑。故而，作为宝贵财富的革命文化有着重要的化人价值。

3. 社会主义先进文化代表着中国特色社会主义文化的发展方向

这一文化形态是党领导人民创造的精神成果，推进了革命文化的新发展，继承了中华优秀传统文化与革命文化的文化基因，代表着中国特色社会主义文化的发展方向，有着积极的育人价值。

我们可以从四个方面理解社会主义先进文化的育人价值。首先，社会主义先进文化增进了一种现代意义上文化的价值认同。较之中华优秀传统文化与革命文化，社会主义先进文化的时代感更为强烈，且社会主义先进文化站在了人民大众一面，顺应社会的变革与时代的发展，紧紧围绕群众的文化需求，用多种文化表现形式引导人民以开放的格局，超越古今之分、中西之隔，形成更为科学的价值认同，进而，为今天所倡导的文化自信铺设重要的文化思想基础。其次，社会主义先进文化提升了国家的文化软实力。社会主义先进文化充分展示了党在治国理政中的高超智慧，一系列表达中国立场、中国智慧、中国价值的理念、主张、方案在实践中展示了充分的优越性与先进性。对群众而言，传承社会主义先进文化既有助于人们更好地理解当前国家的文化精神与实践道路，又有助于提升国家文化软实力，毕竟，任何文化理念、主张、方案的发展与传承都需要人来实现，也就是说文化的价值实现与认可都需要有相当数量与高质量的人力资源作支撑，因此，社会主义先进文化的"化"人与人"化"，有利于进一步提升国家文化软实力。再次，社会主义先进文化有助于弘扬民族精神与时代精神。民族精神的核心是爱国主义，时代精神的核心是改革创新。社

---

① 《习近平谈治国理政》（第2卷），外文出版社，2017，第32页。

会主义先进文化凝结于社会主义建设的伟大实践中，集中展示了我国如何实现从站起来到富起来再到强起来的伟大飞跃，显示出中华儿女的智慧与韧性，能够有效厚植人们的爱国主义情怀。此外，一切文化不仅源自实践，更能映射实践的历史进程。社会主义先进文化反映了一个经历苦难的大国如何摸着石头过河确立中国特色社会主义的历史，其中展示出许多极富创新性的制度体系、价值理念，有助于培养人们的创造性思维，激发创新精神。最后，社会主义先进文化有助于培育人们形成与现代社会相称的宽阔文化胸怀。社会主义先进文化传承并发扬了中华优秀传统文化中的"和合"精神，在经济全球化的过程中，面对多元文化之间的交流、交锋，党和国家既强调了社会主义先进文化发展的中华立场，又以"一带一路""人类命运共同体"等具体的价值主张，展示了社会主义先进文化的宽阔视野，并进一步培养群众宽阔的文化胸怀。

（二）中国特色社会主义文化体现育人资源的主体性

中国特色社会主义文化是化人之"文"的主体。习近平总书记严厉批评了"'去思想化'、'去价值化'、'去历史化'、'去中国化'、'去主流化'那一套"[①]，强调要坚定文化自信。

1. 中国特色社会主义文化代表了民族文化的身份认同

化人之"文"的主体归属，反映了对育人实践中文化资源身份建构的自觉意识。文化身份关乎群体的文化心理与情感认同，进而影响到一定群体发展共同体的形成与稳固。从文化的生成来看，任何一种文化都代表了一定群体的生活实践样态与精神风貌，具有一定的稳定性，在历时态的流传中成为一种群体精神得以传承，在共时态的文化交流中，代表着一定群体的精神标识。那么，在人们的生活实践中，对本群体所创造的文化能否形成高度认同，关系到群体成员间的精神纽带与共同信念的存续。如果一个群体对内生的文化身份有自觉的建构意识，高度认同自我的文化实践，一般而言，群体的凝聚力会比较强，能够结成稳固的发展共同体。反之，没有对自我文化身份的认同，群体成员的文化实践、文化信仰多元化，将

---

① 《习近平关于社会主义文化建设论述摘编》，中央文献出版社，2017，第9页。

会弱化群体的精神支柱，破坏群体的凝聚力，而内生的文化也将失去流传的群众基础。毕竟，"如果不珍惜自己的思想文化，丢掉了思想文化这个灵魂，这个国家、这个民族是立不起来的"[①]，历史与时代不断验证着文化身份自觉建构的重要性。

那么文化身份认同是如何形成的呢？如果说在封闭的传统社会中，个人从出生之日起就被赋予了预知性的文化身份，按照世代流传的文化传统增强自我的本质力量，并不断按照给定文化身份的规引习得养成，来认同并维护归属群体的文化约定。通过传统性的文化符号将个体的文化实践与传统的文化记忆相联系，文化身份建构的自觉性得以形成。但是，在现代社会中，多元、异质文化的交流、交融、交锋成为常态，群体文化身份的建构很难通过自发性文化实践达成，存在诸多干扰因素，且面临文化撕裂的危机。如果无法发展连接本民族过去与未来的先进文化，用以建构民族的文化身份，那么整个民族的精神世界以及生活实践都可能因群体认同的匮乏而迷茫与混乱。在中国，能代表民族精神世界与生活实践的过去、现在与未来的主体文化只能是中国特色社会主义文化，其将传统的文化财富与时代的文化精神都涵盖在内。同时，民族文化身份建构的自觉性不是一代人某一个时间段的努力所达成的，而是需要一代代人的文化传承与文化实践，这就凸显出以文化人中文化资源选择的重要性。作为育人主体资源的文化的性质不同，群体的文化身份建构也不同，而我们所期待的民族文化身份的建构是社会主义性质的。对此，新中国成立以来，党中央就反复强调了育人的社会主义性质以及文化发展的民族性。

2. 中国特色社会主义文化主张化人之"文"的和谐统一

中国特色社会主义文化作为以文化人育人资源中的主体之"文"，还在于中国特色社会主义文化能够吸收、接纳其他类型的育人资源，实现本土文化与文化他者、现代文化与传统文化、一元主导与百花齐放的和谐共处、价值共赢。

中国特色社会主义文化首先重视本土文化与文化他者的和谐共生。自

[①] 《习近平关于社会主义文化建设论述摘编》，中央文献出版社，2017，第5页。

我与他者之间是辩证性的关系，没有脱离他者的自我，而一切他者也是在与自我的比照中区分开来的。在开放性社会中，本土文化与文化他者的关系至关重要，毕竟，全球化发源于经济领域，波及社会、文化各个领域，但这一过程并没有促成文化全球化，只是多元文化他者与民族文化的关系日益受到关注。而作为一个开放性大国，拿来化育群众的主流文化应该既能展现民族风采，又能有开放性的国际眼光，对文化他者持有包容性态度。中国特色社会主义文化便具备这种包容性品质，对此，习近平总书记既强调了面向现代化、面向世界、面向未来的时代要求，也强调"只有交流互鉴，一种文明才能充满生命力"①。具体而言，中国特色社会主义文化促进了马克思主义与中华优秀传统文化的结合。如前文所述，中国特色社会主义文化在弘扬中华优秀传统文化的同时，还推进了民族文化的现代转型，同时，马克思主义也随之有了新的时代发展。中国特色社会主义文化还主张民族文化与其他人类一切优秀文化成果和谐发展。从中华优秀传统文化所主张的"和而不同""大同社会"到社会主义先进文化所主张的"人类命运共同体"，中国特色社会主义文化充分彰显了"美美与共"的和谐品质，并在开放性文化政策的支持下，致力于与文化他者的和谐互动。

其次，实现了现代文化与传统文化的积极互动。任何文化的演进总是基于一定的历史与传统发展的，"都具有由它的先驱传给它而它便由此出发的特定的思想材料作为前提"②。这种情况在中国的文化发展中尤为突出，在漫长的历史酝酿中，一方面，传统文化的时间跨度极长、内容极为深厚；另一方面，因近现代民族独立与发展的迂回曲折，传统文化曾一度因"指导国家发展不力"而遭到诟病。但随着近年来中国的不断发展壮大，人们对传统文化的多向度反思日益热烈。一时间复古者有之，抛弃者有之，在育人资源的选择中，古与今的矛盾一度困扰着人们。这个矛盾在现代社会快速发展所带来的时空压缩中更加明显，人们共时态地感受着古今的文化压缩，新鲜与迷茫同在，急需一种能够协调现代文化与传统文化的主流文化来化育群众。对此，既要明确中国特色社会主义文化是民族发

---

① 《习近平谈治国理政》（第1卷），外文出版社，2018，第259页。
② 《马克思恩格斯选集》（第4卷），人民出版社，2012，第612页。

展史中古今先进文化的合成体,明晰其下辖的三种文化形态,即中华优秀传统文化、革命文化与社会主义先进文化;又要从古今文化协调育人的角度进行理解。对中华优秀传统文化,既要看到其重要地位,绝不能抛弃;又要结合现代社会发展与人才培养的需求,推动其创造性转化、创新性发展,共同服务于以文化人的时代任务。对代表民族文化现代发展的革命文化与社会主义先进文化,要重视民族文化现代发展的历史根基,因为"一个抛弃了或者背叛了自己历史文化的民族,不仅不可能发展起来,而且很可能上演一场历史悲剧"[①]。由此,在育人资源的构成中,古与今的优秀成果共生于中国特色社会主义文化中。

最后,实现了一元主导与百花齐放的价值共赢。多元文化并存是现代文明发展的必然趋势,但作为民族国家又时刻面临对群众进行价值引导与价值统一的重要问题,这关乎民族的凝聚力与国家发展的文化安全。所以,作为化人之"文"的主流文化既要有能力处理好与多元文化的关系,又要有能力凝练并凝聚群众的价值共识。在发展中牢牢把握社会主义先进文化的前进方向,坚持百花齐放、百家争鸣。新时代,堪当此大任的化人之"文"非中国特色社会主义文化莫属。在与多元文化的关系方面,这一主流文化的发展本身就是批判吸收多元文化的过程,遵循了文化生态多样性的发展规律,是"百花齐放,百家争鸣"的文化发展成果。同时,中国特色社会主义文化的发展始终坚持了指导思想的一元性,即始终坚持马克思主义的指导地位不动摇,并对群众进行正确的价值引导。习近平总书记指出,"社会主义核心价值观是当代中国精神的集中体现,是凝聚中国力量的思想道德基础"[②],进而强调,文艺工作者、思想政治教育工作者等育人主体既要按照社会主义核心价值观的要求发展社会主义先进文化,又要在文化育人中培育与践行社会主义核心价值观。由此,中国特色社会主义文化实现了一元主导与百花齐放的价值共赢。

[①] 《习近平著作选读》(第1卷),人民出版社,2023,第480页。
[②] 《习近平关于社会主义文化建设论述摘编》,中央文献出版社,2017,第131页。

三 其他民族的优秀文化成果：以文化人资源的重要补充

习近平强调多样文明的交流互鉴，肯定人类一切优秀文化成果的育人价值，认为他们能够提供给人们"正确的精神指引和强大的精神动力"[①]，主张"相互交流、和谐相处、取长补短、融合创新"[②]，故而，"其他民族的优秀文化成果"作为一种可资借鉴的文化他者，是以文化人资源的重要补充。

（一）其他民族优秀文化成果的借鉴价值

以文化人的育人资源并不是一个闭环的封闭体系，而是与外界有着积极的对话、交往，其中，其他民族优秀文化成果的借鉴价值主要体现在以下几个维度。

1. 有助于人们开阔眼界，增进共识

我们要在文化的交流沟通中"沟通心灵，开阔眼界，增进共识"[③]，发挥文化持续性的化育作用，推动人类社会进步发展。这里涉及文化生成的属人性及其对人的影响两类问题。马克思、恩格斯从历史唯物主义的角度论证了文化的深层次含义，认为文化是实践中的人的本质力量对象化的产物。在人的实践中有两个方面的目的，产生两个方面的结果：人不仅通过实践维系自我的生存，实现自我的发展，还不断对围绕在自我身边的人、事、物产生影响，人创造了整个世界。其中，文化就是人类整个实践的产物，文化不仅表征着人们改造世界的成果，还表征着自我的存在方式。韦伯进一步具体化了这一思想，指出人生存在他所编织的意义之网中，韦伯所言的意义之网就是文化。这就涉及一个重要的问题，即既然人都是存在于文化的意义之网中，人类所处的世界都留存文化的痕迹，那么是不是所

---

① 《习近平关于社会主义精神文明建设论述摘编》，中央文献出版社，2022，第215页。
② 习近平：《干在实处 走在前列——推进浙江新发展的思考与实践》，中共中央党校出版社，2006，第295页。
③ 《习近平关于社会主义文化建设论述摘编》，中央文献出版社，2017，第187页。

有的文化都是趋同的呢？事实并非如此。在我们所谈及的文化即"人化"中，其中的"人"不是抽象的人，而是基于一定物质生产基础上成长起来，有具体的欲望与需求的人，是一种未完成状态的人。这就决定了人总是从自我的处境出发，根据自我的发展需求开展认识与改造世界的实践，而文化也在这一系列实践中生成了。那么，与人们实践的群体性、历史性、多样性相呼应的是，不同群体实践所创造的文化是丰富多样、各有千秋的，任一种文化在反映普遍意义上人的生成与发展需求之外，还具体代表了某一特定地区、特定群体的利益与需求，反映了某一群体的实践发展程度与智力水平，这就造成了群体文化的差异性。但是人的发展是开放式的，也是多维的，需要文化的持续性滋养，这种有助于人的发展的文化并不能拘泥于某一种类型，作为"人化"的产物，任一种具有先进属性的文化都是群体性人类智慧的结晶，都有育人价值。而人们在接受其他群体文化滋养的过程中，能够较为深刻与高效地感知他者的实践状态与发展样态，超越时空、民族的差异，吸收一切人类的智慧成果，拓宽知识面，为自我发展创设更为广阔的文化平台。以人类一切优秀文化成果为化人之"文"，还有助于在文化的交流互鉴中，促进不同群体增进共识，化解冲突。如前文述及，既然文化的"人化"与"化人"是统一的，那么，超越狭隘的群体性文化育人观念，用更广泛的人类一切优秀文化成果化育群众，有助于在文化的"化人"过程中，推动不同群体在思想与行为方面达成共识。毕竟，了解了一定群体的文化，也就认知了这个背后的"人化"过程，进而也就把握了这一文化所属群体的实践与生活方式。

2. 有助于人们更好地认识与融入世界发展

从人的主体性发展的角度来看，认识与融入世界发展的重要前提在于了解推动世界发展的文化动因。故而，化人之"文"离不开其他民族优秀文化成果。我们可以从两个方面进行理解。

一方面，人的本质决定了个体人的发展必须融入世界的发展。马克思、恩格斯曾对人的本质进行多维解释，其中较有代表性的是从"类本质"与"社会关系"的角度解读人的本质。马克思、恩格斯首先肯定了人的类本质，作为类存在物，人们能够自觉、自由、自主地意识到自己的存在，将自我与动物区分开来。而这种类本质存在于人的实践活动中，正是人的需求的无限性与人的实践活动的开拓性，才决定了人的类本质不断丰富。进而，马克思在《关于费尔巴哈的提纲》中指出，在其现实性上，人的本质"是一切社会关系的总和"①，进一步深化了对人的本质的认知。其中包含两个层面意思，第一个层面是人的本质与现实的人的前提条件密不可分，而现实的人是基于一定物质生产基础上的人，那么物质生产基础的变更会带来人的本质的表现形式的变化；第二个层面是社会关系的具体性与开放性，在一定的时空范围内，社会关系是具体的，诸如某人的家庭关系、人际关系具有一定的稳定性，但是从时空的发展角度来看，任何社会关系都有变化发展的一面，是开放性的，人的社会关系必将随着社会历史的发展而发展。其中，还要看到环境对人的本质的影响，与人创造环境相呼应的是环境也创造人。通过对人的本质进行分析，我们可以作出推论：在科技锐进与经济全球化深入发展的背景下，人的实践地域广度日益拓展，信息获取的时空范围逐渐扩大，全球经济一体化重构了人们的生存环境，进而变更了人们的实践形式与思维方式。由此，人的社会关系的发展性与开放性得到充分展示。所以，人的类本质在实践活动的全球开拓中得到丰富，人的社会关系在全球一体化过程中日益多样，随之，人的本质得到新的丰富与发展，并不断驱动人们融入更广阔的全球发展格局，来实现对自我本质的确认。另一方面，文化是个体的人认识与融入世界发展的钥匙。无论是过去、现在还是未来，世界存在的合理性与发展的可能性均在于人的自由自觉的实践活动中。其中，文化既是世界存在与发展的产物，也是从生活模式、思维方式、价值取向等层面规约着世界中的人的存在方式。文化弥漫于人们所有的活动领域中，迅速整合政治、经济、社会等一切影响人类世界形成发展的重要因素，塑造着世界面貌，而且随着科技进步与生产力发展，人们劳动实践的自觉程度会不断提升，人们精神需求也会日益旺盛，因此，先进文化在世界发展中的推动作用也会日益明显。这一切都在告诉我们，认识与融入世界的发展离不开对文化的把握，而这种文化绝不是某一群体的文化，而是更广泛意义上的人类一切优秀文化成果。

---

① 《马克思恩格斯选集》（第1卷），人民出版社，2012，第135页。

3. 有助于化解新时代人类面临的突出性难题

针对人类所面临的贫富差距、物欲膨胀、个人主义过分张扬等问题，要运用"人类今天发现和发展的智慧和力量"① 以及 "人类历史上积累和储存的智慧和力量"② 来化解。20 世纪以来，工业文明与现代化成为世界范围内民族国家的发展主题与发展趋势，但事物的发展总有其正反两面，在现代社会的发展变革中，现代性危机也逐渐显现。诸种现代性危机随着全球范围内社会政治、经济、文化等方面交往的日益深入，在全球范围内迅速蔓延开来，没有任何一个国家、没有任何一个人能够脱离其他国家、整体人类的存在而独善其身。因此，解决新时代人类所面临的一切突出性难题离不开全人类的共同努力，其中就需要广泛征集来自各方的智慧与力量。先进文化作为人类在实践中所创造的时代精华自然不可小觑。这对开放中的我们而言尤为重要，中国在工业文明与现代化道路上的发展比较曲折，在遭受鸦片战争被敲开国门后，逐渐开始了被动的现代化的进程，工业文明起步晚、底子弱，以学习者的身份艰难前行，所以在新中国成立以前，中国的现代化之路并不顺畅，但现代性的意识已经觉醒。新中国成立以后，中国正式进入全面现代化的历程，尤其是改革开放以来，在现代化进程加快、社会急速转型、高度时空压缩下，中国正在共时态地经历农业文明、工业文明以及后工业文明时代的诸种突出性难题，难题的化解需要我们积极借鉴他者的优秀文化成果，来实现顺利发展。作为担当民族复兴大任的时代新人，我们更需要接受更广阔范围内的先进文化的积极化育，在人类一切优秀文化成果的化育中，提升整体素养，化解国家现代化进程中的诸种难题，实现中国梦。

（二）其他民族优秀文化成果展现育人资源的开放性

文明因交流互鉴而更具活力，在这一过程中，让人们在持续的以文化人中提升素养，让文化为人类进步助力。其他民族优秀文化成果在育人资

---

① 习近平：《在纪念孔子诞辰 2565 周年国际学术研讨会暨国际儒学联合会第五届会员大会开幕会上的讲话》，人民出版社，2014，第 6 页。
② 习近平：《在纪念孔子诞辰 2565 周年国际学术研讨会暨国际儒学联合会第五届会员大会开幕会上的讲话》，人民出版社，2014，第 6 页。

源中具有借鉴价值。当然，也需要正确看待这种借鉴地位。

在新时代以文化人的实践中，要借鉴其他民族优秀文化成果武装化育对象。其一，文明是多彩的。因为文明的多彩，才有互鉴的必要性。我们在肯定有人的地方就有文化实践与发展的同时，还要看到文化的生成及发展与一定社会的物质生产条件、群体生活方式、思维习惯等诸多主客观因素有着千丝万缕的联系。文化生产场不是独立的生产场域，诸多他律因素的存在，赋予了文化因他律因素变化而变化的流动性与差异性特质。没有两个民族文化产生的主客观条件是完全吻合的，所以，没有两个民族的文化是一模一样的。各式各样的文化流光溢彩地存在于人类整体的文明发展中。如果说在传统农耕文明时期，受交通条件与通信技术的限制，不同民族彼此间的文化交流还不充分，保守、疏离是常态，那么工业文明时期，"地球村"的概念在思维与实践层面普遍被认可，民族间文化的遇见不可避免。其二，文明是平等的。文明间的平等地位，是文明之间互鉴的前提。一旦肯定了文明的多样、多彩，就会面临一个重要问题，即文明间孰高孰低，在育人中应不应该借鉴其他民族的文化？近年，国际社会对此有不同的声音，在一些西方老牌资本主义国家里，有"意识形态终结论"的叫嚣，也有"普世价值"的提法，在一些极端保守的国家，还有将本民族文化推至神坛地位，而拒绝一切外来文化的情况等。针对诸种偏激的文化思维，习近平总书记鼓励文明之间的交流沟通，消除隔阂；主张文明之间的互鉴交往，超越偏激的冲突论；提倡世界的多样文明共存发展，摒弃对本民族文化优越性的执拗。他指出："人类文明因平等才有交流互鉴的前提。"[①] 其三，文明是包容的。人类文明的发展是持续性的，文化亦是。任何一个民族的文化都不是一成不变的，而是在时代的发展中不断被赋予新内容，这种内容不仅是本民族内部所创造的，在开放的国际格局中，还涉及对外来民族文化的吸收。海纳百川，有容乃大。民族文化的包容性决定了一个民族文化发展的生命力，而文化发展的包容性需求，也进一步反映了对文化他者借鉴的必要性，即"只有交流互鉴，一种文明才能充满生命力"[②]。

[①] 《习近平谈治国理政》（第1卷），外文出版社，2018，第259页。
[②] 《习近平谈治国理政》（第1卷），外文出版社，2018，第259页。

需要指出的是,"我们愿意借鉴人类一切文明成果,但不会照抄照搬任何国家的发展模式"[①]。在育人实践中,其他民族优秀文化成果只能处于借鉴地位,而不能替代中国特色社会主义文化的主体地位,不能替代马克思主义的旗帜引领地位。也就是说,借鉴的前提是坚持育人资源的中华立场,这就涉及育人资源的主体性与互鉴性的辩证关系。育人资源的选择是以文化人实践顺利开展的重要前提与基础条件,以文化人育人效果的实现很重要的权重在于化人之"文"影响力的发挥,可以说,什么性质的文化就可能造就什么样的人,这里的文化性质就涉及文化的阶级性质、阶级立场。所以,从育人资源主体性的角度来看,要坚定对本民族文化的自信,自觉认同本民族文化的价值理念,并积极在育人中建构全体人民的民族文化身份。故而,占主导地位的育人资源只能是社会主义性质的,这样才能把握好人才培育的根本方向。从育人资源互鉴性的角度来看,在现代社会,育人实践是一个开放性实践,需要有开放性视野,故而,育人资源的选择自当有国际眼光,需要借鉴他者文化。但是,这种借鉴不是对文化他者的盲目信仰,而是一方面在一切先进文化的滋养中提升人民文化素养,丰富人民精神世界;另一方面在文化他者的镜像中,反观文化自我,实现文化自我更充分地发展,以此来更好地服务于以文化人的育人使命。

[①] 《习近平关于实现中华民族伟大复兴的中国梦论述摘编》,中央文献出版社,2013,第27页。

第五章
"一定要增强阵地意识"：新时代以文化人的重要依托

以文化人的践履是通过"文化"这一育人介体的作用发挥，来达到化育教育对象的目的。而文化的存在方式是弥散于群众的生活中，时时刻刻发挥着各种各样的影响，若想让先进文化在群众的思想与行为中发挥出好的影响，切实践履以文化人，就一定要增强阵地意识。也就是说，要用自觉的文化影响场来规约自发、无序的文化影响，助力人的发展。其中，尤其要关注学校教育、新闻舆论、文学艺术、社会科学阵地建设，以期充分发挥先进文化的育人效用。

一 学校教育：以文化人的重点渠道

以文化人的过程实质上是一种利用文化资源、采取文化的方式、发挥文化的影响力去化育人的过程，旨在促进精神成长、开展意义构建与进行价值引导。以文化人与学校教育有着天然的内在联系，在九年义务教育基本普及且成熟发展的过程中，各级各类学校教育尤其是思想政治教育实质上成为以文化人的重点渠道。习近平总书记极为重视学校教育这一以文化人的重点渠道，指出思想政治教育要"更加注重以文化人以文育人"[1]，学

---

[1]《习近平谈治国理政》（第2卷），外文出版社，2017，第378页。

校教育要"坚持以美育人、以文化人,提高学生审美和人文素养"①。对人的成长起着长期的、规范化影响的学校教育,是对广大学子进行先进文化教育的重点渠道。

(一)"育人"与"化人"的同质性

学校教育与以文化人具有天然的联系,要通过教育来传授已知、更新旧知、开掘新知、探索未知,从而提高人们认识与改造世界的文化素养,推动人的发展。不仅学校教育的"育人"实践是以文化人的过程,而且以文化人也需要通过学校教育这个主渠道来让先进文化广泛覆盖人民群体。准确把握这种同质性关系,是理解并践履好学校教育作为先进文化重点"化人"渠道的前提性条件。

1. 学校教育的任务达成遵循以文化人的内在机理

学校教育在宏观层面上是贯彻党中央的路线、方针、政策,由专门教育机构、教育人员所组织实施的,为党和国家培养建设者与接班人的育人实践,但是从微观层面上考察,学校教育的"育人"实践,实质上是依托特定的"文"来教化教育对象,落实立德树人根本任务,遵循以文化人的内在机理。这既体现在学校教育的本质,又贯穿在学校教育的实践过程中。

就学校教育的本质而言,它是一种规范化的人才培养实践。人才培养从不是单一的育才,更是着力于育人,而育人的核心又在于立德,这种"德"是党和国家对人才培养的一种思想期待与价值指引,具有强烈的意识形态属性。而意识形态是人类所特有的实践产物,往往依附一定的思想文化出场,故而,学校教育不能窄化为专业技能教育的"上所施下所效",其更深层次的本质意蕴在于教育者与教育对象的一种精神交往与思想对话。既然是精神交往与思想对话,就需要一定的文化资源,以"文"化之。因此,学校教育实质是教育者用筛选后的特定的文化资源来影响教育对象,在反复、长期、全方位的文化浸润中,将正确的意识形态、积极的

---

① 《坚持中国特色社会主义教育发展道路 培养德智体美劳全面发展的社会主义建设者和接班人》,《人民日报》2018年9月11日,第1版。

价值导向、有营养的文化精神内化为教育对象自我的德性修养，进而达成立德树人的育人初衷。也就是说，人的人格、品格的不断完善，就是要积极借助精神产品的教化功能。所以，学校教育的本质决定了其立德树人根本任务的落实要遵循以文化人中"化人"的内在机理，需要用代表社会主流舆论、主流价值取向的思想文化来对教育对象进行教化、感化、转化，使其成长为"德智体美劳全面发展的社会主义建设者和接班人"[①]。所谓的教化意指对教育对象的认知施加影响，用科学的理论教化教育对象，开化认知，使其形成正确的人生观、世界观，进入正确的成长轨道；感化重点作用于教育对象的感知、情感，用先进文化影响教育对象，陶冶其情操，丰富其情感世界，使其形成社会所期待的思想意识、道德素养与政治觉悟。转化是在教化与感化的基础上，用先进文化作用于教育对象的整体精神世界，摒弃其与主流舆论不符的成分，使其形成与主流舆论一致的认知、情感、信念，进而在先进文化的持续影响下，转化成教育者所期待的意志与行为。

就学校教育的实践过程而言，学校教育在历史的演变中，最显见的运行机理就是以文化人，这突出地体现在教育实践中教育者与教育对象的化育关系、教育方法与教育环境的文化属性，以及对教育效果的衡量中。在学校教育的育人实践中，教育者与教育对象的关系主要表现为以思想文化传播与接受为主要内容的一种沟通交往，文化化育成为教育双方沟通交往的重要形式与内容。而开放性的文化背景与教育环境，更凸显立德树人的"育人"实践遵循"化"的机理的重要性，单调的宣讲与灌输无法协助社会主流舆论、主流价值顺利排除干扰进入教育对象视域，更多地需要依托以文化人这种更为柔性与隐性的"化"法，来展现社会主流舆论、主流价值的科学性与价值性，进而推动教育对象将社会主流舆论、主流价值内化于心、外化于行。在当下倡导的"三全"育人格局中，教育环境的文化属性也日益受到重视，育人实践也需要关注环境中的先进文化的嵌入，以形成育人合力。而学校教育"育人"效果的考量实际上就是对先进文化化育

[①] 《坚持中国特色社会主义教育发展道路 培养德智体美劳全面发展的社会主义建设者和接班人》，《人民日报》2018年9月11日，第1版。

效果的一种考量：一是考量教育者能否将先进文化充分阐释并传递给教育对象；二是考量教育对象能否充分吸收化人之"文"，并作出积极的思想、行为回应。

2. 学校教育涵盖以文化人的价值诉求

习近平总书记对学校思政课建设作出重要指示。他指出，这是针对人开展的工作，要"不断提高学生思想水平、政治觉悟、道德品质、文化素养，让学生成为德才兼备、全面发展的人才"[①]。这段话不仅对学校思想政治教育管用，对学校教育而言都很适用，作为一种立德树人的实践，学校教育涵盖着以文化人的价值诉求，迫切需要发挥文化在育人中的滋养作用。

这种价值诉求首先体现在立德树人的育人格局中。立德树人是着力促进教育对象精神世界丰盈与思想成长的一种育人实践，这种育人格局从纵向的人的发展来看，周期极长，不仅人的德性成长是一个漫长且复杂的发展过程，育人效果的呈现无法立竿见影，而且社会发展与执政阶级对个体的人的整体素养的期待也在不断变化，因此，需要教育者根据环境与个体的变化而持续跟进；从横向人的素质构成看，学校教育的辐射面极广，要落实好立德树人根本任务，需要持续推进教育对象思想意识、政治素养、道德品质的提升。我们之所以认为人的本质是一切社会关系的总和。其中的"总和"并不是影响人存在与发展的各种影响因素的简单叠加，而是与人的存在与发展有关的综合影响力。这个合力无法单独归结为经济基础还是科技水平，而是一切与人的存在与发展相关联的物质性与非物质性因素的融合体，能实现这一融合过程的便是文化。那么，面对这一文化性存在方式的人，把握住这一周期性长、辐射面广的育人格局，就需要教育者充分认识教育对象的文化属性，以先进的文化资源，用文化性的育人方法来化育教育对象，也就是说这种立德树人的育人格局属于更为广阔的文化生产范畴，用符合育人需求的先进文化，采用文化的方法来影响拥有文化属性的人，其中就涵盖了以文化人的价值诉求。

以文化人的价值诉求还体现在立德树人的政治性中。政治性决定着人才培养的方向性，没有绝缘于政治影响场而独立存在的学校教育，其中所

---

① 《习近平谈治国理政》（第2卷），外文出版社，2017，第377页。

立之德、所树之人都应当是社会主义性质的。如何保障育人的社会主义性质呢？学校教育在其中担负了特殊的重要职责。所谓立德树人，就内在地需要系统性地将党和国家的纲领、路线、方针、政策传授给教育对象，需要清晰彻底地将代表统治阶级利益的意识形态内化为学生的思想意识，坚持做到"四个服务"①。这种政治性使命的完成光靠口号、标语等干巴巴的宣传是不够的，需要有深厚的文化支撑。所以，在很大意义上，学校教育包含着特殊的文化政治教育，需要以文化人，尤其是在思政课程与课程思政相结合的大思政格局中，大中小每个阶段的学校教育、每门课程的传授都要有明确的政治导向，而这种政治导向需要以特定的文化为载体传递出去。诸如在讲述马克思主义时，就需要结合其产生的历史文化背景，需要对其文化发展史作出系统性的回顾与阐释；在讲述毛泽东思想时，不能脱离革命实践的背景，不能离开革命文化的精神内涵；在讲述中国特色社会主义道路的形成与发展时，不能脱离改革开放的历史背景与相应的时代文化支撑。故而，教育的政治属性，决定了在育人实践中需要寻求先进文化的支撑，以服务于学校教育立德树人的根本任务。

3. 学校教育推动以文化人的实效显现

以文化人是借用文化的影响力推动人的自由全面发展的育人实践，其中，学校教育起着重要的推动作用。学校教育本身就归属于社会文化实践，学校教育的主要内容就来源于化人之"文"，学校教育既是以文化人的表现形式，也是重要依托。

学校教育有助于保障以文化人的正确方向。习近平总书记强调要以文化人、以文育人以来，以文化人作为一种育人方式得到广泛肯定，但是我们同时还要看到，文化对人的影响是双向的，先进文化能够发挥文以载道的积极化育作用，而消极、落后的文化对人也有不可小觑的腐蚀性，会将人化向发展的对立面，故而，以文化人目标的实现首先在于保证化人之"文"正确的价值导向，学校教育在这个方面有着积极的推动作用。无论

---

① 习近平总书记在 2016 年全国高校思想政治工作会议上指出，教育要坚持"为人民服务，为中国共产党治国理政服务，为巩固和发展中国特色社会主义制度服务，为改革开放和社会主义现代化建设服务"。引自《习近平谈治国理政》（第 2 卷），外文出版社，2017，第 377 页。

是文化的"化人"还是学校教育的"育人",都是围绕一定的价值观展开的,价值观有正确与错误之分,有核心价值观与一般价值观之分,从以文化人的实效性来看,我们期待的是用正确的社会主义核心价值观来育人,但实际上,社会上充斥着大量与主流价值不符甚至是相左的、错误的价值观,这些价值观同样内置于一定的文化中,对人们产生持续性的影响。而通过各级各类学校教育有针对性地培育社会主义核心价值观,既有助于推动社会先进文化的传承与创造,又有助于教育对象形成正确的、与主流价值相一致的价值观念,进而识别价值导向错误的文化,主动接受先进文化的化育,为以文化人保持正确的方向提供保障。

学校教育还有助于优化以文化人中"人"的思想状态。以文化人中的"人"既包括化育者也包括化育对象,在育人实践中,人的思想状态影响着实践效果,而学校教育有助于优化实践双方的思想状态,为以文化人实践的顺利开展提供思想保证。具体而言,以文化人目标的实现不仅有赖于化人之"文"的先进属性,还取决于育人者充分地将化人之"文"诠释好、传递出去,更取决于教育对象充分接纳并吸收化人之"文",做出与化人之"文"价值倾向相一致的文化选择与文化实践。其中,各级各类学校教育所传递出的政治立场、哲学思维、文化常识、审美教育等育人内容有助于提升育人实践双方的思想政治素质、文化修养与审美素养。这些具备良好精神素养的人在以文化人实践中将呈现更积极的思想状态。一般而言,系统的学校教育能帮助化育者按照主流价值的要求选择化人之"文",做出与时代需求相一致的文化阐释与文化传播,提升以文化人的自觉性;而接受过系统学校教育的教育对象更容易亲近先进文化,理解先进文化的意旨,以积极的思想状态,自觉接受先进文化的化育。

学校教育更有助于为以文化人实践的开展提供精神动力与资源支撑。任何实践的顺利进行,都需要有与之相匹配的精神动力,以文化人实践也是如此。一方面,这种精神动力体现为学校教育在立德树人的育人实践中不断"巩固马克思主义在意识形态领域的指导地位,巩固全党全国人民团结奋斗的共同思想基础"[①]。在现有的教育体系下,九年义务教育已经覆盖

---

① 《习近平谈治国理政》(第1卷),外文出版社,2018,第153页。

全体人民，高等教育也逐步走向大众化，可以说，学校教育的覆盖面越广、立德树人的成效越明显，经历过学校教育的群众就更能够自觉坚持"两个巩固"，由此，群众的理想信念就会越坚定，群众亲近并践行先进文化的精神动力就越强。另一方面，学校教育也是化人之"文"的生成场、育人主体的培育场、育人路径的实验场，为开展以文化人实践提供资源支撑。不仅学校教育培养了一批批知识人才，发展与传播先进文化，不断丰富着化人之"文"；而且各级各类学校教育工作者，其自身也是重点化育主体，承担着"以文化人、以文育人、以文培元"[①] 的重要职责。而且，学校教育是使用各种育人方法的场所，为了落实好立德树人的育人任务，学校教育有着成熟的、体系化的且不断发展着的育人路径，这些育人路径也内在地拓宽了以文化人的路径。

（二）在"育人"中"化人"的价值遵循

如前文述及，学校教育实质上归属于以文化人的实践范畴，凭借文化的影响力可以激活学校教育创新发展的内生动力与提高立德树人的育人实效，不断强化学校教育中的先进文化影响力，发挥学校教育在以文化人中的渠道作用。但这一化育渠道的建设不是自发形成的，而是需要做出恰当的文化选择、文化传承与文化创造，来强化其育人中的"化人"属性。

1. 传承中华优秀传统文化

以文化人的"文"实质上代表了一个国家与民族精神世界的基因与密码，在化育过程中强化人们的情感共同体与利益共同体意识。所以，"文"的资源获取首先需要一种传承，来让一个个社会新生儿了解其所归属群体的文化世界。这就要求学校教育在育人中能有正确的文化价值遵循，传承好中华优秀传统文化，不能让优秀的化人之"文"断代、失传，也不能让一个个社会新生儿失去文化成人的资格。毕竟，现代社会，规范化的学校教育是育人的主要途径，这在九年义务教育全面普及、各类职业教育蓬勃发展、高等教育覆盖面日趋扩大的中国，表现得尤为明显。毕竟，"教育

---

① 《习近平谈治国理政》（第 3 卷），外文出版社，2020，第 325 页。

是人类传承文明和知识、培养年轻一代、创造美好生活的根本途径"①。当我们在明确文化传承是学校教育将育人与文化的"化人"相结合应有的价值遵循的同时，还需要确定的是这种文化传承的对象具有明显的民族归属与明确的价值取向。我们的学校教育首先要传承的就是中华优秀传统文化，这是我们的根本，一旦丢了，就割断了精神命脉。一个失去精神命脉的民族是不可能化育出时代新人的。而我们育人的价值主张与路径选择也是在我国"历史传承、文化传统、经济社会发展的基础上长期发展、渐进改进、内生性演化的结果"②，那么，引导教育对象亲近、理解、传承好中华优秀传统文化，不仅有助于教育对象在中华优秀传统文化的滋养中成长，更有助于教育对象理解、认同我们育人的价值主张与路径选择，增强以文化人的实效性。当然，传承中华优秀传统文化并不意味着对文化他者的排斥，一切有助于化育新人的人类文化成果都可以成为学校教育所传承的文化内容，在"兼容并蓄""消化吸收"的理念下，使其成为积极的文化养分。

2. 选择积极文化

以文化人是教育领域中最基本也最重要的价值主张，教育就是要通过对一定文化的选择与传播来实现化人之"文"与学子双向建构，以此发挥出文化对人的发展的推动作用，甚至说学校教育应该根据自身的类型与特点，形成一定的文化传播中心。然而，并非任何文化都能成为学校的育人之"文"，以文化人首要的基础便是正确选择化人之"文"，这种选择，表面上看是一种文化知识的选择，具体到各级各类学校教育的教材、教辅选用，课堂教学内容选择，校园文化弘扬的内容选择等方面，更深层次的却是对文化表象背后的价值内核的判断与选择，毕竟，价值是文化的"中轴"，所以，选择积极的化人之"文"，就是要选择有积极价值取向的文化资源，"要把社会主义核心价值观贯穿于高校办学育人全过程"③。这种文化的价值选择涵盖三个层次。首先是选择中的认同与自信。学校教育要有

---

① 《习近平谈治国理政》（第1卷），外文出版社，2018，第191页。
② 《习近平谈治国理政》（第2卷），外文出版社，2017，第286页。
③ 《习近平关于社会主义文化建设论述摘编》，中央文献出版社，2017，第132页。

一种对民族文化、社会主流文化的认同与自信，这是其成为以文化人重要阵地的首要条件。学校教育作为以文化人重要阵地的突出优势就在于学校教育所覆盖的人群极广，能够以较快的速度，以有组织的、系统化的方式将先进文化传递给各级各类学子们，因此，这种文化传播的过程也是一种文化自信的培育过程，这实质上也就是要求学校教育在文化的价值选择中彰显鲜明的文化认同与文化自信，在学校教育中强化中华优秀传统文化、革命文化和社会主义先进文化教育。其次是选择中的文化引导。学校教育面对的群体主要是青少年，这个群体正处于思想、情感、身体的发展发育期，价值观念尚未定型，容易被各种各样新鲜奇异的文化现象所吸引与打动，他们也是亚文化圈层的活跃者，是各种文化实践的争夺对象，所以，恰当的文化引导对他们而言极为重要。学校教育若要完成以文化人的时代任务，就需要在正确的文化选择中，进一步做好学子们的文化引导工作，引导学子们学会思考、善于分析、正确抉择，积极主动亲近、热爱积极文化，远离荼毒心灵的负文化、反文化，在先进文化的化育中，扣好人生的第一粒扣子，并身体力行地将先进文化与社会主义核心价值观传播开来。最后是选择中的文化批判。既然是文化选择，就包含了肯定与否定两个方面的意蕴，有肯定的文化内容，就有否定的文化内容。在"乱花渐欲迷人眼"的开放性文化环境中，学校教育就要有批判不良文化的意识与能力，在育人中"对着负能量去有的放矢，正面交锋"[①]，让学校成为先进文化的传承中心与实践中心，让各级各类学子都能通过学校教育明确什么是要亲近的有营养的文化、什么是要远离的有毒的文化，争取在先进文化的滋养中顺利发展。

3. 创造先进文化

文化的"化人"和人对文化的"人化"之间是辩证统一的关系，文化在持续地对人产生影响的同时，人作为文化的创生主体，也在不断地创造着新文化，这也是以文化人实践应有的一种良性循环。学校教育作为重要阵地在担负化育学子的职责中，不仅要用既有的文化资源来化育学子，还要有不断创造先进文化的价值追求，让学校教育成为先进文化的传承、传

---

① 《习近平关于社会主义文化建设论述摘编》，中央文献出版社，2017，第34页。

播与创生中心，让化人之"文"永葆强劲的生命力，成为化育新人的一种持续性营养供给。创造先进文化在学校教育的价值追求中关涉两个方面。一方面，学校教育的育人主体要有创造先进文化的能力，能够在教学科研等工作中创造新的化人之"文"，为学生提供针对性强、契合度高的先进文化产品，在先进文化的创造中弘扬中国梦、激发青春梦，为学子们点亮理想的灯、照亮前行的路。另一方面，学校教育要培育学子们创造先进文化的能力。青少年学生是"梦之队"，是民族复兴的接力奋斗军，他们的文化实践关乎民族未来的文化风貌与国家未来的文化实力，在学校教育系统化的培育中，不仅要教会他们文化传承的意识与文化选择的本领，还要培养他们文化创造的能力。让以文化人的育人实践也能够在一代代青少年的承接中发挥积极的育人效应。

（三）做有文化自觉的学校教育者

在整个学校教育中，教育者使命担当的意识与能力都是影响育人成效的关键。他们肩负"传播知识、传播思想、传播真理，塑造灵魂、塑造生命、塑造新人的时代重任"[1]。所以，在学校教育中发挥好先进文化的"化人"影响，就需要教育者有与之相匹配的以文化人的意识与能力，按照以文化人的层次性原则要求，将高度的文化自觉融入各级各类学校教育中去。

1. 形成以文化人的理念自觉

"一定的发展实践都是由一定的发展理念来引领的。"[2] 学校教育者首先需要有以文化人的理念自觉，才能更好地立足学校教育这个阵地，践行以文化人的使命担当。

教育者要有以人为本的理念，在育人中不断满足人的文化性发展需求。当把以人为本作为一种思维方式来看待时，在对待一切问题上"既要坚持历史的尺度，也要坚持人的尺度"[3]，人的尺度便涵盖人的文化性发展

---

[1] 习近平：《思政课是落实立德树人根本任务的关键课程》，人民出版社，2020，第12页。
[2] 《习近平谈治国理政》（第2卷），外文出版社，2017，第197页。
[3] 习近平：《干在实处 走在前列——推进浙江新发展的思考与实践》，中共中央党校出版社，2006，第24页。

方式。故而，在学校教育中坚持以人为本的育人理念就要尊重并满足人的文化性发展需求，以文化人，毕竟"人民对精神文化生活的需求时时刻刻都存在"①。以文化人中的"文"是一种意义—价值体系，是人类本质力量对象化的产物，这里的本质力量体现在人所特有的自由的有意识的活动中。不仅文化的生成与发展有赖于人本质力量的发挥，而且人的本质力量的获取与发展也有赖于文化作用的发挥，即与文化是人化的结果相一致的是，人也是文化化育的产物。基于此，指向人的意义—价值世界建构的学校教育者，树立了以人为本的育人理念，就是认可了人的文化性存在方式，就是要将学校教育作为以文化人的重要阵地，用先进文化不断服务并满足人的文化性发展需求。

教育者要树立育人以强的理念，充分运用文化的影响力增强人的本质力量。坚持以人为本的学校教育，还要树立育人以强的理念，推动"人以一种全面的方式，就是说，作为一个完整的人，占有自己的全面的本质"②，不断增强人的本质力量，达到发展的理想状态。育人以强、推动人的全面发展需要教育者充分运用文化的影响力，提升教育对象的文化素养，毕竟"人的发展以精神文化为内核"③。我们所理解的文化尽管是来自自我本质力量的一种"对象化"成果，但并不意味着文化仅是一种彰显人类文明与伟大的"证据"。更深层次的意义在于文化有着育人以强的能力，能够让人突破自我的生物属性与生理局限，在精神世界的丰富中，以人的全面发展的方式进行实践，让实践更有利于人的本质力量的增强。

教育者要树立以文强国的理念，以群众文化素养的提升服务强国建设。无论是以人为本还是育人以强，其中的"人"都不是原子式的孤立体，不仅人与人之间是相互依存的，人的发展与群体的发展也是相互依存的。故而，可以说每个人的发展程度代表并影响了一个社会群众的发展程度，进而决定民族与国家的发展进程。在现代社会，文化发展是强国建设的重要内容，是实现民族复兴强大的精神力量。学校教育服务于民族与国

---

① 《习近平关于社会主义文化建设论述摘编》，中央文献出版社，2017，第8页。
② 《马克思恩格斯文集》（第1卷），人民出版社，2009，第189页。
③ 习近平：《干在实处 走在前列——推进浙江新发展的思考与实践》，中共中央党校出版社，2006，第291页。

家的发展，就要求其育人主体树立以文强国的理念，自觉运用先进文化的影响力，在以文化人实践中提升人民的文化素养，传承社会主流文化，提升群众的文化创造力，服务于强国建设，实现学校教育的社会属性与个体属性相统一。

2. 养成以文化人的内容自觉

以文化人的内容自觉既包括各级各类学校教育者在育人指导思想、纲领路线等顶层设计方面要有以文化人的视域，也包括在具体的育人素材方面能够充分汲取先进文化，发挥文以载道、文以化人的作用。习近平总书记指出要"坚持不懈传播马克思主义科学理论"，"坚持不懈培育和弘扬社会主义核心价值观"；① 他针对教育工作者又强调要"发挥教育在培育和践行社会主义核心价值观中的重要作用"②。而社会主义核心价值观的培育离不开文化熏陶。作为学校教育者，就是要守好以文化人的主渠道，提升先进文化的影响力。

要自觉用马克思主义育人，坚定理想信念。理想信念的形成是一个从个体自我意义世界的充盈到对群体性意义世界的认可，并坚定不移地信仰与努力的过程。其中不可避免地带有特定意识形态的期待，因此，教育者需要以正确的意识形态引导教育对象树立坚定的理想信念。坚定的理想信念源于个体精神——意义世界的充盈，但不止于个体自身生活与发展的理想期待，更是群体性、民族性的理想信念，即中国特色社会主义共同理想与共产主义远大理想。要补足这一精神之"钙"，就"必须用科学理论武装头脑，不断培植我们的精神家园"③。马克思主义就是人们坚定理想信念的理论基础，教育者首要的任务就是善于用马克思主义理论化育、启发教育对象，实现自我的意义世界与群体性意义世界的统一。

要自觉用社会主义核心价值观育人，引领社会文化思潮。学校教育与以文化人都是围绕一定的价值观展开的，价值观可以区分为一般价值观与核心价值观，核心价值观对一般价值观发挥引领与同化作用。核心价值观

---

① 《习近平谈治国理政》（第2卷），外文出版社，2017，第377页。
② 习近平：《在教育文化卫生体育领域专家代表座谈会上的讲话》，人民出版社，2020，第3页。
③ 《习近平关于社会主义文化建设论述摘编》，中央文献出版社，2017，第61页。

是文化的中轴，在经济全球化与改革开放深入发展的背景下，面对多元文化思潮的挑战，学校教育者要有高度的文化自觉，一方面用社会主义核心价值观育人，坚定教育对象的价值取向，正确认识多元文化思潮背后的推动力量；另一方面，能够用正确的价值观引领多元文化思潮。在一定的社会文化场域内，各种文化与价值观的影响力往往是此消彼长的关系，"一个场域中非常强大的行动者可以扭曲整个空间，引起整个空间根据与它的关系进行组织"①，在社会文化场域内，其中的"行动者"与"扭曲"可以理解为一定的文化及其所蕴含的价值观在整个社会文化领域中的影响力、引导力。教育者应根据教育对象的年龄与身份需求，引导教育对象培育和践行社会主义核心价值观，不断扩大正确价值信仰的群众基础，引导文化思潮朝着积极方向发展，挤压价值对立的文化思潮的生长空间。

要自觉用中国特色社会主义文化育人，增强文化自信。文化自信在宏观上体现了特定群体对本群体文化体系的充分认可，以及对其价值内核与生命力的高度信任；在微观上体现了群众对群体文化传承与选择的情感归宿与价值认同。文化自信凝聚了群众的精神力量，推动了国家事业发展，是"更基础、更广泛、更深厚的自信，是更基本、更深沉、更持久的力量"②。教育作为国之大计、党之大计，肩负着引导学生增强文化自信的重任，因此，教育者要自觉用中国特色社会主义文化化育学子，将中华优秀传统文化、革命文化、社会主义先进文化充分融入教学内容，以符合育人规律与文化发展传播规律的方式，将先进文化的精神内核融入教育对象的认知图式中，在学校的立德树人与文化的"化人"实践中积极建构起教育对象的文化认知、文化情感、文化实践体系，提升以文化人的效果。

3. 注重以文化人的方法自觉

发挥好学校教育在"化人"中的阵地作用，不仅需要理念与内容方面的革新，更需要以文化人的方法自觉，用文化的"化"法来育人，实现育人与"化人"的互促。教育者在具体实践中要运用好两类育人方法。

一是寓教于文。教育者对教育对象思想素养、文化选择等方面的期

---

① 〔美〕罗德尼·本森、〔法〕艾瑞克·内维尔主编《布尔迪厄与新闻场域》，张斌译，浙江大学出版社，2017，第 9 页。
② 《习近平关于社会主义文化建设论述摘编》，中央文献出版社，2017，第 16 页。

待都代表着一定本质文化的价值取向，本质文化是相对于各种具象的文化形态与文化形式而言的，是哲学意义上所强调的文化的内在规定性，可以理解为历史地凝结成的，在特定时代、特定民族或特定人群中占主导地位的生存方式。寓教于文就是将教育者的育人期待与对应的本质文化相对接，并以具体、生动的文化形式呈现出来。比如，将爱国主义教育与革命文化所展现的大无畏的牺牲精神与坚定的报国信念相对接，用反映革命精神的影片、故事厚植教育对象的爱国主义情怀。寓教于文的方法不仅实现了教育的育人意旨与育人载体的融合，更拓展了以文化人的渠道，将先进文化的精神意涵与教育对象的意义世界接榫，创设了以文化人的场景条件。

二是以文达教。以文达教就是在文化的传承与习得中，发挥文化无声的化育力。学校教育作为以文化人的重要阵地，就要善用以文达教的方法，既要积极主动运用社会文化资源，在先进文化的习得与传承中，引导教育对象认可并接纳社会所期待的意识形态与行为方式，推进自我的社会化进程；又要善于运用社会文化现象尤其是热点文化现象，引导教育对象形成正确的价值观念，帮助教育对象明辨是非。以文达教的方法有助于发挥先进文化在人的成长中的濡化力、感召力与滋养力，在文化价值的凸显中，引导教育对象亲近化人之"文"，并按照先进文化所期待的方向思考与实践。

4. 增强以文化人的环境自觉

在人的对象化实践中，不仅人创设了人化环境，而且环境在打上人的烙印的同时也在持续性地对人发挥着作用。学校教育者若想充分发挥好先进文化的传承与教化作用，就不能孤立、封闭地以文化人，还需要注重文化环境建设，形成合力。

教育者要推进先进文化融入教育对象的日常生活中，以期"让人们在实践中感知它、领悟它"[①]。对育人者而言，要关注四个层面环境的建设，第一个层面是家庭。家庭层面的文化影响主要指向启蒙与支撑。教育者育人工作不仅关注技法层面，更关心精神世界，而人的精神世界是环境作用

---

① 《习近平关于社会主义文化建设论述摘编》，中央文献出版社，2017，第109页。

的结果,家庭环境是重要的启蒙与后续支撑因素。学校教育者要善于与教育对象的家庭环境对接,倡导家庭文化环境对育人所期待的文化环境进行积极的支持与补充,实现家校以文化人的联动。第二个层面是校园。校园层面的文化影响主要指向训育与引导。先进文化既要融入校园内的各项课程与服务管理之中,又要融入校园文化建设中,增强教育对象在校园学习与生活中的文化意蕴,开展形式多样、健康向上、格调高雅的校园文化活动,主动创设有利于先进文化化育教育对象的文化环境。第三个层面是社会。社会层面的文化影响主要指向规范与熏染。教育者不仅有课堂育人的职责,更应当肩负起在社会上倡导真善美、引领社会风尚的使命,通过舆论宣传、言行示范等多种形式弘扬先进文化,营造以文化人的社会氛围。第四个层面是网络空间。网络空间的文化影响渗透到社会生活的方方面面。各级各类教育工作者不仅要熟悉网络空间的文化动态,还需要有积极引导学生正确选择网络文化的意识与能力,去构建网上网下同心圆。

二 新闻舆论:以文化人的重要领域

对任何国家而言,新闻舆论工作都是进行文化宣传与意识形态引导的重要领域,以文化为载体,新闻舆论工作者将一定阶级的政治立场、文化选择、价值理念、实践期许等层面的倾向传播给群众,对群众的思想与行为各方面的发展有着极为重要的渗透作用与引导作用,充分体现了文以载道、文以化人的影响力与重要性。习近平总书记曾极为形象与深刻地用"推进器""晴雨表""黏合剂""风向标"形容好的舆论,用"迷魂汤""分离器""软刀子"等形容坏的舆论。为了让新闻舆论发挥出舆论化人的育人作用,需要进一步明确新闻舆论这一重要育人领域的职责使命、价值遵循与实践要求。

(一)舆论化人的职责使命

马克思、恩格斯在无产阶级的斗争实践中意识到新闻舆论工作对群众的巨大影响力,曾亲自创办并运营《莱茵报》,认为新闻舆论是"人民精神的千呼万应的喉舌"①，并进一步强调了无产阶级新闻舆论工作的职责使命，认为新闻舆论工作要服务于无产阶级政党的解放事业；传播真实的和纯洁的信息，为人民明视听，获取人民的支持与信任；批判资产阶级各种不正确的思想舆论，与之作斗争；等等。中国共产党发展了马克思主义新闻思想，坚持发挥新闻舆论工作对群众的化育力。毛泽东曾结合《晋绥日报》的工作表达了自己对新闻舆论工作的看法，认为"它能使党的纲领路线，方针政策，工作任务和工作方法，最迅速最广泛地同群众见面"②。这表达了毛泽东对新闻舆论工作的重视。习近平总书记继承了马克思主义新闻观，总结党新闻舆论工作的历史经验，从新的时代背景与国家发展的历史方位出发，对新闻舆论工作的职责使命提出了"48字要求"，即"高举旗帜、引领导向，围绕中心、服务大局，团结人民、鼓舞士气，成风化人、凝心聚力，澄清谬误、明辨是非，联接中外、沟通世界"③。"48个字"与马克思主义新闻舆论观一脉相承，蕴含了新时代新闻舆论工作传播先进文化、培育新人的职责和使命。

高举旗帜、引领导向。旗帜性与导向性关乎新闻舆论的政治方向与价值倾向，也关乎育人的方向性与阶级性，与以文化人的实践逻辑相契合。作为"喉舌"，新闻舆论代表统治阶级的意识形态与育人倾向，当前，强调高举旗帜，就是高举中国特色社会主义伟大旗帜；引领导向，就是发挥新闻舆论的价值引导力，将群众的思想与行动统一起来，共同推进中华民族伟大复兴中国梦的实现。在践履高举旗帜、引领导向的职责使命的过程中，新闻舆论工作一方面是维护好、阐释好执政党的理念、方针、政策，营造有利于治国理政的舆论氛围，解读中国特色社会主义的理论与实践，并为之摇旗呐喊；另一方面是聚焦群众的生活样态，通过积极的议程设置、正向的价值引领、典型事件的宣传解读等方式，引导大众开展与社会主流舆论及价值导向相一致的文化生产实践。

围绕中心、服务大局。新闻舆论工作对经济发展这个中心与党和国家工作大局的服务与推动作用，充分体现了文化在社会发展中的重要作用。

---

① 《马克思恩格斯全集》（第6卷），人民出版社，1961，第275页。
② 《毛泽东选集》（第4卷），人民出版社，1991，第1318页。
③ 《习近平谈治国理政》（第2卷），外文出版社，2017，第332页。

以文化人化的是社会主义建设者与接班人，是堪当民族复兴大任的时代新人。无论是社会主义事业的发展还是民族复兴大业的实现都是建立在发达的社会生产力与雄厚的物质经济基础上的，而育新人更是要从党和国家工作大局出发，按照社会发展的要求育人。新闻舆论工作紧紧围绕大局，将经济发展作为宣传、鼓动的主战场，引导群众服务于党和国家的整体安排，有助于将以文化人中宏观的育人目标、育人任务与具体而生动的伟大实践相结合，提高以文化人的实效性。

团结人民、鼓舞士气。文化是人们社会实践的产物，天生具有凝聚力与推动力。人们常因共同的文化信仰与文化实践相知相聚，因相异的文化习惯与价值选择分散疏离；人们也常因深化认知、坚定信念的舆论宣传而不懈奋斗，更因消磨意志、腐蚀心境的"靡靡之文"而懈怠沉沦。也正因如此，才显现出用先进文化凝聚群众、激发斗志的重要性。团结人民、鼓舞士气，就是要充分发挥先进文化的动员力，用好的舆论丰富人民的精神生活，激发全民族奋斗的精神动力，展示先进文化对群众与民族精神世界、精神风貌的化育和塑造。

成风化人、凝心聚力。在当前，成风化人、凝心聚力就包括培育与践行社会主义核心价值观，营造先进文化的育人氛围。其实质就是将先进文化嵌入新闻舆论工作中，发挥文以载道、文以化人的力量。具体而言，在全媒体的时代背景下，发挥新闻舆论无孔不入、无处不在的存在优势，以新闻舆论工作为渠道，将先进文化播撒到群众生活的每一个场域，让选择与践行先进文化成为一种文明风尚，在正能量的化育中，将群众的精神世界引导到与先进文化相一致的价值框架内，积聚起民族复兴的精神力量。

澄清谬误、明辨是非。以文化人的践履不仅需要发挥先进文化的育人作用，还需要时刻与错误的思想认知作斗争，排除以文化人的干扰因素。新闻舆论工作就是在批驳谬误与辨析是非的过程中坚守正义与真理，坚持思辨性与原则性相统一，服务于以文化人的时代任务。

联接中外、沟通世界。新时代新闻舆论工作在联结中外、沟通世界的使命践履中，传承并弘扬了中华民族以文化人、搭建国际文化沟通桥梁的优秀传统，实现了"以理服人，以文服人，以德服人"①。通过新闻舆论工作的传播与宣传，在价值取向相近、意识形态趋同的国家间，能够增进信任，进一步巩固化育对象的"团结层"；在价值取向相异、意识形态不同的国家间，通过新闻舆论工作，有助于塑造良好国家形象，化解冲突，扩大化育对象的"团结层"。

（二）舆论化人的价值遵循

践行"48个字"的职责使命，实现以新闻舆论工作为依托，达到用先进文化影响群众的目的，离不开正确的价值遵循。

用马克思主义指导新闻舆论工作，把牢化育群众的方向性。坚持怎样的理论指导，就意味着新闻舆论工作将群众化育到哪个方向去。在中国特色社会主义的育人导向中，必须坚持正确的理论指导，"要深入开展马克思主义新闻观教育"②，这个"观"密切关联育人工作中的世界观与价值观，坚持了正确的新闻观就是坚持了新闻舆论工作正确的前进道路与育人方向。马克思主义新闻观从人民的立场出发，结合无产阶级政党建设、发展、战斗的实际需求，就新闻舆论工作的重要地位与作用，以及如何做好新闻舆论工作进行了深刻分析。从育人的角度出发，坚持马克思主义在新闻舆论工作中的指导地位，就是要坚持党性原则。党媒要"爱党、护党、为党"③，在所有的工作中都要"体现党的意志、反映党的主张"④。只有如此，才能切实让新闻舆论成为宣传、解释、普及党的主张的前沿阵地，用党的最新思想体系武装人民，用先进的文化成果化育群众，保证新闻舆论工作引导群众的方向与党期待的方向一致。马克思主义在对无产阶级政党党性强调的同时，也极为关注人民的立场，所以新闻舆论工作中的党性与人民性是统一的。任何育人的工作都离不开教育对象的配合，都需要考虑教育对象的发展期待，以文化人亦是如此。新闻舆论作为成风化人的阵地，需要遵循以人民为中心的舆论宣传价值立场，这与党性是统一的。作

---

① 《习近平关于社会主义文化建设论述摘编》，中央文献出版社，2017，第201页。
② 《习近平关于社会主义文化建设论述摘编》，中央文献出版社，2017，第43页。
③ 《习近平关于社会主义文化建设论述摘编》，中央文献出版社，2017，第41页。
④ 《习近平关于社会主义文化建设论述摘编》，中央文献出版社，2017，第41页。

为无产阶级政党,党除了代表人民,为人民谋利外没有任何私心,人民性就代表了党性,党性亦巩固着人民性。坚持新闻舆论工作的人民性,就是要从人民的利益诉求、生活需求、发展期待出发,选择素材,创作文化产品,将人民作为新闻舆论工作的价值主体,在为了人民、依靠人民的过程中,赢得人民的青睐与信任,进而达到用正确的舆论导向、优质的文化产品影响群众的目的。

以正确的舆论导向、正面宣传新闻舆论,提高化育群众的实效性。虽然新闻舆论工作能迅速渗透到群众生活中,对其思想与行为产生潜移默化的影响,但并非所有新闻舆论的影响都是积极有效的。对群众干事创业之心有益、对群众精神需求有助、对群众境界提升有利的新闻舆论,才能有效发挥出积极的化育效应;反之,超越性缺失、引领性模糊的新闻舆论只能混淆群众视听,甚至可能煽动群众做出与社会发展不符、于自我发展不利的行为。所以,新闻舆论工作的每个环节、每一方面均需坚持正确舆论导向,必须坚持正面宣传为主。舆论导向背后折射的是新闻舆论工作的话语权、主导权归于何处的问题,进一步影响到新闻舆论为谁化育群众、朝什么方向化育群众的问题。马克思主义政党从来不否认新闻舆论工作的阶级性、政治性,强调要政治家办报,新闻舆论如若不能为真正的马克思主义者所掌握,舆论导向与党和人民的立场相异,就会带来严重的危害和巨大的损失。所以,保证化育群众的正确方向,提高育人实效性,就要坚持新闻舆论的导向与党和国家的大局一致,以"四个有利于"[①]为衡量标准,与错误的观点、思潮作斗争,切实将群众的思想与行为引导到中国特色社会主义道路上来。与舆论导向同样重要的是正面宣传。正面宣传关乎群众动力的激发,通俗说,就是新闻舆论是给群众泄气还是打气。在新的历史条件下,党和国家面临许多硬骨头要啃,啃硬骨头,既需要智慧与勇气,又需要斗志与凝聚力,新闻舆论就是要发挥正面宣传、激发斗志、凝聚人心的积极作用。一方面将视角聚焦到社会主流思想中,传播先进文化、弘扬正能量,丰富群众的精神世界,提升群众的思想道德素养;另一方面针

---

① 四个有利于,即有利于坚持党的领导和社会主义制度,有利于推动改革发展,有利于增进全国各族人民团结,有利于维护社会和谐稳定。

砭时弊，在对现实的舆论监督中，革除社会与群众生活和思想中的毒瘤，有效激发群众干事创业的精神气，壮大共同奋斗的群众基础。

结合中国实践、传播中国精神，提升化育群众的针对性。在整个育人实践中，化育对象的处境至关重要，这个处境既包括化育对象物质生产实践的条件与状态，又包括化育对象的思想与精神状态，能否在育人中关照到化育对象的处境，便决定了育人实践能否与化育对象的发展视域相交融，只有实现视域交融的育人实践才是有针对性的。这就需要新闻舆论尽可能与化育群众实现视域交融，将先进文化渗透至化育对象的思想深处。然而，在多元文化大交融、文化消费主义盛行的背景下，视域交融不等于迁就、迎合化育对象低俗的感官需求，不等于向市场献媚，而是需要一种植根于化育对象生活实践，能够代表化育对象整体精神诉求与发展利益的新闻舆论。这便要将新闻舆论工作与生动的中国实践相结合，传播中国精神。中国实践是群众生动的生活样态，中国精神就是一代代中国人创造并传承下来的精神财富。结合中国实践、传播中国精神一方面需要一种宏观格局，将新闻舆论工作与中国特色社会主义伟大实践相结合，与以爱国主义为核心的民族精神、以改革创新为核心的时代精神相结合，用中华儿女的伟大实践与精神财富化育助力实现中国梦的时代新人，提高育人的针对性。另一方面需要一种微观视野，将中国实践还原为一个个具体的百姓生活样态与生产实践，将中国精神具象化为一幅幅群众积极奋斗、崇德向善的生活图景，并"及时把人民群众创造的经验和面临的实际情况反映出来"[①]。因为人们更容易接纳与自己生活实践相同或是有关的信息，更容易接纳对群众充满深切关怀的新闻舆论，更容易在针对性强的新闻舆论中接受价值引导与思想洗礼。

（三）做党和人民放心的新闻舆论工作者

新闻舆论工作是一种特殊的社会实践，工作者们将世间百态，加工为精神产品，推送给群众，在这个过程中，群众所接触到的不仅是经过专业加工的精神成果，更是加工者的动机与目的。若想通过这一领域发挥好成

---

① 《习近平谈治国理政》（第2卷），外文出版社，2017，第332页。

风化人的影响力，新闻舆论工作队伍就要具备以文化人的使命担当，即"政治坚定、业务精湛、作风优良、党和人民放心"①，其中"党和人民放心"是根本的落脚点，这一落脚点的坚实与否在于工作者们能否做到"政治坚定、业务精湛、作风优良"。

政治坚定。新闻舆论的推送与传播就是以文化人的过程，而任何涉及舆论宣传与育人的工作都绝非单纯的业务性工作，都带有突出的政治倾向性。新闻舆论工作者作为成风化人的育人主体需要有清醒的政治头脑、坚定的政治担当，以此来保证推送的新闻舆论能够按照党和国家的期待影响群众。首先，要树立马克思主义新闻观。马克思主义新闻观从思想上澄清了对新闻舆论工作的认知，具有积极的解释意义。对何为新闻舆论、该工作应当发挥怎样的作用，以及无产阶级如何做好这一工作等系列问题提供了强大的理论解释框架。同时，马克思主义新闻观极具批判性与辩护力。一方面，批判并揭露了资本主义社会虚假的新闻自由，批判了资产阶级新闻舆论为少数利益群体吹嘘、掩护的虚伪本质；另一方面，毫不掩饰地肯定了新闻舆论在无产阶级运动与政党建设中的"喉舌"地位，为广大无产阶级的利益与话语权辩护，确认了新闻舆论宣传中的党性原则与人民立场，为一切在物质与精神上受压迫受奴役的群众辩护、代言，扭转了"沉默的大多数"无处发声的尴尬处境。其次，要同党中央保持高度一致。作为化育群众的重要主体，新闻舆论工作者要代表党的利益，贯彻党的育人思想。以正确的政治方向、坚定的政治信仰与政治立场传播舆论，引导群众维护党和国家的发展大局，向党中央看齐，维护党中央的权威。用坚定的政治担当，潜移默化地提升群众的政治觉悟与政治素养，将群众化育到正确的轨道上去。再次，宣传好党的理论、路线、方针、政策。党的理论、路线、方针、政策作为社会主义先进文化的重要组成部分，具有积极的育人价值，需要经由恰当的方式传播给群众。新闻舆论工作者需要通过恰当的阐释与编码，将高度凝练的政策化话语转换为充满生活气息的舆论宣传，将高大上的路线方针融入百姓的日常实践，忠实地服务于党的理论宣传。最后，要遵守党的纪律、规矩，具有坚定的政治定力。习近平总书

---

① 《习近平谈治国理政》（第2卷），外文出版社，2017，第333页。

记用"五个事关"① 强调了新闻舆论工作的重要性，可以说新闻舆论战线崩溃了，群众团结奋斗的基础就不保，其他各项事业发展都要深受威胁。在舆论宣传领域的各种价值争论中，工作者们要以磐石般的政治定力，切实遵守工作中的各项纪律、规矩要求，坚持用正确的舆论导向、正面的言论宣传化育群众，将群众从纷繁的舆论杂音中解救出来，用好的舆论滋养群众、引领思想。

业务精湛。信息时代新闻舆论领域发生了前所未有的变化，与人们生活实践深度交融的互联网变更了传统的新闻舆论格局，原有的国家纵向有序的新闻舆论传播机构遭遇网状铺设的各类新媒体的挑战，刚性的主导舆论宣传场域被各种次生的舆论场围绕，既有稳定性、权威的主流舆论面临多种杂音侵扰等。新变化带来了诸多新问题，新闻舆论工作者需要具备更精湛的业务能力，才能在"人人都有麦克风"的时代，捕捉到群众需求，让主流媒体的声音进入群众生活实践，发挥良好的化育效应。正如习近平总书记所指出的要"勤学习、多锻炼，努力成为全媒型、专家型人才"②。结合此要求，新闻舆论工作者首先要认真"学"。在复杂的网络环境与全球化的背景下，通过新闻舆论工作传递出以文化人的价值主张，要实实在在体现在几个重要的方面：在信息传播中引导群众正确看待当代中国社会发展与外部世界的诸种变化；引导群众在纷纷扰扰的信息流中，坚定正确舆论观与价值观；引导群众在社会急速转型中理解党和国家的政策方针，明晰社会的发展方向；引导群众在多元文化与多元价值的环绕中，坚持选择并实践先进文化，培育并践行社会主义核心价值观，凝聚社会共识；等等。这一系列育人目标的达成需要新闻舆论工作者有坚实的理论功底与宽厚的业务知识，抓好学习。其次，俯下身"做"。一方面是要遵循规律开展实践。任何事物的存在与发展都有其客观、普遍存在的规律，人们不可以变更规律，但可以通过认识与掌握规律，提升实践能力，实现主观期待

---

① 2016年2月19日，习近平总书记在党的新闻舆论工作座谈会上强调："做好党的新闻舆论工作，事关旗帜和道路，事关贯彻落实党的理论和路线方针政策，事关顺利推进党和国家各项事业，事关全党全国各族人民凝聚力和向心力，事关党和国家前途命运。"引自《习近平关于社会主义文化建设论述摘编》，中央文献出版社，2017，第38页。

② 《习近平谈治国理政》（第2卷），外文出版社，2017，第333页。

与客观情况的统一。任何工作都有其实践规律，新闻舆论工作要把握好时、度、效，增强吸引力和感染力，更好进入群众的视听域，产生化育影响。"时、度、效"分别指向对新闻舆论工作的时间、尺度、效果的规律性认知。具体而言，新闻舆论工作者要增强时效性，对群众关心的问题及时反馈，有步骤跟进，既要满足群众了解事实的期待，又要实现对群众的价值引导。要把握舆论宣传的力度与分寸。弄清楚哪些是要弘扬的、哪些是要摒弃的，恰当安排好宣传的密度与力度。让积极、有营养的舆论宣传弥散在群众生活可触的各种媒体中，发挥文化产品的积极作用；对社会中的假、丑、恶要勇于批判，彻底摒弃，匡正群众的价值取向，引导理性的社会心态。要尊重并讲究舆论宣传的效果。面对群众日益上升又多元发展的精神文化需求，能够采用分众化的推送策略与群众视角的叙事手法，服务群众、化育群众。根据群众的需求满足度与精神面貌的现状，实实在在考量新闻舆论工作的效果，避免出现有付出无收获的徒劳的化育实践。另一方面是创新性开展实践。面对新形势，唯有不断推进理念、内容、手段、体制机制等全方位创新，才能充分与持续发挥新闻舆论化育群众的渠道优势。理念创新关乎从业者的眼界与思维，能够使其保持思想的高敏锐度，破除思维桎梏，不断以更开阔的视野、更符合时代特征的思维展开舆论宣传；内容创新关乎化育群众的资源，是最根本的创新，新闻舆论工作者把品质更高、形式更多样、可视听性更强的内容呈现给群众，才能深入人心，发挥新闻舆论的积极作用；手段创新关乎化育群众的方法，在信息化社会中，新闻舆论工作者最终要遵循信息找人的法则，充分利用新技术、平台，做好媒介融合发展，形成网上网下"同心圆"，进而，扩大新闻舆论成风化人的辐射面；体制机制创新关乎化育群众的制度支撑，用先进制度提升新闻舆论的发展活力，破除不利于新闻舆论工作发展的路障，推动新闻舆论良性发展，更好地服务于群众的精神文化需求。

作风优良。对新闻舆论工作者而言，是否具备好的作风直接关系到是否有好的文风，是否有心系群众的情怀，是否能正确进行价值引导等一系列影响舆论化人的关键问题。新闻舆论工作者要始终关注"'为了谁、依靠谁、我是谁'这个根本问题"，"俯下身、沉下心，察实情、说实话、动真情","保持一身正气"。①优良作风的养成需要坚持以人民为中心。只有把自己视为人民一分子,将人民的生活实践、精神诉求视为创作源泉与工作出发点,将服务好人民作为工作归属点,才有可能在情感上与群众形成共鸣,在实践上与群众生活同轨,进而推出能打动民心的新闻舆论。优良作风的养成还要有深入人民、大兴调查研究的务实劲。调查研究是新闻舆论工作者的基本功与成长成才的根本路径。新闻舆论是推给人民的,需要将人民的思想行为作为新闻舆论的表现内容,切实反映群众真实的生活样态与精神风貌,这就需要深入人民开展调查研究。用真实、鲜活的精神产品吸引群众、感化群众。优良作风的养成离不开优良的文风。要反对穿靴戴帽的八股文风,提倡有个性、展特色的文风,提倡沾泥土、带露珠、冒热气的文风,提倡精炼、新颖、务实的文风。优良的文风就是群众所期待的文风,就要有走进群众内心深处的力量。优良作风的形成更要有彰显正气的道德素养。新闻舆论工作者是社会舆论导向的重要引领者,需要有比群众更高的道德素养,能够不为权、不为利,坚守道义,敢于说真话、做实事,在任何时候都能推送内容真实、导向正确的新闻舆论化育群众。

三 文学艺术:以文化人的重要载体

文学艺术向来与群众精神生活密切相关,是以文化人的重要载体。要用有筋骨、有道德、有温度的作品来鼓舞人心,用"理性之光、正义之光、善良之光照亮生活"②。

(一) 用文艺启迪人民

文学艺术是人们通过话语符号来展现社会生活的一种实践,在具体的文艺对象塑造中,折射出一个时代、一个群体的生活样态与精神风貌。从实践的属人性与为我性出发,一切文学艺术都应该成为服务于人的发展、社会进步的实践工作,其产出的作品应当发挥积极的文化启迪作用,要

---

① 《习近平谈治国理政》(第2卷),外文出版社,2017,第333~334页。
② 《习近平关于社会主义文化建设论述摘编》,中央文献出版社,2017,第180页。

"引导人们找到思想的源泉、力量的源泉、快乐的源泉"①。

1. "文"以载道

文学艺术作为一种文化实践与文化形式,既不是纯粹的人的思维产物与自我表现,也不是社会生活在人脑中的简单投射,它是一个复杂的精神生产过程与精神表现形式,是一种特殊意识形态。故而,一切将文艺视为人们自我精神运动的产物或是社会生活的僵硬反映的错误看法,都忽视了文艺的灵魂所在,忽视了文以载道的重要内涵。文艺不仅是认识的产物,更是创造性的思想价值载体,是"思想和价值观念是灵魂,一切表现形式都是表达一定思想和价值观念的载体"②。这个思想、价值观念就是文艺所载之"道"。为了突出这个"道",一方面,要坚持文艺是铸造灵魂的工程,也就是说,文艺要有精神内核,要能够传道解惑,化育民众。另一方面,要批判将文艺创作与"文"以载道相分离的现象。有些人将文艺看作文艺工作者自我表现的一种方式与介体,只讲究自我的情感宣泄,将文学艺术作为一种自我抒情、自我娱乐的平台,好玩、满足自我情感想象就够了,管他能不能载"道"化人;还有人将文艺仅视为谋生赚钱的手段,花花架子摆得多,只要有利可图,不问精神内核;等等。针对这些轻视精神内核的文艺生产,习近平总书记指出,"文艺是给人以价值引导、精神引领、审美启迪的"③,"其他事情搞得再热闹、再花哨,那也只是表面文章"④。

2. "文"观社情

之所以将文学艺术视为化育人的载体,就在于它与人的生存密不可分,它来自人的社会实践,表现人的社会生活,作用于人的思想情感。习近平总书记指出,"谈文艺,其实就是谈社会、谈人生"⑤。文学艺术也正是在对社风民情的观察与反映中,推动人们更深入地了解社会,引发人对存在价值、意义及路径的思考,展示出化育人的深刻意蕴。一方面,文

---

① 《习近平关于社会主义文化建设论述摘编》,中央文献出版社,2017,第180页。
② 《习近平关于社会主义文化建设论述摘编》,中央文献出版社,2017,第174页。
③ 《习近平关于社会主义文化建设论述摘编》,中央文献出版社,2017,第158页。
④ 《习近平关于社会主义文化建设论述摘编》,中央文献出版社,2017,第153页。
⑤ 习近平:《在文艺工作座谈会上的讲话》,人民出版社,2015,第8页。

艺对人、事、物的塑造展示了特定的时代语境与社会背景,或明示或隐喻对社会的态度,影响人们的社会情感与社会认知。文艺是时代变迁和社会变革的先导,最能够代表时代风貌,引领时代风气。历史唯物主义认为,一切观念化的产物都受制于物质生产以及基于物质生产而形成的社会关系,相应,观念化产物也以各种形式反映一定社会物质生产方式与社会关系内容。文艺作为一种重要的观念化产物自然表征一定时代内涵。那么文艺又是如何影响人的社会情感与社会认知呢?与直接的社会实践所获取的认知与情感体验不同,文艺以一种间接方式影响人对社会的看法。但是这种间接方式的影响面非常广,与专业性理论知识和技能传授不同,文艺作品的感官体验感强、理解门槛低,更容易吸引人的关注。尤其是在信息时代,技术的应用赋予文艺作品极强的感官冲击力,仿真技术的运用给人们提供了一种更为真实的生理体验,使依靠文艺作品而间接获取社会情感与社会认知变得更为真实、深刻。人们也在这种逼真的体验中,接受了文艺作品潜移默化的影响,认可其中所蕴含的社会态度。另一方面,文艺通过对故事的叙述,引发人们对人生的思考与选择。人的存在是一种社会性存在,人对自我存在与发展的关注从来都不是独立的,而是有许多参照物,他人的故事便是重要参照物。他人故事不仅来自身边人的真实演绎,更来自文艺作品的生动展现,"文艺深深融入人民生活,事业和生活、顺境和逆境、梦想和期望、爱和恨、存在和死亡,人类生活的一切方面,都可以在文艺作品中找到启迪"[1]。文艺通过创设一定场景,将生活中典型的生活样态与较为有冲击力的人生体验融入文艺作品的人物塑造中,为人们提供更为便捷的方式去体验人生,引发人们思考与选择。文艺正是在对他人故事的叙述中,展示社风民情,展示多样人生轨迹,将特定的思想与情感倾向流露出来,感染群众。这种"文"观社情所展示出的影响力对青年尤为大。习近平总书记也指出,"文艺对年轻人吸引力最大,影响也最大"[2]。青年正处于世界观、人生观、价值观形成的关键时期,热切渴望了解社风民情,把握人生发展,文艺恰好提供了一个感性、具体的途径来满足青年

---

[1] 习近平:《在文艺工作座谈会上的讲话》,人民出版社,2015,第8页。
[2] 习近平:《在文艺工作座谈会上的讲话》,人民出版社,2015,第8页。

的精神需求，进而潜移默化地影响青年，传递出文艺化人的深刻意蕴。

3. "文"润心灵

文学艺术启迪人民的内涵还体现在艺术所追求的最高境界与人们客观存在的精神文化需求一拍即合，在契合的过程中实现滋润心灵的效果。一方面，人们的精神文化需要时时刻刻都存在，人作为生物属性与社会属性的统一体，不仅有吃穿住行等物质层面的需求，还有愉悦心灵、充盈内心的精神层面需求。精神层面的需求在物质层面需求不断满足的过程中日益凸显。当前，在社会物质财富积累的过程中，人们的物质生活水平迅速提升，其中便衍生出对多样类型、高质量精神消费品的需求，文艺便是大众化的精神消费品。人们对文艺作品的欣赏与消费，不仅是消遣闲暇时间，还下意识或有意识蕴含着文艺作品能够丰富精神世界的期望，即期望文艺能够滋润心灵。这种对"文"润心灵的期待在现代化社会尤为突出，工业文明的勃兴在推动社会物质财富增长的同时，也带来了快节奏生活的压力以及人与自然的矛盾冲突等负面影响，这种负面影响或有形或无形地加剧了现代人的精神压力，亟须释放，一些人便选择文艺作品作为压力释放途径，在文艺作品中寻求心理安慰、精神释放、思想启迪。另一方面，文艺的境界追求使其能够满足人们的精神文化需求，滋润心灵。文艺之所以能够发挥出"举精神之旗、立精神支柱、建精神家园"[①]的作用，很重要的一点在于文艺高远的境界追求，能够让人动心，让人发现自然的美、生活的美、心灵的美。正因文艺直达灵魂的境界追求，它才能够在生动、深刻的形象塑造中启迪人心。由此，文艺便迥异于普通物质消费品，转而有了能与欣赏主体共鸣、对话的重要价值，文艺也在对人们精神需求的满足中，影响人们的思想观念、价值取向与行为轨迹，这都进一步确认了文艺启迪的作用。

（二）文艺启迪的价值遵循

尽管文艺承担着启迪人民的使命，文学艺术天生就应当是以文化人的重要载体，但是，实然层面的现状与应然层面的期许并不统一，现实中出

---

① 习近平：《在文艺工作座谈会上的讲话》，人民出版社，2015，第6页。

现了一些文学艺术作品无力化人或者将人化上邪路的情况。基于此，举立文艺启迪应有的正确价值遵循就尤为必要。

1. 反对历史虚无主义，高擎民族精神的火炬

改革开放以来，在宽松的文化氛围与境外文化的渗透下，国内衍生出一股"贬低中华文化，否定中华民族的历史贡献，否定近代以来中国人民的奋斗史，歪曲中国共产党的历史、中华人民共和国的历史，歪曲改革开放的历史"①的历史虚无主义思潮。这种不良思潮在现实生活中不一定以直白的方式呈现给群众，常以隐性叙事的形式潜藏在各种文化作品中，其中，文艺创作便是历史虚无主义热衷栖身的重要场域。一些文艺创作抓住群众的猎奇与娱乐心理，从少数人的思想意识、价值观念出发来呈现所谓的历史演进轨迹；从细枝末节的历史现象出发来重现所谓的历史真相；从文艺作品的剧情需要出发来重构史料场景与历史脉络，用荒唐的唯心史观替代科学的唯物史观。这种文艺叙事的荒谬还体现在以孤立、静止、片面的方法叙述历史，通篇作品中，不是基于对历史资料的全面占有来分析史实，而是基于自己有限的、真伪不定的资料来刻画人物；不是基于对历史语境的充分尊重来考据历史史料的可信度，而是形而上学得出感官性结论；不能以辩证性、发展性的眼光来看待历史，而是过度放大发展的挫折与社会阴暗面。从文艺化人的价值遵循来看，文以载道、文以言志，反对历史虚无主义错误的价值倾向，就要高擎民族精神火炬。要认清楚民族精神来自民族真实的历史延展与历史传承，认清楚民族精神是一切优秀文艺创作的重要表现内容，认清楚民族精神是在科学唯物史观基础上凝练与展现出来的。在具体的价值遵循层面，一方面要站在中华民族伟大复兴的高度看待高擎民族精神火炬的重要性，要明确一旦缺失了文化精神支撑，一个国家、一个民族不可能屹立于世界民族之林。其中，文艺创作就是传递先进文化、丰富群众精神世界的重要依托，将中华民族在长期的历史实践、奋斗拼搏中所展现出的独特精神标识，通过深刻、生动、具象的文艺作品传播、传承。另一方面，明晰今天文艺工作要传承的民族精神具体内涵是什么。民族精神就是中国精神，中国精神是社会主义文艺的灵魂，社会主

---

① 《习近平关于社会主义文化建设论述摘编》，中央文献出版社，2017，第34页。

义核心价值观是当代中国精神的重要价值内核,"文艺在培育和弘扬社会主义核心价值观方面具有独特作用"①,因此,一切文艺创作都应当以文艺化人为准则,传承民族精神,用饱含家国情怀的优秀作品,高擎民族精神火炬,激励群众奋勇前进。

2. 反对所谓为艺术而艺术,吹响时代前进号角

习近平总书记极为重视文艺创作的实践基础与群众立场,批判所谓的"为艺术而艺术"②的文艺取向。一部分文艺创作者们打着"为艺术而艺术"的旗帜,认为"只有毫无用处的东西才是真正美的;一切有用的东西都是丑的"③。在这种价值主张下,一部分文艺创作单一地专注自我表现,不关心文学艺术与人民生活、时代发展的关系,沉溺于狭隘的茕茕子立、喃喃自语。这种错误的价值选择集中表现为两个方面。一方面,将文艺生产的独立性绝对化,忽视了文艺生产与社会的复杂联系。辩证唯物主义认为一切事物都是相互联系的,没有绝对孤立的事物,文艺生产亦是如此,其不是封闭的生产场域。现代性的发展就是政治、经济、文化等一系列半主动并逐渐专业化的行动场日趋分化的一种过程,而各个场域的运作都不是绝对自主的,而是分别围绕"自律"与"他律"的两极展开,其中,"自律"代表场域自我的力量,"他律"代表外部的力量。文学生产场受制于经济、政治等各种影响,在诸多"他律"的作用下进行生产。那么,从联系的观点与场域理论来看,一切所谓的"为了艺术而艺术"、不关心时代发展的作品都是可悲的"套中人"的产物,注定被时代抛弃、被人民遗忘。另一方面,所谓的"为了艺术而艺术"以绝对的浪漫、唯美手法诱导受众脱离社会实际,惯出一个个沉溺于自我世界的冷漠人,违背了育新人的时代使命。"因时而兴,乘势而变,随时代而行,与时代同频共振"④才是古今中外文艺发展的正道,而不是躲在房间里愁思,"把手指甲都绞出了水来"⑤。"文艺是时代前进的号角"⑥,文艺与群众生活、时代发展密切

---

① 习近平:《在文艺工作座谈会上的讲话》,人民出版社,2015,第22页。
② 习近平:《在文艺工作座谈会上的讲话》,人民出版社,2015,第9页。
③ 〔法〕泰奥菲尔·戈蒂耶:《莫班小姐》,艾珉译,人民文学出版社,2008,第7页。
④ 《习近平关于社会主义文化建设论述摘编》,中央文献出版社,2017,第174页。
⑤ 习近平:《在文艺工作座谈会上的讲话》,人民出版社,2015,第19页。
⑥ 习近平:《在文艺工作座谈会上的讲话》,人民出版社,2015,第5页。

关联。一方面，作为社会发展中的上层建筑，文艺始终脱离不了现实的物质基础而独立存在。事实上，能够被群众推崇的文艺作品从来都是时代的写照，是描绘并反映一定时代群众生产生活与精神世界的叙事作品，是具有那个时代的烙印和特征的。另一方面，作为时代的艺术表征，文艺还应当以极高的敏感度关注时代特征，回应时代命题，引领时代的发展，成为时代变迁和社会变革的先导，真正发挥观念体系源于实践又积极作用于实践的能动性。当然，要求文艺为时代而生，反对所谓的为艺术而艺术，并不是要求文艺创作政治化，也不是剥夺文艺创作的自由，而是期待在文艺的发展中，将艺术创作的规律与文艺化人的本质相结合，创作兼具美感与时代感的作品。

3. 反对廉价的笑声、无底线的娱乐、无节操的垃圾，把最好的精神食粮奉献给人民

文艺应当传递真善美，在价值层面引导人们向上向善。但是，随着市场经济的发展，市场思维迅速渗透到包括精神生产在内的一切社会实践中，原本应该遵循智识逻辑的文艺生产被资本逻辑冲击甚至替代。市场逐利法则遵循资本逻辑。市场运行的资本逻辑与文艺生产的智识逻辑之间最大的冲突就在于，资本逻辑强调资本投入的有效回报与迅速增殖，而智识逻辑强调在劳动与时间的酝酿中诞生优秀作品。一旦智识逻辑从属于资本逻辑，文艺生产场的"自律"法则就弱化甚至失灵了，一批形式花哨、内容空洞的文艺作品充斥市场，毫无思想价值可言。与此同时，在社会利益格局的调整中，人们的思想也变得更为活跃与多元，容易接纳资本逻辑催生的一系列价值多样的文化商品，原本应当求真、向善、审美的群众，其思想被多元混杂的价值取向侵蚀。习近平总书记指出不能以"廉价的笑声、无底线的娱乐、无节操的垃圾"[①]吞噬群众生活，要"把最好的精神食粮奉献给人民"[②]。习近平总书记进一步指出好的作品要追求"精神高度、文化内涵、艺术价值"[③]；要能够有宽阔的视界，走向"人类最先进的

---

① 《习近平关于社会主义文化建设论述摘编》，中央文献出版社，2017，第182页。
② 《习近平关于社会主义文化建设论述摘编》，中央文献出版社，2017，第153页。
③ 《习近平关于社会主义文化建设论述摘编》，中央文献出版社，2017，第181页。

方面"、走向"人类精神世界的最深处"①。其中的价值取向涵盖了文艺化人本质意蕴的关键内涵，强调文艺的思想精神内核，要求文以载道；强调文艺与人民实践生活的密切关系，以及全球化背景下文艺发展的全球视野；强调文艺作为民族精神标识，在文以载道、文观社情、文润心灵的化人实践里，引导文艺工作在现代化的喧嚣中，切实回归以文化人、以文育人的初心。

（三）做德艺双馨的文艺工作者

文学艺术作为人的一种精神实践产物，绝不是对生活的简单反映，也不是与现实无关的思维运动，而是诸种文化质料、社会环境等因素经文艺工作者加工而成的一种特殊意识形态。在此过程中，一切文艺创作的质料在文艺工作者的筛选、提炼、改造、凸显中被具体化、典型化，由此形成的文艺作品虽然具有一定的社会普遍意义，能够展现出社会生活的一些本质内涵，但是也成为凝结创作者智慧、价值观、思想意识等个体因素的艺术形象。故而，文艺工作者的整体素质将深刻影响文艺化人的效果。所以，"艺术家自身的思想水平、业务水平、道德水平是根本"②，要做到德艺双馨。

1. 坚定文化自信，用文艺振奋民族精神

用文艺启迪人民涉及用什么"文"、化什么"人"的基本问题，文艺工作者要"坚定文化自信，用文艺振奋民族精神"③。这涉及两个关键方面。一方面，文艺工作者是在自我特定文化倾向基础上展开文艺创作的，而由此生成的文艺作品折射出特定的文化价值倾向，深刻影响文艺化人的性质与方向。从人的文化素养形成来看，它受现有的社会实践、个人的智力水平等物质与生理条件的影响，还受到人们所接触到的文化产品的影响，这种影响在当前文化繁荣的背景下尤为明显。故而，文艺工作者唯有坚定文化自信，才能通过创作反映民族精神的文艺作品引导大众形成高度

---

① 《习近平关于社会主义文化建设论述摘编》，中央文献出版社，2017，第181页。
② 《习近平关于社会主义文化建设论述摘编》，中央文献出版社，2017，第158页。
③ 《习近平谈治国理政》（第2卷），外文出版社，2017，第349页。

的文化认同与文化自觉，积聚与民族发展同向的精神动力。另一方面，坚定文化自信为文艺创造提供了充足的底气与资源。"站立在九百六十万平方公里的广袤土地上，吸吮着中华民族漫长奋斗积累的文化养分"①，每个中国人都要有定力与自信，文艺工作者更要相信灿烂辉煌的中华文化所具有的雄厚资源，有能力为文艺工作提供不竭的创作源泉。回望发展足迹，"在每一个历史时期，中华民族都留下了无数不朽作品。从诗经、楚辞、汉赋，到唐诗、宋词、元曲、明清小说等，共同铸就了灿烂的中国文艺历史星河"②。因此，文艺工作者要有文化自信的底气。如何以高度的文化自信，振奋民族精神呢？一是"从中华文化宝库中萃取精华、汲取能量"③，推动中华优秀传统文化创造性转化、创新性发展。传承民族文化是文艺创作的重要使命，对一个民族而言，历史文化的传承有序不仅影响着社会精神财富的质与量，更深刻影响着社会运行机制的稳定与群众精神的凝聚。一旦历史文化在社会的进程中遭到了割裂与摒弃，维系一个民族与国家团结稳定的深层次的精神纽带就被割断了，而群众也容易在徘徊与焦虑中走向分化。二是要反映时代需求，不断推出讴歌党、讴歌祖国、讴歌人民、讴歌英雄的精品力作。无论是坚定文化自信还是振奋民族精神，都不是在原有文化辉煌基础上的停留与缅怀，而是要从传承中走向未来，即在对时代问题的把握与回应中展现新时代文艺的新风采，而旨在化人的文艺创作，也唯有关心、观照人民的时代诉求，才有可能更深入地走进民心，化育群众。三是要坚持不忘本来、吸收外来、面向未来。在全球化的时代背景下，文化自信的坚定与民族精神的弘扬都是在与文化他者的对照中进行的。让文艺工作者坚定文化自信，并不是对文化他者的排斥与区隔，事实上，文艺工作者只有在坚定中华立场的基础上，广泛吸收一切优秀文化，才能有效提升文艺作品的时代感与先进性，扩大文艺化人的辐射面，进而以鲜明的中国特色、中国风格、中国气派屹立于世界民族之林。

---

① 《习近平关于社会主义文化建设论述摘编》，中央文献出版社，2017，第4页。
② 《习近平关于社会主义文化建设论述摘编》，中央文献出版社，2017，第17页。
③ 《习近平关于社会主义文化建设论述摘编》，中央文献出版社，2017，第173页。

2. 坚持服务人民，用积极的文艺歌颂人民

文艺启迪，启迪的是人民群众，而任何文艺作品若想打动受众，产生积极的化育影响，最基本的前提便是要搞清楚文艺创作是为什么人这一基本问题。可以说，文艺创作为了谁、服务谁，关注并肯定哪一部分群体的生产生活与思想情感，其文艺作品便会得到谁的接纳与认可。这实际上是与人的认知习惯与情感需求密切相关的。从认知习惯来看，人在了解、亲近与自我群体相关的文艺作品时，更有亲切感也更容易理解其中的意蕴，因为这种文艺作品表现的内容与蕴含的意义与观者既往的认知经验相近，容易融入观者既有的认知图式，而观者也在与自我生活实践、认知经验相关的文艺作品中实现了视域交融，丰富了精神世界。从情感需求来看，每个社会化的人都有情感需求，都渴望自我的情感世界得到理解、受到关注，文艺作品就是人生与社会的展现，能够反映并关注受众情感需求的作品，才会引起受众的情感共鸣，才会被推崇、被信仰。文艺工作者要坚持服务人民，用积极的文艺歌颂人民，牢记文艺创作是为了人民而存在，而不是为什么少数人服务的，实际上，文艺也只有植根于广大人民的生活，在对广大人民精神世界的反映中，才能获取更为普遍的受众，收获更为广阔的创作空间。服务与歌颂人民，要充分关注他们生产生活的伟大实践和喜怒哀乐的真情实感。没有脱离实践的观念体系，文艺亦是如此。文艺工作者只有深入人民鲜活的生产实践，了解人民各种各样的生活样态，以广大人民丰富的生产生活为创作质料，瞄准人民的所思所想，才有可能创作出既符合人民的物质生产方式，又满足人民思想情感需求的优秀文艺作品。服务人民、歌颂人民还要讴歌奋斗人生，刻画最美人物，以对人民有情、有爱的态度去感受群众生活，把人民的生活与情感，通过典型人物表现出来，歌颂人民。服务人民、歌颂人民更要劝善惩恶，用文艺的力量温暖人、鼓舞人、启迪人，让文艺成为人民进步的精神动力。文艺工作者不能僵硬地以照镜子的方式反映生活，而是要判断、筛选文艺创作的材料，将正确的价值导向灌入作品中，"让人们看到美好、看到希望、看到梦想就在前方"[①]。

---

① 《习近平谈治国理政》（第2卷），外文出版社，2017，第320页。

3. 勇于创新创造，用精湛的艺术推动文化创新发展

人类一切的思想体系、精神成果都是主体对社会实践认识的产物，而人的实践是具体的、多维的、发展性的，由此，人类对实践的认识也需要有多角度的视域、与时俱进的眼光。涉及思想体系、精神成果的创作便不仅需要持续的、系统性的认识与实践，更需要一些创新性、创造性的认识与实践。文艺工作者要勇于创新创造，用精湛的艺术推动文化创新发展。创新创造对新时代文艺化人有着极为重要的现实意义。从文艺对人的精神需要的满足来看，文艺离不开创新创造。需要是人的本质，人的需要是多维、发展的。一方面，人自身的发展诉求与动力机制决定了人有无穷无尽的需要，而人的发展的全面性诉求及每个人的处境与诉求差异又带来需要的多维显现。另一方面，社会生产力的进步以及由此衍生的社会关系的变革等时代因素，进一步推动了人的需要的发展演进。故而，从文艺化人的角度来看，文艺若要直达人心，就不能用一成不变的方法与内容去满足人民的精神需要，而是需要在内容与形式上有多样的创新创造去满足人的发展与时代发展的诉求。从文艺自身的发展演进来看，文艺离不开创新创造。创新是文艺的生命，能够给人启迪的文艺作品首先是有生命力的作品，而文艺的生命力不仅在于传承经典，更在于回应时代，这就需要创新创造。新时代，文学艺术的创作基础是中国式现代化建设的伟大实践，这一实践本身就是一个创新创造的过程，是走前人想走而未走过的路，那么基于此而创作的文艺作品同样需要以创新创造的方法去传承经典、反映时代，以此来感化生于伟大时代的人民大众。从文艺所弘扬的中国精神来看，文艺需要创新创造。文艺创造从来就不是单纯的个人自我诉求，而是与其所处的时代密切相关，所以，文以载道，这个"道"在当前的集中表现就是中国精神。文艺工作者需要强烈的创新创造意识，将具有历史底蕴与时代色彩的中国精神创造性地融入文艺作品，去激发群众的民族自豪感和国家荣誉感，进而引导人民树立正确的历史观、民族观、国家观、文化观，鼓舞人民朝气蓬勃迈向未来，同时，要把自己在文化创新创造中取得的成果奉献给世界，为人类提供正确精神指引。如何创新创造呢？文艺创作内容的获取与方法的打磨从来就不是闭门造车，而是要取材于群众的鲜活生活。每一次社会的发展与进步都是人民的实

践推动的，而每个时代群众的生活实践不仅孕育着时代创新精神，更是时代创新的表征，所以，植根群众生活是创新的第一要义。要"在提高原创力上下功夫"①。文艺创作不是文本复制。尽管在技术的应用下，各种机械化的作品复制充斥市场，文艺生产出现了机械复制的情况。这种千篇一律的产品虽然实现了量的增加，但是没有实现质的提升。复制不是创新，创新创造在于作品的原创力，这种原创力的提升涉及文艺创作的各个方面，需要"在拓展题材、内容、形式、手法上下功夫，推动观念和手段相结合、内容和形式相融合、各种艺术要素和技术要素相辉映"②，提升作品的可读性与思想性。要克服浮躁，"用专注的态度、敬业的精神、踏实的努力"③创新创造。一切创新性观念、方法都是人们在对事物深刻而长期的认知与改造中生成的，其中需要投入大量的时间与精力，那些为了迎合市场需求、期待作品尽快兑现市场价值的文艺创作都很难成为创新性成果。所以，创新性创作不仅需要艺术的灵感，更需要一定的时间周期，需要有彻底的身心投入，去探寻艺术的题材、内容，将新的方法与经典的技艺相结合，创作出让人民眼前一亮的优秀作品。

4. 坚守艺术理想，用高尚的文艺引领社会风尚

任何从业领域都应当有相应的职业理想，理想关乎从业者的职业价值追求，并进一步影响其工作状态与工作成果的质量，而职业理想的形成与其职业性质与服务领域密切相关。文艺的本质意蕴在于文艺化人，对此，文艺工作者要"坚守艺术理想，用高尚的文艺引领社会风尚"④。对艺术理想的坚守与以文艺引领社会风尚的重要性，体现为两个方面：一方面，文艺工作者承担着文艺化人的重要使命，决定了他们要有崇高的理想追求，要做真善美的追求者和传播者；另一方面，伟大的灵魂不仅是伟大的艺术的表现内容，也是伟大的艺术的来源。一切艺术作品都

---

① 《习近平关于社会主义文化建设论述摘编》，中央文献出版社，2017，第181页。
② 《习近平关于社会主义文化建设论述摘编》，中央文献出版社，2017，第181页。
③ 《习近平关于社会主义文化建设论述摘编》，中央文献出版社，2017，第182页。
④ 习近平：《在中国文联十大、中国作协九大开幕式上的讲话》，人民出版社，2016，第17页。

是主体积极主动的认识与改造世界的实践产物，一切能够引领社会风尚、启迪人心的优秀作品都离不开作者的艺术态度。如何坚守艺术理想，用高尚的文艺引领社会风尚，在当前的时代背景下是个重要的命题。多元文化环境中出现了以艺术个性取代社会道德、以经济利益取代社会效益、以感官享乐取代精神成长等一系列文艺创作的异化现象。文化生态秩序也出现了混杂的情况，低俗媚俗挑战高尚高雅，多元价值取向冲击主流价值导向；文化创造力遭遇资本逻辑的物化束缚，人们常常基于特定的经济利益来考量文艺创作，进行文化选择；人民的成长性需求遭遇遮蔽，人们在娱乐至死的快餐式文艺作品消费中荒于嬉；等等。基于此，文艺工作者要将养德与修艺相结合，做到德艺双馨，以高尚的艺德抵制文艺创作中的错误倾向，引导积极文艺风尚；要戒浮躁、戒功利，有坐十年冷板凳的艺术定力，以严谨、专注的艺术态度和负责任的艺术操守，引领社会风尚、弘扬先进文化；要牢记育人的使命担当，把社会效益放在首位，尊重文艺创作的智识逻辑，自觉抵制资本逻辑，实现自我价值与社会价值相统一。

四　社会科学：以文化人的重要阵地

哲学社会科学（以下简称社会科学）主要针对人类的存在与发展现状、本质、规律及社会发展的现状、历程、规律等展开理论研究与进行理论传播，对引导社会文化发展风尚、促进人的成长发展有着重要的作用。社会科学工作就属于培根铸魂的工作。社会科学工作者承担着以文化人、以文育人、以文培元的重要使命。由于前文述及的学校教育、新闻舆论、文学艺术与社会科学有很大的重叠部分，故而，本节将主要围绕社会科学的理论研究与传播展开。

（一）社会科学要有培根铸魂的担当

正因社会科学本身就蕴含着培根铸魂的使命期许，才使得社会科学承担着以文化人的使命。对此，我们可以从以下四个方面进行理解。

1. 社会科学是认识世界、改造世界的重要工具

社会科学被视为"人们认识世界、改造世界的重要工具"①，社会科学理论研究与传播所发挥的培根铸魂的作用也在特殊"工具"的供给中得以显现。人的实践与动物的劳动根本不同之处便在于，人是有意识、有目的地进行劳动实践的，是懂得按照美的规律开展劳动实践的。与动物相比，人的这种自觉的实践意识与高超的实践能力绝不仅仅来自长期实践中的经验总结与本能反应，更来自基于实践基础的一种对实践对象系统化、规律性、深刻的理论认知。这种理论认知一经形成，就将对人的认识与实践产生强大的推动作用，提升人的本质力量，并将实现人的本质力量更好、更彻底的对象化。一般而言，我们将这种理论认知区分为自然科学与社会科学。如果说自然科学为人们认识世界、改造世界提供显性的技术硬件支撑，那么社会科学便为人们认识世界、改造世界提供隐性的软实力支撑，是人们开展各类实践不可忽视的重要工具。社会科学以其蕴含的价值导向、人文关怀、道德精神等软实力不断调整人的思维习惯与行为方式，将人的认知与实践纳入社会所期待的轨道范围内。更深层次地说，社会科学的软实力就体现在它不仅是自然科学技术生成与发展的思想源泉，更指导着人们如何恰当地运用自然科学技术，这在近代工业革命以来，工具理性的膨胀以及技术对价值的"叛逆"所造成的一系列社会与生态危机中尤为重要。故而，"人们为着要在社会上得到自由，就要用社会科学来了解社会，改造社会，进行社会革命"②。由此观之，社会科学便在理论化人中显示出其独特的培根铸魂作用。

2. 社会跃进、文明发展离不开社会科学的知识变革和思想先导

就社会科学理论研究的本质而言，它是基于一定物质生产而进行的文化实践，其研究成果反映出一定社会的政治经济概况，表征了人们对自身发展与社会发展的一种判断、反思与期待。无论是社会的每一次进步还是人类自身的每一次解放，都离不开代表当时特定利益诉求的社会科学的理论研究与传播，都需要社会科学的知识变革和思想先导。社会科学理论研

---

① 《习近平关于社会主义文化建设论述摘编》，中央文献出版社，2017，第70页。
② 《毛泽东文集》（第2卷），人民出版社，1993，第269页。

究的旨趣之一就在于通过自身文化的生产与启迪，实现理论化人。对此的理解不仅要看到社会科学理论研究为人们的认识与实践提供了科学的世界观与方法论，孕育出包括自然科学在内的一切人类文明成果，推动社会进步，表征人类文明发展的程度；还要用更为宽广的视域，从世界和我国发展的大历史中去看，认识到在历史上，人类社会的重大发展与跃进都伴随着社会科学理论研究的繁盛。对此，我们可以从整个人类历史发展的视域出发，追溯到卡尔·西奥多·雅斯贝尔斯（Karl Theodor Jaspers）所言的"轴心期"①。当时，东方如中国有孔子、老子、墨子、庄子等，古印度涌现了如以乔达摩·悉达多为代表的探索人类内心世界的学者；西方古希腊哲学巨擘如赫拉克利特、苏格拉底、柏拉图等人也是出现在轴心期，生产出大量的理论成果。轴心期社会科学理论研究的繁盛在人类历史上首次展现了强大的理论化人的影响力，推动了人类对自我与世界的自觉认知，雅斯贝尔斯认为这个时期让人们对整体、对自身的限度有了一定的认知。之后人类历史上的每一次重大变革都有社会科学理论的先导与发声，如"文艺复兴"的思想浪潮推动了工业革命，"启蒙运动"为资产阶级革命做了思想筹备。在近现代中国的社会发展中亦是如此。典型的如马克思主义的传播与研究为党革命的胜利做了关键性的思想启迪与理论指导等；而20世纪70年代真理标准问题的大讨论更是为改革开放做了重要的思想动员。

3. 社会科学为培根铸魂提供精神支撑

无论是政党组织还是人民大众，其内部凝聚力的养成与外部号召力的形成，都依赖共同的利益需求与共同的价值信仰。社会科学理论研究与传播在满足受众的精神与建构价值信仰的过程中，成为政党组织内部凝心聚力以及在人民大众中构筑共同思想基础的重要凭仗。这种培根铸魂的理论化育力是如何产生的呢？马克思主义认为，一切上层建筑都是建立在一定物质基础上的，都具有鲜明的阶级意识，而任何阶级在成为统治阶级之前，以及在巩固统治地位的过程中，都需要生产出大量能够代表本阶级利益的社会科学，并将其作为主流舆论进行广泛传播，来最大限度地增进整

---

① 按照雅斯贝尔斯的考察，人类思想的轴心期可以追溯至公元前800~公元200年，之后人类的思想都是围绕轴心期而发展起来的。

个社会的思想认同。所以，一切哲学都反映出一定阶级的意识形态。如果说代表剥削阶级利益的社会科学，以虚假的意识形态笼络群众、欺骗群众，那么以马克思主义为指导、代表广大群众利益的社会科学，则将无产阶级的利益上升至国家意志的高度。进而在理论研究中，为广大群众需求的满足与利益的实现提供理论渊源与合理、合法的论证；在理论的传播中，将无产阶级的政治立场、社会与国家的发展取向等一系列关乎社稷民生的问题传递给广大群众，以此来培植理想信念，熔铸民族魂魄，筑牢民族发展的思想基础。在民族复兴的关键时期，社会科学的理论研究与传播所肩负的育人职责将更为重要，既要在多元混杂的社会思潮中讲清楚民族发展的古往今来，道明白中国特色社会主义的道路选择，引导群众坚定"四个自信"，形成与主流舆论一致的思想意识；又要在党的建设中强化党员的理论修养，提高执政水平与拒腐抗变的能力。

4. 社会科学有助于提升国家国际话语权

新时代以文化人的对象不仅限于国内群众，还包括世界人民，世界人民属于前文述及的"团结层"，在全球一体化的急速推进中，团结层的重要地位日益显现。但若想要更好化育团结层群众，让中华文化深入世界人民的生活世界与思想世界，首要的条件是化人之"文"有国际话语权，而这"迫切需要哲学社会科学更好发挥作用"①。社会科学的理论研究与传播对提升新时代化人之"文"的国际话语权有着重要支撑作用，一般而言，国际话语权的获得既是国家经济、军事等硬实力增长带来的利好，又是一国对外传播的话语体系促成的。这种话语体系不仅能够表达出一国所倡导的包括价值导向、实践路向、制度选择等在内的思想体系，更能对现存的各类社会问题、发展问题、生存问题等关于人的存在与发展的时代命题做出有针对性的、科学的回应与解答。而能够有效建构与完善话语体系，进而提升国家国际话语权的重要载体与渠道便是社会科学，正如习近平总书记指出的，"没有自己的哲学社会科学体系，就没有话语权"②。尤其是在中国社会急速转型与国际社会各类思潮涌动的背景下，社会科学的影响力

---

① 《习近平关于社会主义文化建设论述摘编》，中央文献出版社，2017，第72页。
② 《习近平关于社会主义文化建设论述摘编》，中央文献出版社，2017，第69页。

尤为重要。一方面，通过理论研究与传播，将我国的历史与现实阐述清楚，将党执政的历史必然性阐述清楚，将新中国成立以来的伟大实践阐述清楚，在理论的研究与传播中，为世界人民呈现全面、真实、立体的国家形象；另一方面，通过将新时代中国式现代化的道路选择、价值立场以系列标示性概念等形式传播给世界群众，扩大理论化人的影响面，提升国家国际话语权。

（二）培根铸魂的价值遵循

社会的急速变革与伟大社会实践的持续深入，为社会科学的理论研究与传播提供了宽广的视野与恰当的时机。习近平总书记指出："这是一个需要理论而且一定能够产生理论的时代，这是一个需要思想而且一定能够产生思想的时代。"[①] 所以，理论研究与传播更需要坚持正确的价值遵循，保障社会科学理论研究与传播更好地担当以文化人重要职责。

1. 坚持正确的思想导向

与纯粹探求事物生成发展规律，较少进行思想引导的自然科学不同，社会科学归根结底是特定阶级意识形态的承载体，含有一定的思想导向。所以，在社会科学领域没有所谓的"价值无涉"与绝对的"价值中立"，有的只是对一定阶级利益的维护与代表。故而，对任何一个社会而言，理论化人的前提是坚持正确的思想导向。习近平总书记指出："坚持以马克思主义为指导，是当代中国哲学社会科学区别于其他哲学社会科学的根本标志，必须旗帜鲜明加以坚持。"[②] 坚持马克思主义正确导向的客观必要性不仅在于这一理论是历史上第一个围绕全人类自由与解放而形成的系统的、深刻的理论体系，更在于它是实践所验证的正确理论体系，中国哲学也在马克思主义的传播与研究中焕发了新生机，产生了积极的实践价值。对此，首先，要真懂真信。真懂对应的是理解，真信对应的是信仰。在社会科学研究中涉及的并不仅是经典文本，还有基于经典文本的新研究，指向工作者对马克思主义的诠释与创新。而对一切思想的诠释与创新必须有

[①] 《习近平关于社会主义文化建设论述摘编》，中央文献出版社，2017，第73页。
[②] 《习近平关于社会主义文化建设论述摘编》，中央文献出版社，2017，第73页。

在理解基础上的理性认知、认同，进而上升到信仰的高度，否则就会出现一知半解的理论误导，这是"不负责任的态度，也有悖于科学精神"①。其次，坚持正确思想导向的核心是"解决好为什么人的问题"②。既然社会科学总是为特定阶级利益发声，那么着眼于谁的利益、为谁发声便代表了研究与传播的价值立场。我国是坚持马克思主义在意识形态领域的指导地位的社会主义国家，除了人民的利益之外，执政党没有任何其他私有的利益诉求。那么，与之相应，我国社会科学理论研究与传播的价值立场必然是人民立场，只有围绕人民开展理论研究、进行理论传播，把学问写进群众心里，才能产生积极的化人影响。除此之外还要看到，坚持正确的思想导向，归根结底需落实到怎么用。一切理论研究与传播若想对群众发挥积极的化育作用，不仅要有正确的价值观与方法论，还要有能够回答时代问题的品质，刻板地承袭前人的理论成果不仅不能充分展现理论化人的魅力，还可能产生生硬的影响。对马克思主义的坚持亦是如此，正如恩格斯强调的"马克思的整个世界观不是教义，而是方法"③。所以，理论研究要考虑到时代语境的变化，坚持问题导向，敏锐把脉时代问题与发展趋向，在对社会难点、热点问题的关注中，对人民时代需求的回应中，进行创新性的理论研究与传播，增强理论化人的针对性与时代感。

2. 展现独特的风格气派

理论化人，不仅是从真理性的角度考量社会科学，更是从民族与国家利益的角度强调社会科学"有补于治道"的一面。一个离开民族性与政治性去谈论社会科学的国家，不可能有真正的经典理论成果与文化史，任何一个强大的民族都需要有为己言道的社会科学，以达到化育群众的目的。所以，社会科学理论研究与传播遵循民族主体性的价值立场，这不仅关乎一个民族与国家的价值归属，更影响到一国的文化传承与执政安全。因此，要"着力构建中国特色哲学社会科学，在指导思想、学科体系、学术体系、话语体系等方面充分体现中国特色、中国风格、中国气派"④。同

---

① 习近平：《在哲学社会科学工作座谈会上的讲话》，人民出版社，2016，第12页。
② 《习近平关于社会主义文化建设论述摘编》，中央文献出版社，2017，第77页。
③ 《马克思恩格斯选集》（第4卷），人民出版社，2012，第664页。
④ 《习近平关于社会主义文化建设论述摘编》，中央文献出版社，2017，第81页。

时,"文化几乎总是追随着权力"①,独特的风格气派也是国力强盛的时代需要。新时代国家需要与国力及世界地位相匹配的理论研究与传播,在国际文化场域中把握话语权。首先,体现继承性、民族性。在我国社会科学理论研究与传播中,马克思主义及其中国化成果是最大增量;中华优秀传统文化是深厚基础;国外哲学社会科学资源是有益滋养。将古今中外的优秀资源纳入民族自身的理论研究与传播中,予以继承与弘扬。其次,体现原创性、时代性。主体性是社会科学理论研究与传播的重要特征,决定了理论研究的成果与传播的对象要具有原创性,从自身民族的历史与现在出发,从国家发展的历程与道路出发,在自己的土壤里生长出适合这片土壤、有自身特质的学科体系、学术体系、话语体系。除此之外,还要关注理论创新,从时代问题出发开展研究,立足于新的时代语境,围绕具体的实践,发现新问题、构建新理论,研究阐释新时代治国理政的基本内涵,"提炼出有学理性的新理论,概括出有规律性的新实践"②。最后,体现系统性、专业性。在社会的发展与学科的细化与丰富中,社会科学囊括多领域、多学科内容,且不断面临新兴学科的融入与交叉学科的兴起等问题。民族特色鲜明的社会科学需要构建一个全方位、全领域、全要素的体系,从顶层设计到统筹各方面力量协同推进,在学科覆盖、均衡发展、队伍建设、人才培养、平台打造等方面形成合力,推进展现中国特色的社会科学理论的研究与传播。

3. 营造育人的学风氛围

能够化人的理论必须在育人的学风氛围中产生,就如同商业资本推动下的广告策划煽动无止境的消费,而公益性的文案策划弘扬社会真善美一样,社会科学理论研究与传播若要发挥好育人的阵地作用,就需要营造育人的学风氛围。这种学风可以理解为理论研究与传播中的一种精神状态、思想态度与道德品质,是贯穿理论研究与传播的整个过程,渗透治学的各个环节,在长期的习惯坚持中国化为一种治学的风格与传统。对理论研究

---

① 〔美〕塞缪尔·亨廷顿:《文明的冲突与世界秩序的重建》,周琪等译,新华出版社,2018,第88页。
② 《习近平谈治国理政》(第2卷),外文出版社,2017,第344页。

与传播而言,学风问题关乎理论研究与传播的立场与前提,有怎样的学风就会渲染出怎样的学术生态与学术成果,我们很难在学风不端的氛围中创造出有说服力、涵育群众的理论成果。所以,"繁荣发展我国哲学社会科学,必须解决好学风问题"①,要"推动形成崇尚精品、严谨治学、注重诚信、讲求责任的优良学风,营造风清气正、互学互鉴、积极向上的学术生态"②。在积极的学风氛围中,开展理论研究与传播,以引领群众、服务社会为导向,用理论回应现实,用理论阐释难点,用理论引导群众,在积极的理论成果传播中,发挥好社会科学对人民的化育作用。

(三) 做立德立言的社会科学工作者

一切社会科学实践是作为实践主体的人的自觉、有意识的工作,人的使命感与担当意识直接影响到理论研究与传播的质量。所以,能够培根铸魂的理论成果,其背后一定是有一批得以担当理论化人重任的专家、学者。新时代,继承并发扬党理论化人的优良传统,更要加强理论工作者的队伍建设,从人抓起,久久为功,期望大家能够在"为祖国、为人民立德立言中成就自我、实现价值"③。

1. 树立理论化人的角色意识

与社会科学理论研究与传播蕴含着深切的培根铸魂期许相对应,社会科学工作者需要树立理论化人的自觉意识,要有"立时代之潮头、通古今之变化、发思想之先声,积极为党和人民述学立论、建言献策"④的重要觉悟。这便涉及角色定位的明确。首先,应有精神产品生产的角色意识。这一角色与社会其他工作角色在本质上是同源的,都是社会分工的结果,都要服务并服从于社会发展。考量这一角色扮演称职与否的重要标准便是工作产品的质与量,具体而言,工作者需要有知识生产者的角色自觉,以传承、传播、生产自己专业领域的精神产品为己任,以对社会和人民的精神贡献为自我价值的衡量尺度,由此,更为自觉与坚定地将毕生精力奉献

---

① 习近平:《在哲学社会科学工作座谈会上的讲话》,人民出版社,2016,第28页。
② 习近平:《在哲学社会科学工作座谈会上的讲话》,人民出版社,2016,第29页。
③ 习近平:《在哲学社会科学工作座谈会上的讲话》,人民出版社,2016,第29页。
④ 习近平:《在哲学社会科学工作座谈会上的讲话》,人民出版社,2016,第8页。

在有价值的理论生产与传播中。但这一角色又迥异于其他物质产品生产的角色分工,理论研究与传播工作者的角色还包含着启迪群众、治国定邦、塑造国家形象等重要内涵。这一角色定位应该落脚在倡导先进思想、进行学术科研、引领社会风尚、维护党的执政上。其次,树立理论化人的角色意识,还要处理好两对重要关系。其一,处理好学术研究与政治立场的关系。与自然科学不同,社会科学理论研究与传播从来就代表着特定阶级的利益诉求,有着鲜明的政治色彩,因此,在理论研究与传播中就无法回避政治立场这一问题。社会科学工作者要为党和人民服务,这实际上就是社会科学工作者的政治立场。其中既不能用政治逻辑替代智识逻辑,也不能以理论创新取代政治立场,要注意二者的有机结合,"不能把探索性的学术问题等同于严肃的政治问题,也不能把严肃的政治问题等同于探索性的学术问题"①。其二,处理好理论逻辑与实践逻辑的关系。一切社会科学工作者既应该尊重理论逻辑,以专业的学术探索精神与理论敏感度去占有资料,潜心学术研究,但同时又要尊重实践逻辑,关注社会需求与实践生活,摆脱书斋理论的窘境。既不以感性的实践生活取代理论的深度,也不以晦涩的理论遮蔽鲜活的实践。对问题的回应,要从历史和现实、理论和实践的结合上作出令人信服的回答。最后,有严格的学术操守。传道者首先应该是得道者,其中的"得道",不仅指知识的富有,更指道德的高尚,既包括具有公民基本道德素养,又包括具有职业属性的学术操守,我们无法指望一个学术操守低的人担负起理论化人的使命。严格的学术操守要求社会科学工作者有强烈的社会责任意识,有"士以弘道"的崇高追求,弘扬社会主义核心价值观,传递真善美,将做人、做事、做学问相统一。

2. 研究并传播好马克思主义理论

社会科学承载着一定的意识形态,其育人的前提是有正确的思想导向,若要保障理论化人的方向不偏、道路不歪,就需要社会科学工作者研究并传播好马克思主义。首先要老老实实"回到马克思"。反对浅尝辄止、蜻蜓点水的浮躁心理与投机取巧的做法,要读原著、读经典,要真懂真信。回到原始文本、理解作者意图是一切理论研究与传播的重要前提。作

---

① 《习近平谈治国理政》(第 2 卷),外文出版社,2017,第 159 页。

为一种理论文本，马克思主义与群众之间存在时间距离与文化距离。在时间距离方面，由于马克思主义诞生于19世纪40年代，与新时代群众的生活实践处境相差近190年的时间，其间，语言习惯、生活传统、实践处境发生了巨大变化，使群众很难准确理解马克思主义的原意，甚至个别的理论研究与传播者时常发生对原始文本误解的情况。基于此，把马克思主义的经典文本学深弄透是极为重要的。作为社会科学工作者，只有弥合马克思主义与新时代群众之间的时间距离、文化距离，推进马克思主义基本原理同中国具体实际相结合、同中华优秀传统文化相结合，才能更好地诠释马克思主义的真实意蕴，将原原本本的马克思主义传播开去。同时还要推进马克思主义中国化时代化的发展。对待科学的理论必须有科学的态度，不能拘泥于某些个别论断和具体行动纲领，牵强附会、生搬硬套，要坚持"用马克思主义观察时代、解读时代、引领时代，用鲜活丰富的当代中国实践来推动马克思主义发展"①。也就是说，在理论研究与传播中要推动现在与过去的对话与交流，对马克思主义的研究与传播不仅是一种文本回归，更是一种理论接引。这种理论接引需要在保证经典原汁原味的基础上，将理论从书斋中解放出来，回归理论的实践本质，用马克思主义来回应时代命题，将其融入当下实践中，用群众可以理解的话语与形式来解读，对此，一方面应推动理论研究的创新，另一方面应扩大理论传播的辐射面与群众基础。

3. 加强话语能力建设

社会科学承担着以文化人的重要使命，其中的化人之理论与化人之"文"的归属是一样的，都要求在马克思主义的指导下，在吸纳一切人类优秀文化成果的前提下，按照展现中国特色、中国风格、中国气派的价值导向，开展理论研究与传播工作，用自己的话语体系阐释自己的实践，化育群众。社会科学工作者不仅要通过"讲清楚历史性成就背后的中国特色社会主义道路、理论、制度、文化优势，更好用中国理论解读中国实践"②，更要下大力气发出中国声音、展现中国思想、提出中国主张，解决

---

① 《习近平谈治国理政》（第3卷），外文出版社，2020，第76页。
② 《习近平谈治国理政》（第3卷），外文出版社，2020，第326页。

好"挨骂"的问题。作为社会科学工作者,这实际上就是要肩负起中国特色哲学社会科学的话语能力建设使命。毕竟,理论若想肩负起化人的职责,必须有自己的话语体系,有自己的话语影响场。这涉及两个方面内容。一方面,以经世致用的担当精神,提升话语能力建设的理论自信。要注重培根铸魂的主体性,坚决抵制一切以洋为美、大搞历史虚无主义等"去历史化""去中国化""去主流化"的研究做派,因为那些做派绝对是没有前途的。作为社会科学工作者,既需要能够在继承悠久历史性理论成果的基础上,接着构建本民族的社会科学话语体系,又要在厚植为民情怀与有力回应时代问题的过程中创新自身的话语体系,验证自身话语体系的解释力与说服力。也就是说,要坚持本民族文化的主体性地位、尊重本国人民的主体性地位,要在时代的变革中,选择创作质料,让成果经得起实践、人民、历史的检验。这便是中国文人由古至今所传承的经世致用的担当精神,用自身的理论成果回应自身的发展需求,用彰显理论自信的话语体系来培根铸魂。另一方面,以展现国家形象为使命,增强话语能力建设中的理论他信。在愈加开放的时代背景下,理论化人"化"的不仅是本国群众,实际上社会科学工作者还肩负着在理论研究与传播中影响世界人民的职责,让国外群众更真实、具体地理解中国、信任中国。也就是说,要在国际话语权的建设中,增强理论他信,更好地提升理论研究与传播的世界价值,将中华优秀传统文化的丰富价值、中国道路的可行性、中国方案与中国智慧的价值主张,用能够被国际学术界所理解与认可的标识性概念、创新性表述进行传播。对此,有学者曾表示过极大的兴趣与信心,认为"如果这种有意识、有节制地进行的恰当融合取得成功,其结果可能为文明的人类提供了一个全新的文化起点"[1]。

---

[1] 许嘉璐:《中华文化的前途和使命》,中华书局,2017,第262页。

第六章
"落细落小落实"：新时代以文化人的路径选择

为了实现人的发展的根本目标与完成化育新人的根本任务，还需要恰当且具体的路径选择，来自觉有效地推动文化对人的涵化、润化、感化、转化，让先进文化深入人心，滋养心灵，优化行为。对此，需要重视路径选择中的落细、落小、落实，本章将从五个方面进行具体讨论。

一 "好学才能上进"：以学养人

以文化人不仅是一个系统性的育人体系，更是一个完整的育人过程。作为一种育人实践，整个实践过程的顺利推进与实践效果的有效达成，很大程度上有赖于对化育对象主体性的尊重与调动，进一步而言，便是当我们期待让先进文化在化育对象身心产生积极影响的同时，还需要运用有效的方法来推动化育对象亲近、学习先进文化，为先进文化的影响力的发挥铺设良好的心境条件与认知基础。在这个过程中，以学养人便是必不可少的一个重要路径，毕竟，"好学才能上进"[①]。下文将进一步阐述在以文化人的理论与实践框架内，以学养人的理论意蕴、协同价值与实践取向。

---

① 《习近平关于"不忘初心、牢记使命"论述摘编》，党建读物出版社、中央文献出版社，2019，第209页。

(一) 以学养人的理论意蕴

对任一概念的理解需要放在一定的语境与理论框架内进行讨论，这里所讨论的以学养人是作为以文化人的一种路径选择，意指通过对知识的发现、理解与创作等主动的学习实践，来提升先进文化在滋养人的精神世界、培育人的能力素质、培养人的道德情操等人的整体素养中的效能，达成以文化人的育人初衷。以学养人之所以能够作为以文化人的路径选择，甚至可以说是形影不离的一种协同性机制，就是因为以学养人的理论意蕴中蕴含着深刻的以文化人的价值主张，推进了以文化人的实践。

习近平总书记指出，要"通过学问提升境界，通过读书学习升华气质，以学养人、治心养性"[1]。以学养人的第一层含义是通过对文化知识的发现、理解与创作等主动的学习实践，来获取文化知识，提升人之为人的实践本领。从人的生物本性来看，人首先是动物，大自然只是赋予人生存的本能与生物性条件，而人如何适应与改造自然，人如何在有限的物质条件下获取人之为人的生存本领等一系列哲学问题却是自然解决不了的。对这一系列问题的回答蕴含在人的发展过程中，历史唯物主义认为，人的发展是动态、未完成式的，是逐步从"现实的人"迈向"全面的人"的过程。在这个过程中，人们摆脱了纯粹生物性、被动性的劳动，走向具有丰富社会意义、积极能动的劳动实践，不断获取更强的适应与改造自然的实践本领。其中，文化知识起着关键性作用。但文化知识的获取与本能的生物性遗传不同，文化知识的获取有赖于后天的主动学习，人要通过学习来传承先进文化、习得技能、练就本领、提升实践水平。基于此，我们就可以进一步理解以学养人的含义，增强本领就要加强学习，要孜孜不倦地学习，用先进的文化知识武装自我，成就梦想。由此，人们在主动的文化知识的学习与滋养中，接受先进文化的涵化滋养。

以学养人的第二层含义是在求学、治学的过程中立德。所谓"治心养性"，侧重的是德性养成，在历时性的人类文化知识的习得中，传承人类的道德文明；在共时性的人类文化知识的借鉴中，提升自我的道德修为。

---

[1] 《习近平首次点评"95后"大学生》，《人民日报》2017年1月3日，第2版。

"国无德不兴，人无德不立。"① 人的德性修为是人的发展与社会运行的重要基础，人们要"明大德、守公德、严私德"②。其中，学习在德性的习得与养成中具有重要作用，通过以学养人去涵养德性，实质上是"转知为德"的过程，在文化知识的学习中，习得正确的道德认知，培养深厚的道德情感，沉淀高贵的道德品质，指导积极的道德行为。以学养人在充盈人的精神世界的同时，也提升了人的德性修为，这就为其成为以文化人的路径选择提供了重要的合理性依据。

以学养人的第三层含义是在对文化知识的理解、把握与创造中，充盈精神世界，实现精神成人。以学养人作为一种育人路径，期待人在对先进文化知识的学习、传承与创造中形成人所独有的思想境界与精神气质，将外延式的本领增强与内涵式的境界提升相统一，实现精神成人。相对于生理成人而言，精神成人是指在文化知识、道德礼仪的滋养中，人的精神世界不断充盈、潜能不断显现、自我不断完善的一种发展状态。中国自古以来就极为看重通过学习来实现精神成人，这在儒家秉持的通过求学来达成理想人格的价值主张中可以窥见。当下，我们传承这一价值主张，期待通过以学养人的育人方法促进人形成良好的道德修为、养成坚定的意志、树立崇高的理想信念，由此成长为时代新人。故而，以学养人在促进人们精神成人的过程中，潜移默化地将先进文化输送并内化为人们的精神信仰，为先进文化的后续化育营造了良好的学习氛围，提升了以文化人的育人实效。

（二）以学养人的协同价值

只有加强学习，才能"避免陷入少知而迷、不知而盲、无知而乱的困境，才能克服本领不足、本领恐慌、本领落后的问题"③。从育人者的视域出发，以学养人有助调动化育对象的主体性，在"学"的协同支撑中，推动自我吸收育人资源，进而与文化影响建立积极互促的关系，最终实现以

---

① 《习近平关于社会主义文化建设论述摘编》，中央文献出版社，2017，第137页。
② 《习近平关于社会主义文化建设论述摘编》，中央文献出版社，2017，第142页。
③ 《习近平谈治国理政》（第1卷），外文出版社，2018，第404页。

文化人育人实效的提升。

1. 通过"学"养成"合理的前见",达成化育对象对先进文化的理解

在以文化人的育人实践中,化育对象作为能动性的个体,从来不是被动的信息接收者,而是基于自我的现实处境,从自我的价值视域与知识储备出发去理解化人之"文"的,其中,对化人之"文"的理解程度与差异,深刻地影响着以文化人的实践效果,理解不当,就出现"少知而迷、不知而盲、无知而乱"的情况。针对理解的发生与实现,汉斯-格奥尔格·加达默尔(Hans-Georg Gadamer)的观点具有一定代表性,加达默尔很看重主体的理解条件,他融汇了马丁·海德格尔(Martin Heidegger)提出的"前有""前把握""前见"的概念,以"前见"来统称,并认为主体的前见存在于主体的一切理解过程中,"是在一切对于事情具有决定性作用的要素被最后考察之前被给予的"[1],由此形成了理解主体特定的理解视域,主体在与文本的对话与视域交融中,产生新的认识,进而影响理解的结果。在肯定了"前见"存在的客观性的同时,加达默尔还指出并非所有的前见都是合理的,有的前见不仅不能帮助人们获得正确的认识,还阻碍理解的顺利实现,产生种种误解,只有能帮助人们达成正确与彻底的理解的前见才是"合理的前见"[2]。尽管加达默尔对前见的把握在理解的相对性与绝对性的统一以及社会历史的有限性与无限性的统一等方面受到了一些争议,但是他所提出的"合理的前见"对我们理解育人关系中的化育对象理解条件的培养有着重要的实践意义。也就是说,为了实现化育对象对化人之"文"的正确、充分理解,走出"迷""盲""乱"的困境,在以文化人的实践中,化育者就要竭力培养化育对象形成与化人之"文"相一致的理解"前见",通俗而言,就是要做一些知识铺垫与价值引导,避免化人之"文"遭遇曲解与误识。学习在这个过程中便发挥着重要的作用,通过"学"来养成"合理的前见",毕竟,作为一个发展中的人,人的一切思想储备都是通过后天的"学"才养成的。毕竟,"每一个个人在国家

---

[1] 〔德〕汉斯-格奥尔格·加达默尔:《真理与方法:哲学诠释学的基本特征》(上卷),洪汉鼎译,上海译文出版社,1999,第347页。
[2] 〔德〕汉斯-格奥尔格·加达默尔:《真理与方法:哲学诠释学的基本特征》(上卷),洪汉鼎译,上海译文出版社,1999,第347页。

中得到教养"①，进而才能实现精神成人，民族的发展亦是如此。所以，以学养人在以文化人实践中的协同价值就是推动化育对象通过积极的学习，形成具有科学品质的合理的"前见"，由此，在合理的"前见"指引下，理解化人之"文"。

2. 通过"学"建构认知图式，促进化育对象对先进文化的吸收

以文化人要使一切有益的知识和文化入脑入心，沉淀于血液之内，融汇于行为之中。如何实现呢？这就要形成人人皆学、处处能学、时时可学的风气，要让学习往深里走、往实里走、往心里走。可以说，在以文化人的实践中，通过"学"，化育对象可以在主动的求知中不断建构新的认知图式，吸收先进文化。以学养人这一实践价值的体现可以借用让·皮亚杰（Jean Piaget）的认知图式理论进行更深入的理解。皮亚杰通过认知图式的不断发展与建构来解释认识的发生与知识的累积，认知图式作为一种认识发生的中介联系认识主客体之间的活动，人的认识的发生与知识的积累也相应地表征为认知图式由低级到高级的发展与建构。皮亚杰从人的婴儿期开始研究，将人的认知图式的发展由低到高进行了排序与命名：遗传图式—习惯图式—感知运动智慧图式—表象性图式—具体运演图式—形式运演图式。②推动人的认知图式发展与建构的关键在于"同化"与"顺应"，"同化"实现了认知图式的量变，是主体在自我既有的认知结构内筛选、整合并吸收外界信息的一种过程；"顺应"实现了认知图式的质变，是主体面对与自我既有认知结构相异的信息，改变或新建认知结构来适应新鲜信息刺激的过程。在"同化"与"顺应"的矛盾运动中，主体的认知图式不断经历历时性的平衡—不平衡—新的平衡构造的过程，此中，主体也不断吸收新的知识，提升了文化素养。在皮亚杰所提出的图式理论基础上，我们进一步追问"同化"与"顺应"这对矛盾是如何产生的呢？这便是学习。一个不学习的人，所接触的外界文化知识刺激必然有限，而越重视学习的人，越会不断接触到外界文化知识的刺激，不断经历从平衡到不平衡

---

① 〔德〕黑格尔：《哲学史讲演录》（第2卷），贺麟等译，商务印书馆，1960，第249页。
② 蒋开天：《图式特质论——基于康德、皮亚杰图式学说的历史考察》，《中南大学学报》（社会科学版）2014年第2期。

的历练,并建构起新的认知平衡,实现文化知识的吸收与更新。所以,要"增强知识更新的紧迫感,如饥似渴学习"[1],来促进知识的巩固与更新。正是学习推动了"同化"与"顺应"的矛盾斗争,使新的认知图式的建构促进了化育对象对先进文化的吸收。

3. 通过"学"增强实践本领,推动化育对象实现知行合一

从以文化人的实践框架来看,通过"学"去增强实践本领,实质上便是推动了先进文化在化育对象身上的知行合一,达成了以文化人的实践初衷。毕竟,对一切先进文化育人成效的衡量均离不开化育对象的实践表现,也就是说一切化人之"文"作用的发挥,最终都需要落脚在化育对象对先进文化吸收基础上的外化,这种行为外化不仅需要育人者持续向化育对象传播、传授先进文化,更需要化育对象自身积极主动的学习,来增强实践本领,实现知行合一。那么,以学养人中的"学"又是如何增强实践本领,推动化育对象实现知行合一呢?首先,一切学习的意义都指向实践,指向所学知识的行为外化,即学习的目的全在于运用。一切有效的学习实质上都是在对所学知识理解、吸收基础上的一种实践运用,所谓腹有诗书气自华,不仅指向精神气质,更指向学习所带来的言行举止的恰当与得体,指向实践本领的增强。在整个理解、吸收、外化的过程中,化育者所倡导的先进文化最终嵌入化育对象的具体实践生活中。其次,深度有效的学习在指导实践的同时,也深化人们的认知。学习是值得提倡的,但并非所有的学习都是有效的,要反对心浮气躁、浅尝辄止、不求甚解的学习状态,提倡沉下心来、持之以恒、学懂弄通、能够解决实际问题的学习。深度有效的学习是学、思、做的统一,这种统一也构成了一种学习与实践的良性循环:以现实问题为导向激发学习,学习指导实践,实践经过进一步验证并充实学习内容。而在以文化人的育人实践中,针对化人之"文",化育对象实现了知行合一,化育对象在实践中检验、深化了对先进文化的认知,并且实践中的所思所做进一步充实并发展了先进文化,实现了文化的传承与发展,由此,不仅将原本外在的化人之"文"融汇到化育对象的实践中,更在化育对象的知行合一中坚定对化人之"文"的信仰,而化育

---

[1] 《十八大以来重要文献选编》(上),中央文献出版社,2014,第279页。

对象也在自己的学习与实践过程中成为先进文化的传承与创造者,由此,提升了以文化人的实践效果。

(三) 以学养人的实践取向

以学养人需要一种恰当的实践取向,以充分发挥其对以文化人的协同性支持。

1. 形成恰当的学习动机

人的行为动机是内外因共同作用的结果。在以学养人的过程中,要正确看待学习先进文化知识的必要性,充分考虑到内外因的动力作用,形成恰当的学习动机。一方面,外部因素迫使人们主动学习,接受先进文化的影响。当前,面对新问题、新事物,面对新的时代任务,更是要强调学习的外部动机,不仅领导干部要以"学"来坚定理想信念,增强本领,而且青年们也要在学习中不断提升与时代背景及事业发展相称的素质和能力,成长成才。另一方面,内因在事物的发展中起主要作用,要正确看待学习,形成恰当的内部学习动机,将外在性的"要我学"转化为更持久有效的"我要学"的内生性动机。学习应当被视为"一种追求、一种爱好、一种健康的生活方式"[①]。作为一种追求,人们应当将学习先进文化视为自我满足与自我价值实现的一种持久的精神需要,予以坚持;作为一种爱好,人们应当激发对先进文化的热爱,将学习先进文化作为一种兴趣,这样才能持久地热爱学习,在学习中体会先进文化熏陶的快乐;作为一种生活方式,对先进文化的学习应当融入人们的日常生活中去,进而内化为一种生活习惯,让学习先进文化成为生活的一种必需品。

2. 选择积极的学习内容

在以学养人的具体实施中,学什么尤为重要,即"既要抓住学习重点,也要注意拓展学习领域;既要向书本学习,也要向实践学习;既要向人民群众学习,向专家学者学习,也要向国外有益经验学习"[②]。在学习内容的重点突出与领域扩展方面,要注意加强理论学习,尤其是学习好马克

[①] 《习近平谈治国理政》(第1卷),外文出版社,2018,第406页。
[②] 《习近平谈治国理政》(第1卷),外文出版社,2018,第404页。

思主义理论，不仅党员、领导干部要将其作为看家本领来系统深入地学，广大青少年更要用科学的理论武装头脑，自觉培育与践行社会主义核心价值观；同时还要加强历史学习，重视历史、研究历史、借鉴历史，继承中华民族优良传统，尤其是学习好党史、新中国史、改革开放史、社会主义发展史、中华民族发展史，进而既能够以史为鉴，增长见识，又能够形成正确的历史观、历史思维，提高分析问题的科学性。除此之外，还要扩展学习领域，不仅要学习中外优秀传统文化知识，还要与时俱进地学习社会主义先进文化，学习国外的先进文化、先进经验，将学习的领域从业务领域扩展到各个相关的专业领域。在学习与实践相统一方面，强调读书与实践的结合，不仅要爱读书、读好书、善读书，还要向实践学习，我们的认知水平与把握能力要在实践中不断发展。对先进文化的学习不仅在于书本与实践，还需要人作为主体与载体来展现与创造，所以，要重视向人民群众、专家学者尤其是英雄模范学习，事实上，他们就是先进文化的人格化展示。其中，尤其要学习并弘扬英雄模范的"忠诚、执着、朴实的鲜明品格"[1]。由此，推进化人之"文"顺利地进入人们的学习视域，在学习中自然而然地被消化吸收。

3. 采用科学的学习方式

在以学养成的具体进路中，科学的学习方式必不可少。其一，朝正确方向学。学习也是有方向的，这种方向代表着政治立场与价值取向，方向不同，学习的内容、动机、效果都会不同。任何类型的学习都要有正确的方向，倘若方向错了，不仅学不到好的文化，还可能在混杂的文化环境中迷失方向、误入歧途，甚至被一些看似好看，实则荒唐、错误的东西所迷惑、所俘虏。那么，学习的正确方向是什么呢？这个正确的方向要符合社会主义核心价值观所指引的方向，要符合社会发展与人的需求所指涉的方向。其二，带着问题学。要反对一切死记硬背、教条主义的学，学习是用以解决实际问题的，要带着问题有针对性地学。以问题为导向的学习更易激发学习的动机，在解决问题的过程中提高对先进文化的吸收与利用效果。其三，学思行相统一。学习、思考与实践三者是相辅相成的关系，一

---

[1] 《十九大以来重要文献选编》（中），中央文献出版社，2021，第220页。

个人在思考、解决问题的过程中，在对学习内容的思辨中，就会自觉地学习，而学习的内容也会自然联系所思考、所做的事情，由此，在学习中思考，在思考中促进学习，在做事中学习，在学习中进一步提高做事的能力，形成学思做的高度统一。其四，挤出时间来学。一些人常以没时间为理由而拒绝学习，由此不能积极主动地去接近、理解、吸收先进文化，耽溺于吃喝玩乐。事实上，只要想学习，时间还是有的，要善于挤时间，要有科学管理时间的意识与能力，以此来保证学习时间，提高学习效率。其五，持续性地学。学习不是一蹴而就的事情，需要树立终身学习的意识，持续不断地学习。在新的时代背景下，信息更新的速度太快，那种旧有的一生学习一次就够了的观念不适应时代的需求，现在人们要持续性、不间断地"充电"，才能满足时代对知识的需求。

二 "把'道'贯通于故事之中"：故事化人

讲故事的本质就是以文化人。重视故事在以文化人中的媒介地位，理解故事化人的实践机理，进而讲好故事，提高以文化人的实效性，是提升新时代以文化人实效的题中应有之义。

（一）故事：以文化人的重要媒介

在以文化人的理论视域中，故事既是一种叙事方式，更是一种折射与传递特定文化精神、价值与意义的特殊媒介。故事作为一种重要的媒介出场并非偶然，而是由以文化人中"文"与"人"之间的矛盾与张力所决定的。

"文"与"人"之间的矛盾与张力表现在两个递进层面，而故事的媒介角色正是在矛盾与张力的层层演绎中得以凸显的。

第一个层面的矛盾与张力体现为文化生成的"类"属性与个体的"人"的文化实践的自发性之间的差异，决定了以文化人之"文"需要经个体"人"的理解才能产生"化人"的功效。文化的本质即"人化"，表征着人的"类"属性，对单个人而言，文化的某些构成尚且存在制约、规范的意味，自然人需要经由后天的教化才能习得代表群体利益的文化，其中，化育对象对特定文化的理解程度直接关联以文化人实践中的化育效果，这便衍生出"文"与"人"之间第二个层面的矛盾与张力。第二个层面的矛盾与张力体现为"文"与"人"的理解之间的距离，凸显了故事作为媒介出场的现实必要性。虽然我们期待作为化育对象的"人"能够对作为化人资源的"文"有彻底的理解，然而现实中却时常发生先进的文化因理解差异而难以发挥好的育人实效的情况，这便是"文"的原初文本与"人"的理解之间的距离。这两个层面的矛盾直接影响以文化人实践对内能否"激发全社会团结奋进的强大力量"①，对外能否"让中国声音赢得国际社会理解和认同"②。故事便在其中扮演着促进理解具体化，拉近距离感，弥合以文化人中"文"与"人"之间矛盾与张力的媒介角色。

其一，故事实现了情境的具体化，拉近"文"的原初文本与"人"的理解之间的时空距离。在当前的时代语境中，化人之"文"的旗帜是马克思主义、主体是中国特色社会主义文化、借鉴资源是其他民族的优秀文化成果。与"文"的资源丰富性相对应，庞大的文化资源原初文本生成的时空语境极富纵深感，与新时代化育对象的理解之间存在时空距离。文化原初文本的实践群体与新时代化育对象时空方位的不同，不仅带来语言的差异，也因文化传统的区别，加大了化育对象把握文本创作者本意的难度，带来理解的间断性。而故事恰好以一种情景具体化的方式，拉近了"文"的原初文本与"人"的理解之间的距离。习近平总书记就曾在纪念红军长征胜利80周年大会上深情讲述了长征路上"半床棉被"的故事，来让伟大的长征精神在群众心中尤其是青少年群体中变得具象与生动。这就是故事所具有的强大粘合力，故事通过人物、事件等要素的组合将文化的思想意旨打造成一种情景，其形成路向多为自下而上的群众型思路，亲和度高。情境化的故事可以从群众生活中提取原型，拉近与化育对象的距离，增进理解；也可以建构他人故事的情境，在他人故事的情境体验中实现理解的具体化；等等。无论故事的主人公如何改变，情境的具体化都为"文"的原初语境与化育对象"人"的当下语境搭建桥梁，为实现文化理

---

① 《习近平关于社会主义文化建设论述摘编》，中央文献出版社，2017，第27页。
② 《习近平关于社会主义文化建设论述摘编》，中央文献出版社，2017，第213页。

解的视域交融创设契机。

其二，故事实现了价值的具体化，拉近"文"的原初文本与"人"的理解之间的文化距离。纵然在文化"真、善、美"的价值层面，人类有共享的可能性与必要性，然而人们文化实践的多样性决定了群体之间的文化惯习存在差异，这种差异便是文化距离。一是中与外之间的距离。作为旗帜导向的马克思主义诞生于西方文化世界，作为育人资源借鉴的其他民族优秀文化成果具有多样的文化身份，而以文化人实践中化育对象的文化惯习绝大部分源自本土文化，理解的达成面临如何协调不同文化距离的问题。既要能走近、理解作为旗帜的马克思主义，又要能在文化自我的基础上理解、吸收一切先进文化的成果。二是古与今之间的距离。化人之"文"的资源不同程度地与化育对象的理解之间存在文化距离，尤其是中华优秀传统文化与革命文化，这种文化距离不仅是语言古今之间的差异，还有文化背景、文化使命等方面的差异。三是一与多之间的距离。这是一个亚文化兴盛的时代，化人之"文"的主体是主流文化，而化育对象的文化惯习却是多样的，易产生理解的文化距离。文化的内核是价值观，理解的文化距离带来理解的价值损耗。此时，故事作为一个有目的、有意识择取并组织的"以意义结构为内核的价值结构"[①]，有助于将文化对人的价值影响从外在的塑造转变为内在的价值成长，即故事以丰富的情节与鲜活的人物形象呈现带有一定文化属性的价值视域，引导理解者在对故事的认同中实现自我价值结构的转化，与故事所承载的文化价值观同构，拉近化育对象与化人之"文"的文化距离。

其三，故事实现了问题的具体化，拉近"文"的原初文本与"人"的理解之间的问题距离。同哲学一样，文化亦是时代精神的精华，不同的时代处境对实践主体提出不同的使命，进而不同时代的人所关注的问题域亦存在差异。化人之"文"的历史纵深感极强，每一个具体的原初文本生成背后的问题域与当下化育对象的问题域之间均存在质与量的区别，由此造成文本与理解之间的问题距离，带来理解的片面性。故事，尤其是建立在真实事件基础上的故事，将化人之"文"生成背后的问题域还原为一定文

---

① 李西顺：《视域交融——探寻深入心灵的德育叙事》，人民出版社，2017，第47页。

化背景中人物的处境、冲突、选择等可观可感的具象化样态，以此来实现理解者的情感共鸣，在理解故事人物所面临的问题与选择的同时，也理解了化人之"文"生成背后的问题域，由此增进化人之"文"的可亲度、可信度。

（二）讲故事：以文化人的实践机理

以文化人需要重视实践策略的生动有效，也就是说这个"化"法应该是有血有肉、有情有理的，在具体的文化化育过程中，只有"讲事实才能说服人，讲形象才能打动人，讲情感才能感染人，讲道理才能影响人"①，而"讲故事就是讲事实、讲形象、讲情感、讲道理"②。在故事化人的实践策略中，我们进一步分析发现故事化人的实践机理在于：在讲事实、讲形象、讲情感、讲道理的过程中，故事为化育对象呈现一个集文化认知、文化情感、价值信仰、精神意志、文化践行等倾向结构于一体的有意义的视界，从而为在讲故事中以文化人提供了可能。

明"知"。文化认知是以文化人育人实践中的重要前提，知其文，方可能信其道。文化认知既是一种文化传播与习得的过程，也是一种复杂的心理与精神层面的运动过程，受个体需要、阶段发展、实践需求、社会互动等主要因素的影响。之所以论及讲故事要明"知"，便是强调讲故事会调动文化认知的主要影响要素。在个体需要层面，化育对象对化人之"文"的需要越强烈，越有助于调动自我认知系统中的诸要素，推动对其的敏锐感知与深刻认识，精心编码的故事凭借具象的、关联度强的、生动的情节关系将日用而不觉的、弥散的、抽象的、形而上的文化演绎为充满烟火气息的叙事，满足个体的好奇心等精神需要。以文化人中的讲故事并非哗众取宠的虚构叙事，作为指向育人的叙事，讲故事是对现实生活的一种映射，因为"全部社会生活在本质上是实践的"③，讲故事亦是如此。源自实践的生活叙事顺应了个体文化认知的实践需求；建立在实践需求基础上的文化认知亦非封闭的个体精神运动，而是一种社会互动过程。认知是

---

① 《习近平关于社会主义文化建设论述摘编》，中央文献出版社，2017，第212页。
② 《习近平关于社会主义文化建设论述摘编》，中央文献出版社，2017，第212页。
③ 《马克思恩格斯选集》（第1卷），人民出版社，2012，第135页。

主客体间的交互作用过程，认知科学中的具身认知观点进一步将认知视作个体内在的心智、认知与外部的身体、社会交互作用而成的产物，讲故事便是"把一个特殊事件置身于一些叙述的历史背景之中"①，这一历史背景便是个人与社会发展的环境因素，进而，指向人与社会关系的讲故事，在社会互动中深化了化育对象对化人之"文"的认知。这一系列故事明"知"的过程正是"通过引人入胜的方式启人入'道'，通过循循善诱的方式让人悟'道'"②。

共"情"。文化情感不同于观念化、可度量的文化认知，文化情感是个体在鲜活的生活经验基础上凝结成的对某种文化的认可、接纳倾向，能够与个体的文化情感结构相对应的文化更容易进入个体的视域，与个体既有的文化生活融为一体，发挥化育的作用。因而，在以文化人的实践中，化育者的文化情感与化育对象的文化情感之间的共鸣度，是以文化人实践机理的重要体现，讲故事便是在共"情"的作用下，实现对化育对象的化育，也是"陈情"与"说理"的一种结合。在以文化人的价值视界中，讲故事的核心并非故事，而是故事中所折射出的人的思想、品性与情感，在讲故事的过程中，无论是叙述者还是故事本身对化育对象而言都涉及自我。尽管讲故事是在叙述他者的世界，但精妙的故事与叙述者有能力引导化育对象通过换位思考、移情体验等方式，将自我置换为故事的主人公，从而在情境化的叙事中，体验故事承载的平凡与伟大，与故事本身及故事叙述者产生共情，形成化育者期待的文化情感。这种以故事共情的实践机理在网络社会表现得尤为明显，在网络社会中，结构化的专业文化传播模式被非结构化的网状传播模式所取代，人人均可能成为文化热点的策源地，与铺天盖地的网络信息相比，讲故事的人，通过引人入胜的故事摆脱文本的苍白；同时，循循善诱的故事有助于突破现代工业文明与技术理性的封锁，触碰人性中柔软的情感，通过故事的小切口传递人生的大道理。

达"信"。文化的内核是价值观，而影响人的文化选择、文化实践，并最终作用于人的言行举止的最重要的因素也是价值观，因而，以文化人

---

① 〔美〕A. 麦金太尔：《德性之后》，龚群等译，中国社会科学出版社，1995，第266页。
② 《习近平关于社会主义文化建设论述摘编》，中央文献出版社，2017，第213页。

的育人实践离不开对人的价值体系的构建与完善，这种价值体系进一步升华为人的价值信仰。对化育对象价值信仰的引导与建构是以文化人的关键环节，但在复杂的现代社会中，价值信仰是多样的，单纯的文本宣传与价值灌输在面对复杂的世俗生活时显得尤为捉襟见肘。其原因在于，价值信仰的形成不属于程序化知识所能通达的领域，单纯依靠反复的文化宣传抑或严格的检验很难让化育对象树立正确的价值信仰，价值信仰要靠化育对象在复杂生活中深切的体验、体认与冲突中的选择、推理来实现。这个价值信仰的传递与生成过程验证着"只有被普遍理解和接受，才能为人们自觉遵守奉行"[1]的道理。所以，价值信仰的形成需要一种指向情境体验的叙事性思维而非指向普遍抽象的例证性思维。讲故事便是一种以叙事性思维为导向的化育策略，讲述者通过描述具体的人、事、物及其之间的关系，在特定的时空方位中，呈现出源于现实或是映射现实的场景，在叙事策略的运用中，叙事者尽力将化育对象的处境置于故事的情境中，影响并建构化育对象的价值世界。而讲故事之余的价值分析与价值讨论更进一步坚定了化育对象的价值信仰，通过故事坚定主体的价值信仰，增强对化人之"文"的文化自信。

聚"意"。以文化人的使命是育人，精神意志是育人的重要影响因素。然而，在人的主体性高涨、价值观念与价值取向纷繁变化的环境中，精神意志靠什么凝聚呢？这"必须有一套与经济基础和政治制度相适应、并能形成广泛社会共识的核心价值观"[2]。讲故事在此中便有着独特的渲染与动员作用。精神意志的形成在个体间固然有禀性的差异，但最根本的因素是日常生活实践的价值遵守以及在特定价值观指引下一种坚韧不拔的心理品质与拼搏有为的精神状态，所以生活实践是锻造精神意志的关键熔炉。对绝大多数的平凡人而言，既有生活实践未必有许多大风大浪与艰难的价值选择困境，温软的生活环境难以锻造坚韧不拔的意志，而个体倘若沉溺于琐碎且安逸的日常生活中，便难以形成稳定而积极的价值观。这时候，通过讲故事，尤其是讲榜样的故事便能产生积极的化育效果。故事化人的实

---

[1] 《习近平关于社会主义文化建设论述摘编》，中央文献出版社，2017，第108页。
[2] 《习近平关于社会主义文化建设论述摘编》，中央文献出版社，2017，第106页。

践机理便在于，叙述者通过故事还原生活实践中的价值冲突，其中的"讲"便是对话与启发，"故事"便是生活，在故事中感受充满矛盾的生活世界以及在与故事中的人物、情境的对话与反思中反观自我，在叙述者与故事的启发感染下，超越庸俗的生活享乐，走向价值信仰的高远。在现实生活中，故事化人的程度越深、覆盖面越广，凝聚化育对象精神力量的效果便越好，以此实现以文化人的育人目标。

促"行"。以文化人最终的效能体现在人的文化践行中，文化践行是衡量化人之"文"是否内化为化育对象的文化认知、文化情感、价值信仰与精神意志，并最终外化为恰当的文化选择与文化实践的重要因素。这种文化践行不仅体现为个体有意识、自觉的文化行为，更表征为个体日常生活中下意识的文化行为，成为个体的一种文化惯习。只有文化惯习才能全面、真实地反映出以文化人的育人成效，检验文化认知、文化情感、价值信仰、精神意志的化育状态。反之，个体的文化践行也是在正确的文化认知、积极的文化情感、科学的价值信仰与强韧的精神意志的驱动下外化出来的。故而，在现代多元并存的文化旋涡中，讲故事作为一种以文化人的媒介化策略，实质上承担了传播并阐释中国道路、中国理论、中国制度、中国精神、中国力量的职责，并且将宏伟的文化视野转换为微观的群众叙事，在将化人之"文"变得可知、可亲、可信的同时，也在关涉自我的情境化体验中，锻造个体精神意志，让人们在"想听爱听，听有所思，听有所得"①的过程中，有效地引导个体在主流文化的场域边界内进行文化实践。积极的文化实践进一步强化了个体对化人之"文"的知、情、信、意、行的体认与统一，有利于形成良性的化育循环。

（三）讲好故事：以文化人的实效提升

纵然故事化人，但并不代表任何故事的叙述都可以作为以文化人的媒介化实践路径，在以文化人的践履中，其效能的实现不仅依赖作为文本的故事的质量，还依赖叙述者的叙事策略以及化育对象的理解程度，其中，不仅涉及故事本身的事实内容、构思技巧、叙事策略，还进一步关涉听故

---

① 《习近平关于社会主义文化建设论述摘编》，中央文献出版社，2017，第212页。

事的人本身的理解方式与理解能力。好的故事有积极的化育效果，坏的故事或者说不能被准确理解的故事还可能使人误入歧途。故而，要讲好故事。

其一，故事的导向要契合化育新人的目标。以文化人是以"文"来育人，培育堪当民族复兴大任的时代新人。作为以文化人的媒介化实践路径，讲故事中的故事不能等同于消遣娱乐的故事，亦需要指向时代新人的培育，为实现这一目标，故事的导向应当成为"发展的'推进器'、民意的'晴雨表'、社会的'黏合剂'、道德的'风向标'"[1]，具体而言，故事要有正确的意识形态性、科学的价值引领性、深切的人文关怀性。

意识形态关系故事化人的政治方向，"思想防线被攻破了，其他防线就很难守住"[2]。故而，讲故事就是要通过正确的素材与生动的化育"巩固马克思主义在意识形态领域的指导地位，巩固全党全国人民团结奋斗的共同思想基础"[3]。价值引领的科学与否关乎故事化人的营养度，没有积极价值取向的故事往往流于荒诞、俗气，仅是迎合人类感官需求的低级消费品，无法充盈人的内心世界，甚至还有消磨意志的负能量。故事的叙述者要择取能弘扬主旋律、正能量，能反映并培育社会主义核心价值观的有营养的故事。是否具有人文关怀性关乎故事的亲民度，感人心者莫先乎情，在故事的叙述、对话中，回归化育对象的生活实践，关心化育对象的精神需求，唤醒化育对象的主体性意识，在积极的精神建构中，深切关怀化育对象的全面发展。

其二，故事的内容要契合化人之"文"的维度。在以文化人的价值视域中，故事的内容应当具有积极的育人价值，与化人之"文"的资源构成保持一致，具体而言，包括以下内容。

讲好马克思主义的故事是一种面对与倾听、接引与对话，既要讲马克思主义原初文本的理论故事还要讲其创始人的故事。通过故事建立化育对象与马克思主义创始人的"时空桥梁"，在情境化的面对中，倾听理论本身及其背后的故事；但面对与倾听的目的是接引与对话，在故事的推进

---

[1] 《习近平关于社会主义文化建设论述摘编》，中央文献出版社，2017，第38页。
[2] 《习近平关于社会主义文化建设论述摘编》，中央文献出版社，2017，第21页。
[3] 《习近平关于社会主义文化建设论述摘编》，中央文献出版社，2017，第22页。

中，将化育对象的私人语境带入马克思主义的时空语境中，去反思与对话，实现马克思主义对化育对象的思想引领。其中，讲好中国故事是根本。"要讲好中华民族的故事、中国共产党的故事、中华人民共和国的故事、中国特色社会主义的故事、改革开放的故事，特别是要讲好新时代的故事。"① 这就涉及三个层面的内容。一是历史层面。须经常讲、反复讲中华优秀传统文化、革命文化和中华民族光荣历史的故事，以故事化人，加强爱国主义、集体主义、社会主义教育。二是时代层面。核心是讲清楚中国特色社会主义的故事，将中国道路、中国理论、中国制度、中国精神、中国力量以故事的形式呈现，实现故事化人。三是平凡人层面。身边人的事最能打动人，从历史名人到"时代楷模"，一个个平凡而伟大的中国人以自己的故事演绎着民族精神。可以说，伟大的中华民族、伟大的中国共产党、伟大的社会主义实践背后，都是由一个个鲜活的中国人的故事支撑起来的，中国人自己的故事更有化人的情感与力量。讲好他者文明的故事同样是讲故事的重要内容。

其三，故事的呈现要契合化育对象的期待。再好的故事也需要被人读懂才能产生积极的化育效果，这就和"理论一经掌握群众，也会变成物质力量"② 的道理类似。也正如理论的掌握不能单纯依靠外在的灌输实现，需要经由人们积极的理解达成一样，好的故事亦需要凭借化育对象具体化的理解来实现对文化认知、文化情感、价值信仰、精神意志的建构，并最终实现文化实践的合理转化，这就涉及故事的呈现。那么如何实现故事的良好呈现呢？在诠释学的理论视域中，主张一种视域融合，也就是说，好的故事需要在讲故事与读（听）故事之间建立恰当的视域融合，契合化育对象的期待。

这涉及两方面的内容。一方面是故事的价值立场。化育对象对故事的理解归根结底是价值信仰基础上的理解认同，价值信仰涉及诸多微观的、私人化的思想、心理、情感等，因而故事的价值立场应当是从化育对象出发的大众的、人民的价值立场。以文化人的教育主体作为故事的叙述者，

---

① 习近平：《思政课是落实立德树人根本任务的关键课程》，人民出版社，2020，第 22~23 页。
② 《马克思恩格斯选集》（第 1 卷），人民出版社，2012，第 9 页。

需要调研、观察化育对象的价值视域，搜集恰当的故事素材，在契合化育对象的期待中以故事化人。另一方面是故事的话语形式。编码—解码理论的创始人斯图亚特·霍尔（Stuart Hall）曾主张任一传媒产品在进入流通领域前都需要予以恰当的编码，编码指向"有意义的话语形式"[1]，故事亦需一定的话语形式来便于化育对象解码。

总而言之，讲故事作为以文化人的媒介应用，实现了化人之"文"的生动与具体的统一，实践了以文化人中行之有效的"化"法，促进了化育对象对先进文化知、情、信、意、行的统一，提升了以文化人的实效性。

三 "入芝兰之室久而自芳"：环境熏陶

任何文化影响力的发挥都需要一定的文化生活环境，人们无法脱离具体的环境处境去进行文化实践，并接受文化的影响。故而，环境熏陶是对以文化人中渗透性原则的重要遵循，环境熏陶也有性质好坏之分，好的环境有"入芝兰之室久而自芳"的化育效果。考虑到以文化人的实践语境，文中所讨论的环境主要指文化环境，即"影响主体活动、存在于主体周围的各种精神文化条件以及与主体生活直接相关的外部环境因素"[2]。

（一）环境的熏陶内化与育人功能

人在创造环境的同时，也在不断接受着环境的影响。具体而言，文化环境的熏陶内化与育人功能主要从两个维度显现。

1. 文化环境以育人载体的形式，对化育对象产生熏陶内化的影响

文化广泛存在于人们的社会生活中，并从人的实践生活多个角度，持续性地、无意识地熏陶着人们的思想行为，使人的存在空间的一事一情，都可以成为一种育人载体，传递出特殊的文化意蕴，介入以文化人的育人实践中，成为一种重要的育人要素。习近平总书记提倡"培育知荣辱、讲

---

[1] 罗钢、刘象愚主编《文化研究读本》，中国社会科学出版社，2000，第347页。
[2] 蒋艳、张长立：《文化环境视域下社会主义核心价值观的培育》，《吉首大学学报》（社会科学版）2017年第4期。

正气、作奉献、促和谐的良好风尚"①，主张发挥社会生活中的环境熏陶作用，再联系"全程育人、全方位育人"②，以及文化育人在"十大育人体系"中的重要地位来看，文化环境不是一种外在的育人背景，而是内置于以文化人育人实践中的一个载体，对化育对象产生熏陶内化的影响。进一步分析，文化环境作为"人化自然"的一部分，在育人者积极的干预下，可以满足作为育人载体的三个关键条件。

一是承载并传播化人之"文"的重要内容与价值导向。人作为社会化存在，时刻存在于特定的文化环境中，而任何文化环境都具有一定的意义与价值倾向，默默地影响着置身于其中的人们，塑造人们的精神世界、固化人们的文化行为。文化环境的熏陶力一旦为化育者所运用，便可以在有目的、有计划的干预下，选择性地呈现先进文化，将文化的价值内核以多样的文化形式嵌入人们的日常生活中去，予以传播，进而以隐性、柔性的方式让先进文化发挥积极的熏陶作用。而且在一些育人的关键点上，还可以将文化环境创设为特定的化人情境，拉近化人之"文"与群众的时间距离与文化距离，增强以文化人的效果。二是文化环境为化育者与化育对象提供了交往、联系的介质。在以文化人的实践中，无论是化人之"文"还是育人的根本目标与根本任务，实质上都需要有代表党和国家意志的化育者来把握并传递给化育对象，这个把握与传递的过程蕴含在化育者与化育对象的交往过程中，交往便离不开维系联系关系的介质，文化环境作为育人实践中的一种必要的、持续性存在的要素，充当了重要的交往介质。在一些精心创设的文化环境里，化育者将育人初衷恰当地置于环境的营造中，有目地吸引并引导化育对象在积极的文化环境中满足自我的发展需求，在具象与细微的文化环境中感知化育者的良苦用心，以此引发情感共鸣，增进先进文化的化育实效。三是文化环境为化育对象的成长提供了浸润性的质料。文化环境以包裹性的形式环绕于人们的生活中，在以文化人的实践中，文化环境作为一种育人载体，可以在化育对象无意识的情况下，浸润其身心，让化育对象在家庭生活、校园氛围、社会舆论等的熏陶

---

① 《习近平谈治国理政》（第1卷），外文出版社，2018，第159页。
② 《习近平谈治国理政》（第2卷），外文出版社，2017，第376页。

下，时刻接受文化的浸润，无意识地将文化环境所蕴含的价值意旨内化为自我的价值信仰，成为一定文化类型的践行者。在这个过程中，文化环境便如同人的成长中的营养剂，在包裹性浸润的过程中，作用于化育对象的成长。

2. 文化环境以育人中的"文化场"样态，影响育人实效

作为一种育人实践，以文化人是在一定的文化场中展开的，不仅育人实践中的化育者与化育对象不断作用于文化环境，既有的文化环境在充当育人载体的同时，也在以一种文化场的形式影响着以文化人育人实践的展开。正如马克思、恩格斯所指出的，不仅"人创造环境，同样，环境也创造人"[1]。而且环境的变化与人的实践展开也具有一致性，其中包含两层含义：一是在实践的展开中，环境与人是互为条件、互为对象、相互制约的；二是人与环境相互成就了彼此，并且这种相互成就是同向发展的，也就是说人的实践中质与量的发展向度与环境生成的样式与趋势是一致的，没有能够脱离现实环境空间而独立进行的实践。所以，我们还需要从文化场的影响来理解文化环境的熏陶。当下，满足人民群众对美好生活的向往更需要重视社会风尚等文化环境的育人影响，不仅要将社会主义核心价值观融入社会发展与人民的生活中去，增强文化的渗透力，还要强调弘扬新风正气、重视舆论环境的文化影响，为人民营造积极的文化氛围。这种文化氛围对青少年的影响尤为重要，习近平总书记就指出要让少年儿童在"知错就改、越改越好的氛围中健康成长"[2]；在网络空间建设中，强调要为网民尤其是青少年"营造一个风清气正"[3]的文化空间。这种空间、氛围的影响实质上就是一种文化场的影响，那么，这种文化场是如何影响育人实效的呢？文化场与所有的环境因素一样，既可以确认与显现人的本质力量，也可以成为人的发展的对立面，否认与削弱人的本质力量；而作为以文化人实践展开的活动场域，文化场既可以成为育人实践的促成力量，又可以成为育人实践的阻滞力量。从皮埃尔·布尔迪厄（Pierre Bourdieu）的场域理论来看，文化环境这种"场"可以理解为"有一定文化特征因素

---

[1] 《马克思恩格斯文集》（第1卷），人民出版社，2009，第545页。
[2] 《习近平谈治国理政》（第1卷），外文出版社，2018，第183页。
[3] 《习近平关于社会主义文化建设论述摘编》，中央文献出版社，2017，第50页。

在其中作用的相对独立的具有社会性的'场域'"[1]，这种场包含了置身于其中的人的大量主观因素。在以文化人的实践中，文化场从三个方面发挥作用。

一是文化场的结构与条件影响着以文化人的实践广度与深度。任何实践都是内容与方式的统一，同样的化人资源与化育主体在不同的文化场内所呈现的实践方式是不同的。为了开展育人实践，化育主体必须适应文化场的情境，用与文化场的要素构成和交往关系相适应的方式，用一定文化场提供的实践条件来发挥先进文化的化育作用，那么在这个过程中，文化场的构造情况、发展程度，就会成为制约以文化人实践开展程度的重要因素，影响育人实践的覆盖面与化育程度。显见的一个例子就是，网络空间文化舆论场与现实空间文化舆论场对以文化人的育人实践提出了不同的要求，需要化育主体以更适宜的实践方式分别在不同的文化场内展开育人实践。二是文化场内的"习性"因素制约着化育者的育人实践。布尔迪厄将"习性"视为场域中的重要构成要素，认为"习性作为一个历史的产物，是性情的一个开放性系统，这个系统不断服从体验，并因此以一种加强或改变结构的方式不断受到体验的影响"[2]。所以，习性可以理解为场域内个体内在性情的倾向性，需要指出的是，这种性情倾向性并不是主观生成的，而是在具体的社会历史条件与物质生产方式的作用下个体内化的产物。放在具体的文化场内来看，主体的习性受制于场内的文化结构与文化关系，并在主体的文化实践中发挥重要影响。那么在以文化人的育人实践中，化育者便不能将化育对象视为毫无文化习性的白板，任由化人之"文"渲染，而实际上，每个化育对象都是一定文化场内的熏染品，都有其独特的文化习性，形成了他们特定的文化认知、文化情感、价值信仰等。而这种个体性倾向因素，与化育者的育人期待之间常常存在转变或冲突的矛盾关系，贯穿于整个育人实践的过程中，当化育对象的文化习性与化人之"文"的价值指向以及化育者的育人期待相一致的时候，以文化人

---

[1] 瞿琨：《场域理论与马克思主义法学理论的发展——以法官审判行为为例的场域分析》，《上海交通大学学报》（哲学社会科学版）2007年第5期。
[2] 〔法〕布尔迪厄：《文化资本与社会炼金术——布尔迪厄访谈录》，包亚明译，上海人民出版社，1997，第181页。

的育人实践便得以在特定的文化场内顺利开展；而当化育对象的文化习性与化人之"文"的价值指向以及化育者的育人期待产生冲突的时候，便说明以文化人的育人实践与特定的文化场产生了价值冲突或者结构冲突，由此不利于育人实践的开展。三是作为一种文化场，文化环境延展了以文化人实践的空间。旨在丰富人的精神世界的育人实践尤其需要反复、长期的浸润与检验，因此，需要一种延展性的空间便于化育者观察化育对象的文化实践，也便于化育对象来展现自我的文化素养与价值取向。其中，文化环境作为一种文化场，恰好提供了这样一种延展性空间，让化育对象在特定的文化场内，表意抒情，为以文化人的育人实践的开展提供针对性的信息材料；而化育者也可以通过对文化场的积极干预与创设，帮助化育对象形成积极的文化习性，引导化育对象做出恰当的文化行为。

（二）环境熏陶的作用方式

精神文化产品是以潜移默化的形式作用于人们的思想观念、价值判断、道德情操，我们若要把握并运用好文化环境熏陶这一路径选择，就需要对"潜移默化"这一环境熏陶的形式有深刻认知，以此来指导后续工作的开展。这里将环境对人的"潜移默化"的影响进一步阐释为同化作用、习惯性调节、社会制约三种主要作用方式。

1. 同化作用

我们通常说的环境塑造人，很重要的一点就是人的行为与环境的影响是一组函数关系，其中文化环境的影响尤胜，即"一定社会的文化环境，对生活其中的人们产生着同化作用"[1]，文化环境作为人化的创造产物不仅最能表征人的本质与社会属性，还对人的思想方式与行为模式发挥着不可抗拒的同化力。这种同化实质上就是文化环境对人的一种熏陶方式，但凡是社会中的人，没有谁能够超脱文化环境的影响而独立存在，人的一言一行都有其内在的文化驱动因素。在进一步阐释文化环境这种同化作用方式之前，先得将其与一般生物性的无意识支配相区分。人首先是一种生物，

---

[1] 习近平：《干在实处 走在前列——推进浙江新发展的思考与实践》，中共中央党校出版社，2006，第293页。

人的行为受限于生理层面的无意识支配，表现为两种类型。一种是在生物本能驱动下的无意识行为。这是指在中枢神经系统的作用下，对外界刺激所表现出的一种无条件反射，比如冷会发抖等本能性的无意识行为。另一种是经由特定的机体与技能锻炼后，在人的机体运动器官对自我行为的一种自动调节下所产生的无意识行为。比如骑自行车，一个熟练的骑者无须时刻思考骑车的步骤与方法，在机体运动器官的无意识支配下，自然而然地产生骑车的行为。文化环境同化作用是建立在生理层面无意识支配基础上的更高层次的一种作用方式，它与生理层面无意识支配的共性在于都是建立在条件反射基础上的一种行为驱动，但是文化环境这种同化作用的实现不是依靠生理机能系统，而是依靠人的文化符号系统，是经由一定的文化熏陶而形成的个体对环境刺激的无意识反应。文化环境的同化作用对人与社会发展的影响力远远大于生理层面的无意识支配。这里我们可以借用伊万·彼得罗维奇·巴甫洛夫（Иван Петрович Павлов）的经典条件反射理论来进一步说明文化环境的同化作用对人的一种无意识支配。巴甫洛夫将一切教育的实现与纪律的养成视为"一长串的条件反射"[1]，并且认为诱发主体思与行产生的前提性条件是"顽强地再现，甚至经常竟不顾我们有意地抵制"[2]。文化环境的同化作用也是如此，在长期的文化因素参与、浸润、习得中，文化环境将一定的文化意旨内化为主体的思想价值系统，当主体在面对外界思想与行为刺激时，便不由自主地按照一定文化环境的发展期待做出一系列的思想与行为反应，这种反应一经获得就具有一定的稳定性，只要人们所处的文化环境没有改变，那么这种环境熏陶就会持续地在主体的身心产生文化影响，不断强化主体的价值信仰，由此，主体在长期的文化环境熏陶中，不自觉地将一定文化的价值期待泛化到自我生活中的方方面面，不断印证着弘扬主旋律、传播正能量的重要性。

2. 习惯性调节

社会性构成了人的本质，人们需要在社会环境中才能发展与丰富自我作为人的属性。其中，文化环境作为有别于纯粹自然环境的社会化环境，

---

[1] 《巴甫洛夫全集》（第4卷），赵璧如、吴生林合译，人民卫生出版社，1958，第415页。
[2] 《巴甫洛夫全集》（第4卷），赵璧如、吴生林合译，人民卫生出版社，1958，第415页。

在以多种形式弥散在人们周围的同时，也构成了人们的实践生活，塑造了人们的文化习性，进而对人们的文化行为产生一种习惯性调节。习惯性调节作为环境熏陶的作用方式，通过塑造化育对象的文化习性，来形成一种内化于心的文化思想与极为熟稔的文化技能，在主体无意识的情况下也能自动调节文化取向与文化行为，让化人之"文"的影响落到实处。文化环境的这种习惯性调节，是文化环境通过塑造化育对象的习性，将特定文化的思想意旨与价值倾向内化到化育对象自我的思想结构中去，沉淀为一种理想信念、文化经验、语义法则、思维习惯等整体性的文化思想与文化行为，让人的一举一动都活脱脱地展现特定的文化背景，在这个过程中人的思想与行为都是自由的，只是文化环境塑造了人的思想世界与行为范式。

3. 社会制约

文化环境还通过社会制约来发挥其对人的"潜移默化"的熏陶力，文化环境之所以能呈现出社会制约这一作用方式，最重要的因素是一定的文化环境一经形成，就对置身于其中的个体的思想与行为以及群体规则产生一定的规约力。对个体而言，文化环境与人的思想与行为互为条件。不仅人的思想与行为造就了文化环境，相应，文化环境以及基于此基础上形成的社会交往关系也为人的思想与行为的发展进路提供了现实的、可参照的文化规范。个体对一定文化环境的适应（这种适应也是文化环境长期熏陶的结果），甚至先于个体对文化环境的具体认知与把握，早在个体出生之日起，就已经成为特定文化环境的熏陶对象，遵循着文化环境对自我思想与行为的规范，随着社会化程度的加深，当个体对自我生活的文化环境有了明晰的认知与认同后，这种文化环境的制约力会进一步强化。对群体而言，文化环境隐性地构成了群体社会生活与制度设置的一种运行图式，它常不着痕迹地"融入经济力量、政治力量、社会力量之中"[1]，发挥着不可小觑的重要作用。所以，当我们在考察某一民族、某一国家的制度构成与社会生活状况时，发现很多问题并不能单纯地从政治、经济等单一的角度得到解释，而需要一种更深层次的文化与价值的观察视角，诸如中国的

---

[1] 习近平：《干在实处 走在前列——推进浙江新发展的思考与实践》，中共中央党校出版社，2006，第289页。

"和合"思想就深刻地嵌入国家的制度设计与群众社会生活中等。社会制约的作用方式还更深刻地体现为文化环境对个体"越轨"的文化思想与行为的调节与惩戒。从人的发展需求以及实践的"为我性"维度考量，任何人都希望在物质生活与精神发展层面的需求得到更好的满足，获得更好的支持，当人的思想与行为所蕴含的文化价值取向与社会文化环境的价值意蕴相一致时，这种思想与行为便会得到社会文化环境的鼓励，这种鼓励本身也是一种积极的制约；而当人的所思所想违背了社会文化环境的价值取向时，社会文化环境便会以群体文化价值代表的身份对人们进行约束与惩戒。

（三）创设芝兰之室的文化环境

当我们确认了环境的熏陶内化与育人功能以及环境熏陶的作用方式之后，还需要明确环境熏陶作为以文化人的一种育人路径固然重要，但这并不代表着任何文化环境都有芝兰之室的效果，文化环境既可以丰富与发展人的本质，也可以站在人的发展的对立面，干扰先进文化的化育。故而，要重视文化环境建设，有效利用好环境的影响力，让人们感受到先进文化的滋养。

1. 重视家庭文明建设

家庭文明是人们在家庭的组织架构内进行对象化实践的物质与文化结果，是一定社会环境所期待的文化精神、价值取向、道德规范等思想文化内容在家庭中的投射。家庭文明在整个社会文化环境中占据着重要的基础性地位，它既体现了社会宏观文化环境的发展程度，又能够为社会大环境的建设提供可操作的微观范本，并且千千万万个家庭的文明程度最终将成为影响社会文化环境建设的重要驱动力。家庭文明也是熏陶主体文化思想、文化行为的最基本、最具有奠基意义的启蒙环境。

其一，站在齐家强国的高度来营造家庭文化氛围。"修身，齐家，治国，平天下"是中华优秀传统文化中重要的价值主张，集中体现了儒学"家"文化精神。我们今天主张爱家与爱国的统一，强调"在家尽孝、为国尽忠是中华民族的优良传统"[①]，就体现了对中华优秀传统文化中齐家强

---

① 《习近平在二〇一九年春节团拜会上的讲话》，《人民日报》2019年2月4日，第1版。

国思想的传承与发扬。重视家庭文化氛围的营造，就是要从爱家爱国、齐家强国的高度来展开，营造充满家国情怀、家国梦想、家国责任的家庭文化氛围。家庭文化氛围的建设不能虚化，需要一定的抓手。如果说家庭文化氛围的建设是基点，那么家教便是促成家庭文化氛围之"用"，家风便是支撑家庭文化氛围之"体"。

其二，从育德成人的维度来开展家教，形成好家风。"家庭是人生的第一个课堂，父母是孩子的第一任老师"[①]，因此，要注重家教，家教是家庭教育的主要内容，其中，最重要的是品德教育，品德教育是关于如何做人的教育。基于此，在家庭教育中便不能止于常规的衣食住行的规范指引与成长保护，而要把育德成人置于首位，在一事一情、一言一行中开展品德教育。一方面将美好的道德观念融入孩子的成长过程中，教会他们做人应有的气节和骨气。另一方面要将社会主义核心价值观融入家庭教育。家庭教育与所有的教育一样，都有特定的价值取向，应当服务并服从于国家与民族的育人导向，要"引导家庭成员特别是下一代热爱党、热爱祖国、热爱人民、热爱中华民族"[②]，故而，家庭教育应当有正确的价值导向，从娃娃抓起，引导下一代形成正确的价值观，在先进文化与社会主义核心价值观的熏陶中，促进他们健康成长、心灵美好，成长为可用之才。家教这一"用"是为了促成好家风这一"体"，进而促进良好家庭文化氛围的形成。新时代应当"推动形成爱国爱家、相亲相爱、向上向善、共建共享的社会主义家庭文明新风尚"[③]。好家教之"用"、好家风之"体"最终支撑起好的家庭文化氛围，在引导家庭成员提高文化道德素养的过程中，将先进的文化资源与价值理念嵌入家庭生活，育德成人。

其三，以共建共享的机制来推进家庭文明建设。鉴于家庭"化"人的重要性，我们既要明确家庭文明建设之于个人小家与社会、国家的共享价值，又要看到多个责任主体之于家庭文明建设的义务，因此，要以共建共享的机制来推进家庭文明建设。共享侧重强调家庭文明建设所具有的育人价值，前文述及，不再赘言，下文则着重探讨多个建设主体。一是全体家

---

① 《习近平谈治国理政》（第2卷），外文出版社，2017，第354页。
② 《习近平谈治国理政》（第2卷），外文出版社，2017，第355页。
③ 《习近平谈治国理政》（第2卷），外文出版社，2017，第356页。

庭成员都肩负着建设家庭文明的责任。要发挥优秀家庭的带动作用，让全国千千万万个家庭行动起来，以好家教形塑好家风，建设好家庭。二是党员领导干部是推进家庭文明建设的重点群体。好家风建设与党员领导干部的作风建设是一脉相承的，实际上，领导干部的家风就是领导作风的重要表现，要继承好修身、齐家的优良传统，传承并弘扬好红色家风，在社会上发挥家风建设的表率作用。三是党委、政府、群团组织等社会各界力量要关心家庭文明建设。党委、政府要承担起家庭文明建设的领导责任；工会、妇联等群团组织，要积极开展文明家庭建设活动；精神文明建设部门，要承担起统筹、协调、指导、督促的责任；整个社会都要参与到家庭文明建设中。

2. 营造校园文化环境

与具有启蒙意义的家庭文明不同，校园文化环境更强调一种价值引导与价值训育，是一种普惠范围较广、较为系统和稳定的中观层面的文化环境。校园文化建设是以文化人、以文育人的重要抓手，要重视持续培育优良校风、学风。在现行的教育体制内，可以说，校园文化环境影响到每一个人的成长发展，在育人者的精心创设与化育对象的积极参与下，校园文化环境可以形式多样地展示先进文化，对学生们产生持续性的熏陶影响。在具体的实践中，可以从三个方面加强校园文化环境建设，使其符合环境熏陶的价值取向。

其一，校园文化环境建设的核心是立德树人。路径选择服务于目标与任务，与家庭文明建设旨在育人一样，校园文化环境从训育的角度育人，即"学校要把德育放在更加重要的位置"[1]。校园文化环境建设与一切校园育人活动一样，其重点都应该围绕立德树人展开。在校园文化环境的创建中要将理想信念、道德准则的教育要求融入环境创建中，要将先进的化人之"文"融汇到校园文化环境中，发挥思想涵化与价值引导的作用。同时，运用各种文化形式，生动具体地表现社会主义核心价值观，让化育对象在良好的校园文化环境中，对真善美形成正确的思想认知，在环境的熏陶下培养积极的文化情操，在朋辈的互促中强化积极的

---

[1] 《习近平谈治国理政》（第1卷），外文出版社，2018，第184页。

文化行为。

其二，校园文化环境建设的重点是校风学风。校风学风是校园文化环境建设的重点。要形成良好的校风学风，一是充分发挥教育者在校风学风建设中的主导作用，切实肩负起立德树人、教书育人的光荣职责，在一言一行中育人。二是充分尊重教育对象在校风学风建设中的主体地位，使其认真读书学习，积极接受先进文化的化育，积极参与到校园文化环境的建设中。三是学校管理者将营造优良校风作为校园建设的基础性工作，坚持从严治校、从严治教、从严治学。四是按照"三全育人"的理念，引导学校全体工作人员共同致力于营造好校风好学风，进而形成建设好的校园文化环境的合力。

其三，校园文化环境建设的载体要显隐结合。校园文化环境建设既要讲究显性树人的文化载体，也要重视隐性树人的文化载体，以此来全方位发挥先进文化的影响作用。在显性载体方面，重视文明校园创建活动，尤其要开展形式多样、健康向上、格调高雅的校园文化活动。校园文化活动作为校园文化环境建设的重要显性载体，可以通过多种灵活的方式，吸引学生们广泛参与，以此来呈现与传递先进文化，并为同学们提供进行文化交流的实践空间。同时，通过建设思政课程与课程思政，将先进文化嵌入课堂，发挥课堂教育在校园文化环境建设中的支撑作用。在隐性载体方面，重视潜移默化，用好的文化资源在无形中默默地发挥育人作用。其中，还可以发挥校园空间多种文化载体作用，诸如名师的言行感染、校园建筑的文化意蕴等来加强校园文化建设，发挥先进文化化育学子的影响作用。

3. 引导社会文化风尚

社会进步的历程与社会文化发展的过程本质上是一致的。而社会文化风尚作为社会文化的发展表征，一般被理解为一定时期内被社会成员普遍接受的、流行度高的一种文化风气与文化习惯，它反映出社会成员的社会心理状态、道德观念与价值取向，是考察一定时期社会群体精神面貌与社会文明程度的重要指标。要通过引导社会文化风尚来育人，"培育知荣辱、讲正气、作奉献、促和谐的良好风尚"[①]。良好社会风尚的形成需要党和国

[①] 《习近平关于社会主义文化建设论述摘编》，中央文献出版社，2017，第105页。

家统筹规划下育人主体的积极引导，涉及全社会范围内的价值培育、道德养成、心态塑造等。

其一，弘扬社会主义核心价值观。群体的精神风貌不仅反映了社会文化风尚，也构成了社会文化风尚，故而，引导社会文化风尚良性发展需要群众积极的精神风貌支撑。能够代表群众精神风貌的关键内核是价值观念，当前社会中出现的一些不利于积极文化风尚形成的现象，归根结底都与价值观念的偏误有关。在价值观念的偏误下，社会中出现了一些"没有国家观念、集体观念、家庭观念，不讲对错，不问是非，不知美丑，不辨香臭，浑浑噩噩，穷奢极欲"[①]的歪风邪气。所以，引导社会文化风尚良性发展的关键在于社会主义核心价值观的培育，要将社会主义核心价值观的培育与践行覆盖到社会的每个角落、每个方面，要无处不在、无时不有，内化为社会每个成员的价值追求。在这个过程中，既需要化育主体有组织、有目的的引导以及家庭教育与学校教育的配合，还需要群众积极地接受社会主义核心价值观的引导。

其二，提高全民族思想道德水平。人民的思想道德水平之于良好社会文化风尚的形成具有重要价值，要"引导人们向往和追求讲道德、尊道德、守道德的生活，形成向上的力量、向善的力量"[②]。在人民思想道德水平提升方面，一是要将时代新风与传统美德相结合，将中华优秀传统文化中的道德教育元素置于新的时代背景中，予以传承与发展。坚持马克思主义道德观，并以社会主义核心价值观凝聚道德建设的力量。二是将道德认知的培养与道德实践的推进相结合，重视知行合一，道德修养的提高要重视实践的因素，在做人做事中崇德修身，在群众性精神文明创建活动中提高群众的道德素养。三是发挥家庭言传身教的道德作用，在文明家庭的创建中推进社会道德建设。四是以文艺作品传递真善美，将道德教育融入人们惯常、热爱的文化消费中，强化人们的道德判断力和道德荣誉感。

其三，加强党员干部作风建设。党员干部的作风问题不仅关乎其党性的强弱，更关乎社会文化风尚的发展方向，"领导干部作风不过关，不过

---

① 《习近平关于社会主义文化建设论述摘编》，中央文献出版社，2017，第8页。
② 《习近平关于社会主义文化建设论述摘编》，中央文献出版社，2017，第138页。

硬，党风社会风气就不可能好"①。党员干部的作风建设一方面为群众的价值取向、道德规范提供了参照的尺度；另一方面，党员干部的影响力较之于群众的言行影响力要大得多，容易被模仿被放大，直接影响良好社会风尚的形成。所以，要大力"倡导共产党人的世界观、人生观、价值观，坚守共产党人的精神家园"②，以清朗的党风促社风、民风建设。

其四，塑造良好的社会心态。社会心态一般指一定时期内，群体的社会性认知、情绪表现、价值倾向与行为趋向的总和，社会心态深层次地制约良好社会文化风尚的形成与发展，这种制约性在信息爆炸、万物互联的网络社会表现得尤为突出。当下，要着力塑造自尊自信、理性平和、亲善友爱的良好社会心态。这方面，除了引导群众价值观与进行思想道德教育之外，还要健全社会心理服务体系和疏导机制、危机干预机制。随着社会现代化程度的加深，不仅发展中的各种社会矛盾投射到个人的成长发展中，而且个人在快节奏社会生活中的不适应与成长发展中的普遍性矛盾交织、缠绕，诱发了各种各样的心理压力、心理问题，影响良好社会心态的形成，急需良性的专业机构介入与疏导，来排解压力，引导人们更平和地、积极地看待各种社会问题以及自我需求与现实的差异等矛盾。

4. 建设网络文化空间

网络文化空间实质上已经与人们的家庭生活、校园生活、社会生活紧密接榫，在"互联网+"的发展趋势下，网络已然突破了单纯的技术向度，转而成为人们生产生活、娱乐休闲的重要场域，对人们的发展成长产生重要影响。也正是网络文化空间对人的影响程度之深、辐射面之广的缘由，这里将网络文化空间单列陈述。

其一，打造主流文化影响场。文化空间的价值导向实质上是文化影响场的较量，一个空间内足够强大的文化影响场不仅可以有效吸引网民的注意力，抓取网络流量，还能够通过拓展场域辐射场，引导网络文化的价值导向与发展取向。故而，建设网络文化空间首先需要打造一个强大的先进

---

① 《习近平关于"不忘初心、牢记使命"论述摘编》，党建读物出版社、中央文献出版社，2019，第195页。
② 《习近平关于社会主义文化建设论述摘编》，中央文献出版社，2017，第127页。

文化影响场，在网络空间，这种文化影响场的形成与构建是经由一个个媒体来聚拢资源与联结网民的，所以，打造主流文化影响场的关键是得有靠得住的主流文化媒体，这种主流文化媒体需要有强大的传播力、引导力、影响力、公信力，在这个过程中要坚持"导向为魂、移动为先、内容为王、创新为要，在体制机制、政策措施、流程管理、人才技术等方面加快融合步伐，建立融合传播矩阵，打造融合产品，取得了积极成效。我们要立足形势发展，坚定不移推动媒体深度融合"①，"形成网上网下同心圆"②。所谓导向，就是要求网络空间主流文化媒体坚持正确的价值导向，面对低门槛、多主体、信息爆炸的网络文化圈，能够用主流价值驾驭"算法"，用强大的主流文化影响场来引领混杂的网络文化圈，用以文化文的艺术来配合以文化人的育人目标。所谓移动，就是要求主流媒体跟着人走，适应信息找人的网络环境，在移动媒体时代，坚持"移动优先"的发展思路，既要能够建立好自己的移动平台，也要能够充分利用网络空间的各种移动平台，将弘扬正能量的育人之"文"通过新型移动载体传递给网民。所谓内容为王，指的是主流媒体要及时"提供更多真实客观、观点鲜明的信息内容，牢牢掌握舆论场主动权和主导权"③，在这个过程中还要秉承以人民为中心的发展思想，从人民的视角与以文化人的目标来强化网络空间主流媒体的议程设置能力，推送更多有营养、受群众欢迎的内容。同时还要善于创新，要因势而谋、应势而动、顺势而为，在时、度、效的把握中着重于理念、内容、形式、方法、手段等的创新，以此来提升网络空间主流媒体的信息传播与宣传的质量，最大限度地发挥主流文化影响场的作用。

其二，加强网络文化监管。营造风清气正的网络文化空间不仅需要主流文化影响场的主动作为与正面引导，还需要文化监管之手来管，保障先进文化的传播空间，挤压负能量的生存场域，保护网民的文化权益。要始终认识到网络不是法外之地、舆论飞地，网络主管部门要履行好监管责任。网络文化空间与传统物质文化空间不同，网络文化空间是一个高度赋

---

① 《习近平谈治国理政》（第3卷），外文出版社，2020，第317页。
② 《习近平谈治国理政》（第3卷），外文出版社，2020，第317页。
③ 《习近平谈治国理政》（第3卷），外文出版社，2020，第319页。

权、高度多元、高度传播的文化生成与实践场域。一方面，这一文化空间解构了传统物质空间纵向的、稳定的信息传播模式，转而成为一个多中心点、多信息渠道的网状信息传播模式。在主流文化圈之外游离着大量次生网络文化圈，这些次生网络文化圈的价值取向与舆论导向并非都与主流文化一致，甚至还有不少对抗性的文化元素。另一方面，在资本的驱动下，各种价值取向的文化繁盛于网络空间。在利润的推动下，文化本应有的价值引导性弱化，而一些博人眼球、混淆视听、吊人胃口的信息资源在利润的驱动下大量供应给网民，甚至在一些媒介中出现了"劣币驱逐良币"的异化现象，违背了人的发展需求，不利于网络空间以文化人实践的展开。那么，对这些与主流文化存在明显对抗性、尖锐对立的个别网络文化圈，就无法单纯地通过先进文化的价值引导来实现其由黑转红，而是要通过网络文化监管来把控信息源头，从法律、制度层面来截断不良文化的生产与传播路径，还群众清朗的网络文化空间。

其三，强化媒介素养教育。当我们在谈及网络文化空间的自由性时，不仅指网络文化资源供应的自由，也指向网民网络文化选择、传播、实践的自由。既然文化是人的实践产物，那么网民的网络实践对网络空间文化建设便有着举足轻重的深刻影响，故而，强化网民的媒介素养教育，提高网民网络实践的文化自觉便是必不可少的环节。这里文化自觉主要是指网民能够在较高的媒介素养的支撑下自觉地选择、传播、生产先进文化，拒绝低俗、庸俗、媚俗的文化内容，自觉抵制不良意识形态的侵蚀，积极弘扬主旋律、正能量。不仅政府部门要"增强同媒体打交道的能力，不断提高治国理政能力和水平"[①]，而且在万物互联的网络时代，每一个人都需要学会运用互联网。涉及网络文化空间建设方面，首先需要着力提升群众的网络文化辨别力与筛选能力。在社会主义核心价值观的培育与践行中，引导群众区分并摒弃与主流价值相悖的文化成分，减少不良网络文化的侵染。其次，加强网络安全教育。信息社会运作背后的驱动力是文化与价值的动员，网络文化空间越来越成为敌对势力意识形态渗透与恶意舆论煽动的突破口，因此，要通过持续的网络安全教育，帮助群众识别网络文化陷

[①] 《习近平谈治国理政》（第3卷），外文出版社，2020，第320页。

阱，避免在不良文化实践中沦为敌对势力的"帮凶"。最后，要有一定水平的网络媒介使用能力。若要让"互联网这个最大变量变成事业发展的最大增量"①，还需要全体网民的共同努力，不仅以文化人的化育主体要提高网络工作的能力，而且群众作为先进文化的创造者与化育对象，也需要有一定的网络媒介使用能力，以适应网络时代的文化信息传播环境，并能够用自我积极的文化实践充实网络空间文化建设，来创造更多导向正确、内容积极、接地气的网络文化内容。

四 "在实践中感知它领悟它"：实践养成

不仅物质实践孕育了各式各样的价值主张、交往活动，而且一切人类理念性的设想与现实中的交往，都离不开实践的熔铸与实践的检验。我们要坚持从物质实践的视角去理解以文化人的育人主张，让人们在实践中感知它、领悟它。为了更好地理解实践养成这一路径选择，下文将从实践养成的学理依据、路径优势、重点载体与基本要求三个方面进行探讨。

（一）实践养成的学理依据

实践养成作为以文化人路径选择有着深刻的哲学意蕴，正如马克思所言"良心是由人的知识和全部生活方式来决定的"② 一样，重视实践养成，就是观照文化教育活动的实践属性、育人关系的实践特质以及主体的实践性本质。

1. 实践养成符合文化的实践论理解维度

作为一种育人理念与育人机制，以文化人的独特之处在于其育人介质是文化，通过发挥文化潜移默化的作用来完成育人的目标与任务。而文化的本质绝不是纯粹的理念之物，马克思主义确立了文化的实践论理解维度，由此出发，一切以文化为介质的育人都无法脱离实践取得好的实效。

---

① 《习近平谈治国理政》（第3卷），外文出版社，2020，第311页。
② 《马克思恩格斯全集》（第6卷），人民出版社，1961，第152页。

过去各种各样的文化理论从文化之于人的知识意义、价值维度、生存意义与历时性延续等维度对文化进行了研究与阐释，突出了文化之于人的重要性，但是，只有马克思主义从物质实践的基点，深刻阐释了文化的生成、发展、建设与价值评判，为人的文化的习得与文化之于人的意义开辟了实践养成的分析视域。作为人所特有的文化是人区别于其他生物的重要属性。而文化的生成在于人的自由的有意识的活动，即实践，实践提供了一切感性世界的存在基础。如此，从总体上看，不仅认识源于实践，人的存在方式以及依附于人生成的文化都来源于实践。所以，实践内在地孕育着文化与价值的规定性。马克思主义还从实践的维度揭示了文化的发展及作用于人的维度，认为一切人类历史的延续就是人类实践的发展过程，人们在实践中首先完成生存所必需的物质资料生产。其次，不断引发并满足新的需要，同时还不断进行人的繁殖，在这个过程中人的意识不断地被生产与扩容，并且随着物质生产的发展与社会分工的细化，精神劳动从物质劳动中分离，意识独立，转而去"构造'纯粹的'理论、神学、哲学、道德等等"[1]。文化作为精神劳动的成果由此发展起来，并与意识一道对人的发展与社会的运行发挥积极的能动作用，并经人的实践发挥出来。此外，马克思主义还基于实践论述了文化建设与价值评判。马克思主义认为，一切文化的价值评判及基于一定价值观念之上的文化建设都应该从人的发展的维度视之，强调从实践理性的角度来发挥先进文化对人的影响，并不断推进化人之"文"的建设。由此维度延伸，既然文化的生成、发展、影响、价值评判等都是基于实践演绎的，那么，实践养成这一路径选择，符合文化这一育人介质的形成与发展规律，能够在现实的、具体的实践中将文化的影响与人的存在相结合，在文化的化人中实现先进文化的发展、传承，以及丰富人的文化属性。

2. 实践养成契合育人关系的实践性特质

在文明社会，虽然一切育人活动的开展在人们的成长与发展中都直接、现实地存在着，但是，从实践的角度来看，任何育人关系都不是先天的、现成的存在，而是人的实践活动逐步丰富、深化与协调的产物。正是

---

[1] 《马克思恩格斯文集》（第1卷），人民出版社，2009，第534页。

因为实践的客观存在，人与人、人与自然才会产生一定的互动、结成一定的关系、产生一定的生产力，而社会的运动也在基于实践而生的生产力与生产关系的推动下持续展开，在这个过程中，人们为了文明的延续、社会的发展在社会关系的范畴内结成了人类所特有的育人关系。实践的不断深化所带来的社会生产力的发展与社会财富的增加，一方面强化了各种育人关系的存在，另一方面对人的本质力量的发挥也提出了更高的要求，进一步推进了育人关系的深化与细化。育人关系尤其是旨在促进人的精神世界成长的育人关系的顺利维系，需要实践的辅助，只有在全方位、全过程的实践浸润中，才能获取化育对象习惯、认知、情感、信仰等一系列影响育人关系的重要资料，进而在育人者所创设的育人情境中，将育人的介质与初衷融入育人实践中，结成有利于育人目标达成的育人关系。育人关系在实践中是不断发展的。任何育人关系的结成都不是一成不变的，其中充满了对旧的关系的扬弃与对不确定情况的应对，而这一切都是在具体实践中发展的。随着社会的发展、育人情境的变化、育人关系中各种诉求的调整等不确定性因素的出现，育人关系的合理性与有效性有赖于因时、因势而动的一种发展，这种发展在社会实践的不断建构以及育人实践的冲突与重新组织中不断形成，并在实践的持续检验中调整。由此观之，以文化人作为一种育人机制，其本身就是在一定时间与空间范畴内产生的人与人的一种交往实践，这种交往虽然以文化为介质，却在很大程度上依赖具体实践活动的养成教育，遵循育人关系的实践性本质。也就是说，以文化人中的育人关系是实践性的，也唯有在实践中才能达成育人初衷，这就为以文化人中实践养成的路径选择提供了必要性与可能性依据。

3. 实践养成尊重主体的实践性本质

以文化人是围绕人而展开的，育人目标与任务的完成均离不开化育者与化育对象的主体性发挥，需要遵循主体性原则。无论是由各式人们所构成的育人对象，还是代表国家意志与民族利益的化育者，都具有典型的实践性本质，其主体性的发挥都是基于人的实践性本质。既然主体具有实践性本质，而一切主体性的彰显都离不开实践，那么一切围绕人而展开的工作都需要依靠实践的力量，即"个人怎样表现自己的生命，他们自己就是怎样"①。在以文化人的育人机制中，化育者在具体的实践中将化育对象视为具体的、现实的人，来考察他们在感性的实践活动中的文化选择、思想境界与文化行为，通过精心创设的实践载体，将先进文化的价值取向渗透到现实的人的感性生活中去，育人于无声。而化育对象也在实践养成的路径选择中有了更广阔的表意空间，走出了纯粹的思维间的交流，转而实现自我的精神世界与预设的实践场景的互动，在一系列交融与冲突中，推动自我精神世界与文化实践的否定之否定成长。

（二）实践养成的路径优势

作为一种路径选择，不仅需要透过表象从学理层面探讨实践养成的路径选择的依据所在，更需要结合实施过程的具体表现，进一步明晰实践养成的路径优势，由此，需要更深刻地把握实践养成的存在意义。毕竟，在整个人的成长培养中，要肯定知行合一、行胜于言的意义，实践是理论之源，要实践，实践，再实践，而且，我们学习先进文化也是为了"把科学思想理论转化为认识世界、改造世界的强大物质力量"②。实践养成的路径选择，从思维与存在相统一的维度，深化了实践主体的文化信仰，形塑了主体的文化行为。从前文述及的"知行合一""行胜于言"的价值维度衍生开去，实践养成最突出的路径优势就体现为：在创设的实践场景中，促进了化育对象对化人之"文"认知的发生，实现了化育对象对化人之"文"理解的深化，进而推进了化育对象文化认知与文化实践的知行合一。

1. 实践养成促进了化育对象对化人之"文"认知的发生

认识是人们了解事物的前提环节，对化人之"文"产生具体的认识与感知是发挥文化积极影响力的重要条件。毕竟，实践性是育人关系最重要的特质，纵然化人之"文"再先进，若不能进入化育对象的实践生活，为化育对象所认识与感知，也发挥不出任何积极的育人效力。只有实践才能出真知，这点可以从人的认识发生机制中进行更深层次的理解，古今中外，人的认识都是哲学研究的重要命题，无论是王阳明的"心外无物"还

---

① 《马克思恩格斯选集》（第1卷），人民出版社，2012，第147页。
② 《习近平谈治国理政》（第2卷），外文出版社，2017，第68页。

是黑格尔的"绝对精神",抑或康德在"可知"与"不可知"之间的艰难徘徊,都没能彻底地解释人的认识发生。通过对前人理论的扬弃,马克思主义从历史唯物主义的视角解释了人的认识发生,认为历史的、具体的实践是人的认识之源。也就是说,"人们按照自己的物质生产率建立相应的社会关系,正是这些人又按照自己的社会关系创造了相应的原理、观念和范畴"①。既然一切物质形式与精神形式的成果都是物质生产的产物,那么人们也唯有通过实践才能获得真实的认知,一切脱离实践的认识发生论或将人引入唯心主义的歧途,或将人引入不可知的神秘主义旋涡,只有在实践中人们才能实现思维与存在的统一。让·皮亚杰(Jean Piaget)就从微观的视角剖析了实践在人的认识发展中的价值,他既反对经验主义者所主张的一切认识来自主体之外的客体之物,又不赞同各种先验论、天赋论者所主张的认识来自主体纯粹的内部结构中。皮亚杰认为一切认识均"起因于主客体之间的相互作用"②,对分化了的主体与客体而言,能够协调起主体与客体之间的"唯一一个可能的连接点"③ 就是"活动",作为"一种特定的活动"④,是主体为了获取认识而展开的动作。这与马克思主义所论及的人类有目的、有组织的实践活动是相通的,在皮亚杰的认识发生论中,"活动"成为连接主体与客体认识的中介,在知识的发生与建构中有着不可替代的重要价值。在以文化人中,实践养成连接了化育者、化育对象、化人之"文"之间的关系,为化育对象搭建了认识化人之"文"的具体的、感性的活动平台,在此过程中,实践养成促进了化育对象对化人之"文"认知的发生。

2. 实践养成实现了化育对象对化人之"文"理解的深化

任何心智正常的人都是在特定文化圈的熏染下成长为社会化的人的,在此过程中,文化对人的影响是深入灵魂的,人们对所信仰与践行的文化有默契的共识与共鸣,而这一切都有赖于人们对文化的自觉与深刻的理解。从这个道理出发,任何化人之"文"若想与化育对象达成共识与实现

---

① 《马克思恩格斯文集》(第1卷),人民出版社,2009,第603页。
② 〔瑞士〕让·皮亚杰:《发生认识论原理》,王宪钿等译,商务印书馆,1981,第21页。
③ 〔瑞士〕让·皮亚杰:《发生认识论原理》,王宪钿等译,商务印书馆,1981,第23页。
④ 〔瑞士〕让·皮亚杰:《发生认识论原理》,王宪钿等译,商务印书馆,1981,第23页。

共鸣，就需要实现化育对象对化人之"文"的自觉、深刻的理解，正如马克斯·韦伯（Max Weber）认为的一样，在对有意义的人类生活与历史的把握中，理解是"基本手段"[1]。既然文化与化育对象都具有实践性的本质，那么达成这种理解光依靠理念与思维之间的交流是不够的，需要一种活动的介入，即实践养成，毕竟，"做人做事，最怕的就是只说不做，眼高手低"[2]，要以行求知。实践养成首先丰富了化育对象对化人之"文"理解的情感向度。韦伯将理解区分为两种类型：一种是以数学命题的演算或具体的实践方式方法为主要内容的"逻辑的或数学的"[3] 理解；另一种是以价值、终极目标、宗教信仰、情绪心境等为主要内容的神入理解，侧重于"情感关系的重新体验"[4]。显然，对文化的理解属于韦伯口中的神入理解。韦伯认为，神入理解的可能性在于理解者在重置的类似的情境中来体验理解对象的情绪变化，其中暗含的一个潜台词是认为人们在差不多的环境中产生的理解才具有可交流的、接轨的可能性，这种可能性的提升还有赖于人们价值取向与信仰取向的一致性。由此看来，实践养成对促进化育对象对化人之"文"的理解十分有价值，化育对象在化育者精心筹划的富有特定文化意蕴与价值指向的实践活动中，能够更真切地感受到化人之"文"的精神内核，在场景的共鸣中丰富理解的情感向度，深化对化人之"文"的理解。其次，实践养成实现了化育对象对化人之"文"理解的深化。承认是主体与主体、与共同体形成密切关系的联系点，人们对文化理解的深化往往与文化背后的实践共同体有关系，我们经常发现人们会因怀有承认共同体的情感，而践行共同体的文化价值主张，很多亚文化群体就是这样产生的。在实践养成中，化育对象有了一个接触文化共同体的机会，在鲜活而具体的实践活动中，化育对象将自我与实践群体进行比照并融入实践群体，实现对共同体文化信仰的自我承认，而在被他人文化信仰的熏染中，自我文化信仰的皈依又会得到共同体的承认，由此，化育对象与实践共同体之间达成了文化的共识，在后续不断的实践强化与化育者的

---

[1] 〔德〕马克斯·韦伯：《社会科学方法论》，韩水法译，商务印书馆，2013，第 vi 页。
[2] 习近平：《在北京大学师生座谈会上的讲话》，人民出版社，2018，第 14 页。
[3] 〔德〕马克斯·韦伯：《社会科学方法论》，韩水法译，商务印书馆，2013，第 xv 页。
[4] 〔德〕马克斯·韦伯：《社会科学方法论》，韩水法译，商务印书馆，2013，第 xv 页。

策划与鼓励下，获得情感满足与价值实现，达成对化人之"文"的一种高度认同。这点我们可以从许多志愿者活动的组织、实施，以及通过后续社会主流文化对志愿者们的高度认可与评价，进而强化志愿者心中的正能量这一系列联系中得到验证。

3. 实践养成推进了化育对象文化认知与文化实践的知行合一

无论是文化的形成与作用的发挥，还是以文化人的育人机制，其本身就是一个实践性命题，这一育人实效显现有赖于化育对象的实践表现，也就是说需要化育对象将化人之"文"内化于心、外化于行。倘若不能实现文化认知与文化实践的知行合一，那么，化人之"文"的影响力的发挥便是浅显与低效的。实践养成在推动化育对象知行合一方面有着独特的积极价值。习近平总书记在谈及价值观培育时指出："道不可坐论，德不能空谈。于实处用力，从知行合一上下功夫。"① 如此，先进的价值观念才能实现良好的内化与积极的外化。毕竟，人的本质是实践性的，人的发展是未完成式的、渐进的，而一切发展质量的衡量或是发展指数的表现都需要一种实践的视角考察。如此，实践养成在为化育对象提供了一个认知、理解化人之"文"的平台的同时，更为化育对象提供了一个验证化人之"文"的先进性，同时展示自我被化育程度的渠道，进而，推动了化育对象的知行合一。首先，化育对象在实践中，发现并验证了化人之"文"的先进性，坚定了践行先进文化的信念。实践是检验认识正确与否的唯一途径，而实践也是验证一种文化、一种价值观念先进与否的唯一可靠路径。当我们把先进文化传播给化育对象的时候，刨除实践养成的路径选择，单纯的思维、话语交流虽然也能有春风化雨的涵化影响，但是在证实自己先进性、证实自己值得为化育对象选择并践行的维度方面，还是缺点硬气。实践养成补的就是这个硬气，这就是很多人在重走了长征路、遍访了革命遗址、探寻了烈士足迹后，再谈及革命理想高于天的文化精神时，忍不住热泪盈眶、灵魂颤动的原因所在。实践证实了化人之"文"的价值所在，坚定了化育对象的文化信仰，激励化育对象不断朝着先进文化期待的方向行动。其次，化育对象在实践养成中，可以展示自己被先进文化化育的程

---

① 《习近平谈治国理政》（第 1 卷），外文出版社，2018，第 173 页。

度，使其积极的行为受到鼓励，不恰当的行为有矫正的机会。要以实际行动促进社会进步，一个人对先进文化的认知彻底与否、文化信仰坚定与否，在实践中都会暴露得一览无余。无论是精神文明创建活动还是校园文化活动，化育对象在持续的实践熔铸中，都会下意识地流露出自我的文化选择与文化行为，这就为化育者更好地引导化育对象提供了具体的平台，有助于化育对象更充分地将化人之"文"的价值理念践行于实践中，实现知行合一。

（三）实践养成的重点载体与基本要求

尽管实践养成有深厚的学理依据与鲜明的价值表征，但是，并非任何实践都能够成为以文化人的路径选择，在以文化人的价值框架内，需要有精心组织的、能够承载先进文化价值意蕴的、有助于化育对象接纳与成长的实践载体，下文将关注三类重点载体：群众性精神文明创建活动、志愿服务活动、校园文化活动与社会实践。

1. 实践养成的重点载体

其一，在群众性精神文明创建活动中化人。群众性精神文明创建活动是基于群众的创造性实践而生、后经由政府主导并实施的一种针对人们主观世界改造而展开的文化实践活动，主要致力于推动人们文化素养以及思想境界的提升，是以文化人的理论与价值主张转化为群众性社会实践的重要形式与载体。2019年9月，习近平总书记在全国道德模范表彰活动中指出，要"深化群众性精神文明创建活动，着力培养担当民族复兴大任的时代新人，让社会主义道德的阳光温暖人间，让文明的雨露滋润社会，为奋进新时代、共筑中国梦提供强大精神力量和道德支撑"[①]。群众性精神文明创建活动与一般的群众性自发活动不同，它具有显著的导向性、渗透性、层次性、多样性等特征。导向性表示群众性精神文明创建活动是主流文化的载体，这种创建活动的存在本身就是为了推进主流价值信仰、思想观念、政治立场、道德取向的传播；渗透性表示群众性精神文明创建活动与群众日常生活实践的紧密结合度，这种创建活动本身就是经由群众的智慧

---

① 《习近平关于社会主义精神文明建设论述摘编》，中央文献出版社，2022，第203页。

而发起，以群众的生活为蓝本，群众便是创建活动的服务对象与表现主体，由此，创建活动便更容易渗透到群众的实践生活中，形成一个整体；层次性表示群众性精神文明创建活动的范围、对象、区域的层次化，在不同的行政层级间、行业单位间都可以开展相应的创建活动，以此灵活开展创建活动；多样性表示群众性精神文明创建活动的形式与内容是丰富的，同一个主题在不同的情境与对象中可以有多样的表现形式。正因群众性精神文明创建活动的独特内涵与特征，才使得其具有很重要的化育群众的优势，在这个过程中，"让社会主义道德的阳光温暖人间，让文明的雨露滋润社会"①。经由特定的文化实践实现先进文化资源与成果的群众性共享；推动群众在可知、可感的参与性实践中有意识地树立正确的价值观；在创建活动的多样化、普泛化发展中，推进以文化人成为一种常态，在物质层面、精神层面实现社会与人的发展的协调并进。

其二，在志愿服务活动中化人。志愿服务属于民间或一些专业慈善机构等所组织起来的公益慈善活动，其兴起的初衷是帮助他人，通过发动并吸引有爱心的群众在帮助有困难的人解决困难、改善生活的过程中传递爱心。随着现代公益事业的发展，以及学校对青少年志愿服务活动的重视，越来越多的人参加过志愿服务或是接受过志愿服务的帮助，志愿服务在"助人"的功能之外愈发显示出"育人"的价值。"奉献、友爱、互助、进步"的志愿服务精神与中国特色社会主义文化所传递出的社会主义核心价值观高度吻合，提升了群众尤其是青少年的思想境界与道德情操。"志愿服务是社会文明进步的重要标志"，"充分彰显了理想信念、爱心善意、责任担当，成为人民有信仰、国家有力量、民族有希望的生动体现"②，要重视在社会志愿服务中化人，"从'赠人玫瑰、手有余香'中感受善的力量"③。志愿服务之所以能够成为先进文化与社会主义核心价值观的负荷体，发挥出化人的价值，主要体现在以下几个维度。志愿服务以高度的可感性、可知性提升了实践双方对先进文化、主流价值的认可度。以新冠疫情期间的抗疫志愿者为例，所有从教科书中学习到的、从新闻舆论宣传中

---

① 《习近平关于社会主义精神文明建设论述摘编》，中央文献出版社，2022，第203页。
② 《习近平关于社会主义精神文明建设论述摘编》，中央文献出版社，2022，第286页。
③ 《习近平关于社会主义精神文明建设论述摘编》，中央文献出版社，2022，第139页。

接触到的雷锋精神、国家制度的优越性等文化知识与价值理念,在无私的志愿服务中得到了生动演绎,志愿者的践行与被服务者的感动与反馈,使志愿服务中的实践双方坚定了对先进文化、社会主义核心价值观的信仰。志愿服务以高度的互动性促进了社会正能量的流动。文化的价值内核很难在固化的环境中发挥出普遍性的化育影响,它需要一种积极的交互性关系,来确认化人之"文"的先进性,并传播先进文化。志愿服务活动适时地提供了这种交互性关系,这在各种志愿活动的服务中表现得尤为明显,志愿者们在与服务对象的互动中,以更为直观与具象的方式扩大了先进文化的服务面,积极的志愿服务还能赢来广泛好评,在社会互动的进一步发酵中,不断传播化人之"文"所弘扬的正能量。志愿服务活动的持续性推进与项目化发展为先进文化的传播提供了民间的群众性载体。志愿服务是民间发起的,任何一个怀揣正能量的人都可以发起并组织志愿服务活动,基于志愿精神与社会主义核心价值观的价值一致性的重要前提,志愿服务活动的持续性发展为先进文化、社会主义核心价值观提供了源源不断的群众性载体。近年来志愿服务的项目化运作,将一些高校社会实践与社会志愿服务活动相结合,使青年学生不仅成为先进文化的传播者,也是先进文化的化育对象,进一步强化了志愿服务的育人属性。

其三,在校园文化活动与社会实践中化人。这里针对的对象是学生,尤其是处于成长发展关键阶段的青少年学生。校园文化活动与社会实践是进行文化熏陶的重要载体,因此,要"广泛开展文明校园创建,开展形式多样、健康向上、格调高雅的校园文化活动,广泛开展各类社会实践"[①]。校园文化活动与社会实践的对象是各个年龄层次的学生,一般经学生组织或学校管理部门发起,以服务学生成长为己任。经过系统教育的学生,尤其是有着多样化专业背景的大学生,对时代变革极为敏感,故而,学生广泛参与的校园文化活动与社会实践有着显著的多样性、时代性与专业性,由此衍生出积极的化人价值。校园文化活动与社会实践协调了先进文化化育中的知与行。虽然身处校园的学生长期接受先进文化、主流价值的教育,但独立性强的校园生活也在一定程度上将学生与社会生活相隔离,学

---

① 《习近平谈治国理政》(第2卷),外文出版社,2017,第378页。

生对先进文化的习得性认知需要一定的途径来展示与检验。那么，搭建校园文化活动平台，诸如各种校园创新大赛、文化节等，可以很好地将学生的文化认知与文化实践结合起来；社会实践则以更广阔的视野将学生从校园拉入社会，在真切的行动中，验证所接受的化人之"文"的先进性，强化对先进文化的信仰。校园文化活动与社会实践作为精心设计的实践活动，进一步扩大了先进文化的影响面，使学生们在组织与参与校园文化活动与社会实践的过程中，实现了与企业、社会的进一步互动，诸如很多项目化运作的校园文化创意设计大赛、辩论赛等，在坚定大学生对先进文化的信仰的同时，对实践活动的服务方或是赞助方而言，也是一种文化与价值的展示。

2. 实践养成的基本要求

其一，用社会主义核心价值观指引实践开展。作为以文化人路径选择的实践养成，就是以实践为载体，来发挥先进文化对群众的化育作用。社会主义核心价值观是社会文化的"中轴"，要在实践中培育与践行社会主义核心价值观，发挥出实践养成的重要作用。在精神文明创建活动中，须将社会主义核心价值观的要求融入各种精神文明创建活动之中，吸引人们在实践中服务于家庭、他人、社会的发展，在此过程中提高精神境界、培育文明风尚；在志愿服务活动中，志愿者、志愿服务组织、志愿服务工作者们要弘扬和践行社会主义核心价值观，在助人中展现理想信念、爱心善意、责任担当；在校园文化活动与社会实践的育人中，要善于"把思政小课堂同社会大课堂结合起来"①。在实践养成的价值导向中，特别要关注三个重要方面。一是大力培养爱国主义，通过创新实践形式、丰富实践内容来开展形式多样的教育。因为"在社会主义核心价值观中，最深层、最根本、最永恒的是爱国主义"②。爱国主义需要经过精心策划体现在实践养成中，也需要群众在各种实践中弘扬爱国主义精神。二是要弘扬社会主义道德价值，在道德实践中坚定道德认知，培养道德情操。道德价值在整个价值体系中起着非常重要的作用，人无德不立，国无德不兴，通过实践引导

---

① 《习近平谈治国理政》（第 3 卷），外文出版社，2020，第 331 页。
② 《习近平关于社会主义文化建设论述摘编》，中央文献出版社，2017，第 125 页。

群众崇德向善，营造社会良好氛围。三是要让中华优秀传统文化在群众心中扎根。实践所承载与传递的先进文化与价值观念离不开中华优秀传统文化的滋养，"要让中华民族文化基因在广大青少年心中生根发芽"①，要在精神文明创建活动、道德实践活动、校园文明创建中融入文明因素，促进其外化为群众的自觉行为。

其二，始终坚持党的领导。与以文化人践行中的方向性原则相对应的是，以文化人过程中的每个环节都应当有鲜明的政治方向与价值归属，都应当贯彻党中央的育人方针，落实到实践养成的路径选择上也不例外，在精神文明创建活动中，要"大力倡导共产党人的世界观、人生观、价值观"②；在志愿服务活动中，各级党委和政府"要为志愿服务搭建更多平台，更好发挥志愿服务在社会治理中的积极作用"③；校园文化活动与社会实践更要在党的指导下培育时代新人。坚持党的领导，就是将作为以文化人路径选择的实践养成与一般性的对象性实践相区分，这有利于规约实践的发展方向，保证实践成为先进文化的载体，引导实践养成与以文化人的价值同向，增强化人的实践性。

其三，从化育对象的发展与需求出发开展实践活动。方法服务于目标与任务，实践养成作为以文化人的路径选择，就决定了其要服务于人的发展的根本目标与育人的根本任务，就决定了其要目中有"人"，要关注化育对象的发展与需求，即要紧紧围绕增进人民福祉来进行，努力满足人民群众不断增长的精神文化需求。由此出发，在精神文明创建活动中，要重实效，从不同育人对象的实际处境与发展需求出发，将精神文明创建活动融入其日常生活中，让先进文化与化育对象的思与行紧密结合，实实在在地丰富其精神财富。在志愿者服务活动中，将"助人"与"育人"相结合，既要能够切切实实地解决化育对象的需求，又要能够弘扬社会风尚，传递先进文化，鼓励志愿者们"主动承担社会责任，热诚关爱他人，多做

---

① 《习近平关于社会主义文化建设论述摘编》，中央文献出版社，2017，第127页。
② 《习近平关于社会主义文化建设论述摘编》，中央文献出版社，2017，第127页。
③ 《稳扎稳打勇于担当敢于创新善作善成 推动京津冀协同发展取得新的更大进展》，《人民日报》2019年1月19日，第1版。

扶贫济困、扶弱助残的实事好事"①。在校园文化活动与社会实践中，引导青少年学生将有字之书与无字之书相结合，做到知行合一，在实践中厚植爱国精神与人民情怀，"在实现中国梦的伟大实践中创造自己的精彩人生"②。

五 "用体制机制来保障"：制度保障

在党的育人历程中，制度从来都发挥着重要的保障作用，一切育人成就的取得都离不开一套行得通、真管用、有效率的制度体系。在以文化人的路径选择中，要用体制机制来保障，以筑牢群众的思想基础。把握制度保障这一路径选择，需要明确制度保障的基本内涵、制度保障的实践意义以及制度保障的具体进路等一系列关键问题。

（一）制度保障的基本内涵

与故事化人、环境熏陶、实践养成的柔性、春风化雨的作用方式不同，制度保障是指依靠法律法规、体制机制等外在的刚性措施来保障以文化人的实践在正确的轨道上运行，以提高育人的实效性。制度保障的根本是解决以文化人育人实践的规范化、稳定性的问题，将先进文化及其所承载的价值观念以制度的刚性转化为人们日常工作生活的基本遵循。对制度保障的进一步理解，需要将"制度"放在唯物史观的分析框架内，来理解制度保障在以文化人实践中的必要性，以及制度的刚性与文化"润物无声"的柔性之间的统一关系。

马克思主义从制度主体、制度客体、制度的价值追求三个重要维度揭开了制度的神秘面纱。在制度主体层面，马克思主义认为人作为制度生成与发展的主体，人的实践活动以及人在实践中的需求及交往关系促成了制度的发展演进。马克思、恩格斯将"有生命的个人的存在"③视为整个人类历史的演进前提，人的需要、人的存在与发展的客观性与历史性决定了

---

① 《习近平谈治国理政》（第1卷），外文出版社，2018，第53页。
② 《习近平谈治国理政》（第1卷），外文出版社，2018，第176页。
③ 《马克思恩格斯选集》（第1卷），人民出版社，2012，第146页。

制度生成与发展的客观性以及历史样态，人们在劳动实践中创造自己、结成一定的社会关系，同时也创造着各种制度体系，任何制度的形成与物质财富一样都是具有意识的、经过思虑或凭激情行动的、追求某种目的的人的积极实践的结果，制度的生成与发展是人的社会属性不断彰显、人的劳动实践不断深化的必然诉求。在制度客体层面，马克思主义认为，虽然制度是基于人的劳动实践而生成的，但是制度又有着与人这一主体相对应的客体属性，制度一经产生就遵循其自身的发展规律与运行机制，并且对人的行为产生一定的制约与引导作用。并且作为群体的人的实践产物与意志体现，制度是一个充满张力的系统，制度虽是由人来制定，服务于人的交往、发展需求，但是对单个的人而言，制度往往作为个体实践的对立面出现，以刚性的条框规约个体的思想与行为。这就是马克思所提出的，人们在生活中结成不以其意志为转移的生产关系，而各种生产关系的总和所形成的社会经济结构最终促成了庞大的上层建筑，制度体系便是上层建筑的重要组成部分，由此形成的制度体系是多类型、分层次的。在制度价值追求层面，"为什么人"始终是马克思主义的价值中轴，对制度内涵的思考亦是如此。马克思首次站在全人类的立场来思考制度的理论构想，将人类制度演进的历史形态梳理为"亚细亚的、古代的、封建的和现代资产阶级的生产方式"[1]，并且描绘了代表全人类利益的共产主义社会的制度图谱。

在新时代以文化人实践中也要重视制度建设，制度保障是以文化人的一种重要的路径选择，制度保障符合人的实践本性与人的发展诉求，其存在与发展均是客观与必要的，不仅不会影响到文化柔性作用的发挥，并且在保障先进文化化育群众的过程中还有着重要的实践意义。

（二）制度保障的实践意义

制度保障护航以文化人的有效践履，"制度问题更带有根本性、全局性、稳定性"[2]。这一路径选择的突出优势在于它作为以文化人实践中的他律性策略，以其独有的强制性和规范性特征，在外部的监督与制约中，最

---

[1] 《马克思恩格斯全集》（第31卷），人民出版社，1998，第413页。
[2] 《习近平关于党风廉政建设和反腐败斗争论述摘编》，中国方正出版社，2015，第124页。

大力度地把以文化人的根本目标、根本任务等育人诉求贯彻到每一个具体的育人实践过程中，树立育人诉求的权威性，提升育人过程的规范性，增强育人实践的实效性。

1. 制度保障树立育人诉求的权威性

以文化人的育人机理在于通过文化的熏染与价值观的指引来塑造并提升化育对象的精神世界，进而在化育对象对化人之"文"的内化与外化中，促使化育对象的言行举止与生活实践朝着化人之"文"所期待的方向发展。在这个过程中，尽管作用于化育对象的"文"是受到检验的先进文化，被普遍认可与欢迎的，但是由于每个对象的思想水平、认知水平、文化环境等主客观因素存在差异，不同的人对先进文化的理解与接纳还存在弹性空间，社会上对以文化人的育人诉求也还存在理解不准、实践不力，或者是基于某些私利而故意忽视，违背实现人的发展的根本目标与化育新人的根本任务的情况，造成以文化人的育人诉求在具体的践履中权威性不够，容易受到各种干扰，这就需要制度保障的刚性来"立威"。没有制度的刚性"立威"，在多元文化混杂与多元价值交织的环境中，所谓的先进文化育人效力的发挥仅靠有限的自觉与柔性的春风化雨是不够的，很容易出现空对空的尴尬问题。显而易见的情况便是当前群众的文化选择，尤其是青年的文化选择日益多元化，大量亚文化甚至负文化游离于主流文化影响场的周边，各怀目的地伺机渗透，有的是为了商业利润而争抢，有的是为了政治目的而争抢，都期待自我文化辐射场域"人丁兴旺"。而对群众而言，文化选择不仅与个人的物质生产实践相关，有时还存在些许偶发性因素，置身于文化旋涡中的群众，往往很难做出有利于自我发展的恰当的文化选择，进而影响其思想行为的发展。在这种背景下，愈发需要用制度管权管事管人，保证育人诉求的权威，守住育人的文化净土，让人们在积极的文化氛围中，选择先进文化、接受先进文化、实现自我成长。

2. 制度保障提升育人过程的规范性

尽管以文化人的育人实践凸显春风化雨、润物无声，强调在环境的熏染中提升化育对象的整体素养，但好的文化素养、行为实践的保持无法单纯依靠文化的无意识作用与个人的文化自觉，需要一种制度兜底，来保障以文化人的育人实践在规范化的轨道内运行。"心有所戒、行有所止。"①这种规范化保障一是体现在制度的作用机制上。首先，制度建设是针对全社会的行为约束，其期待一种以文化人的社会协同性。制度保障可以通过他律性的约束机制明确以文化人的育人诉求、原则遵循、育人资源等以文化人育人实践的重要内容与要求，为育人中的主客体指引思想与行为的方向，以此来保障全社会化育者的育人行为与化育对象的文化选择、文化实践在规范化的轨道内前进。其次，制度体系还通过外在性的监督来向全社会施加育人的压力，督促各方面或承担育人的主体责任，或履行好氛围营造等协同性义务。二是体现在制度对育人过程的长期性与稳定性的保障中。以文化人需要长期性与稳定性，要坚持不懈、久久为功，而长期性与稳定性正是育人过程规范化的题中应有之义。以文化人与一般的技能型培育不同，不可能一蹴而就，人的文化心理、文化情感、文化实践的养成是漫长而复杂的，其间需要长期的、持续的、稳定的化育影响，来感化、涵化、转化人的思想与行为。因此，为了保证以文化人育人过程的长期性与稳定性，就需要一种持续性的制度保障，用刚性的外力来规约流动性的化育实践。

3. 制度保障增强育人实践的实效性

理论素养的提升与精神价值的内在引导需要与外在的制度体系保障相结合，才能取得育人实效。制度保障对以文化人育人实效的提升，主要体现在制度体系以一种规范引导与"红线"警示的形式协助个人处理好自我与社会思想文化的关系，对此艾瑞克·弗洛姆（Erich Fromm）做了深刻的研究。他曾提出了三类社会文化对个人精神世界的"过滤"机制，即语言过滤、逻辑过滤与社会禁忌过滤，其中制度保障与社会禁忌过滤有相同之处。弗洛姆指出，各种社会群体所秉持的道德原则、价值信仰与社会规范对群体成员的思想行为有一定的规约与指引作用，能够为这种原则、信仰、规范体系所接纳的思想与行为便会得到鼓励，反之则会受到排斥与惩罚。制度体系便是现代社会将统治阶级所主导的道德原则、价值信仰、社会规范予以具体化的一种表现，在以文化人的实践中，如果说党和国家的

---

① 《习近平谈治国理政》（第3卷），外文出版社，2020，第72页。

育人诉求是一种意识形态，那么制度体系便是将这种意识形态变得具象与可实施的一种保障。通过制度建设，让化人之"文"成为社会生活日常管理的价值取向，符合先进文化育人诉求的思想行为予以鼓励与提倡，违背的则予以制约或惩戒，以此实现了以文化人实践中主客体自律与他律的统一，实现了育人过程中内因与外因的结合，实现了文化的柔性化育与制度的刚性加持的协同，进而增强了育人实践的实效性。

（三）制度保障的具体进路

经国序民，需要正其制度，为了通过"正其制度"来保障以文化人的育人初衷，我们需要关注制度保障的实施维度、具体内容以及执行要求三个重点方面。

1. 实施维度：政策导向、法律规定、社会管理的三级联动

通过制度体系来保障先进文化影响力的发挥，需要政策导向、法律法规、社会管理的三级联动。首先，发挥政策导向作用，让社会政治、经济等各领域政策都要有利好作用；其次，用法律来推动社会主义核心价值观建设；最后，在各种社会管理、日常管理中凸显社会主义核心价值观培育的职责。

具体而言，政策导向表征了党和国家一种整体谋划下的顶层设计，通过社会政治、经济、文化等诸方面的政策的实施来形成一种以文化人的合力，营造一种良好的育人文化氛围。这点与育人的规律以及文化影响力发挥的作用方式是相契合的，从人的培育来看，以文化人是作用于人的精神世界的育人实践，周期长且具有反复性，需要社会诸方面形成一种育人的合力，从社会的组织构成与运行模式来看，现代化社会育人合力的生成不是某一个人、某一个机构的事情，也不是某一个职业群体能决定的，而是需要代表社会权力中枢的党和国家以政策导向的形式，来规范并引导社会育人合力的形成。从文化影响力发挥的作用方式来看，文化的渗透力是最强的，在社会构成要素的方方面面都有文化的存在，任何的政治行为、经济动向、社会热点等，其背后都反映并代表着特定的文化诉求与价值立场，文化影响力的发挥也就广泛地存在于政治、经济、社会事件中，需要积极的政策导向来协助先进文化嵌入社会的构成要素中，以最大限度地发挥先进文化的影响力。

法律是一种刚性的外在约束，对以文化人的育人实践起着一种引导性的、警示性的、兜底性的保障作用。实践中要重视具有刚性约束力的法律规定在人的价值培育与引导中的保障作用。从法律的生成与作用发挥来看，这种保障作用的发挥通过两个相异的方面表现出来。一方面，法律是特定价值选择与文化熏染的结果，其本身就是一种文化与价值的载体，也在时刻按照一定性质文化与价值的规定引导和规范人的思想和行为。法律首先以显性或者隐性的方式明确了在社会中哪些行为是可以做的、是值得褒奖的，这部分的法律规范就代表了主流文化与主流价值对群众的思想与行为的期待，那么对法律的遵守，就是对社会主流文化与主流价值的认同，这对我们所进行的以文化人实践是一种积极的刚性支持。另一方面，法律明确了在社会中哪些行为是违法的，同时，法律对违法行为的明示与惩戒，客观上挤压与打击了被社会主流文化与主流价值所不容的文化实践，这对我们所进行的以文化人实践是一种兜底性的刚性保障。

各种社会管理作为一种深入群众生活的体制机制，为以文化人的育人实践提供了可以附着的生活载体。在文化的化育与社会主义核心价值观的培育中，各种社会管理必须融入社会生活。而有社会生活的场域就需要社会管理，各种学校管理、社区管理、日常生活管理等都属于广义上的社会管理范畴。可以说，任何一个社会化的人都无时无刻不存在于社会管理之中，既然如此，社会管理便如衣食住行一般融入人的生活，深刻影响人们的思想与行为。那么，社会管理便可以从两个维度保障以文化人实践的有力推进。其一，任何管理行为都是基于一定管理理念而生成的，都蕴含着管理者的文化选择。比如，中国自古以来管理体制中的和谐理念就与中华文化中的和合文化密不可分，管理者制定管理措施、实施管理行为的过程，就是一种文化的展示与价值的维护。其二，社会管理也是一种约束机制，只是其刚性较之于法律要弱一些罢了。现代社会精细化的社会管理触角能够广泛与深刻地延伸至人们生活中的诸个角落，能够通过一系列规章、条例、礼仪、道德规范等来约束人们的文化选择与文化实践，使人们的思想与行为朝着社会所期待的育人方向发展，由此，实现了对以文化人育人诉求的一种支持。

2. 具体内容：建立健全六大方面制度体制保障

通过制度的建设与实施来保障以文化人的育人初衷，很重要的一点在于让制度建设的具体内容能够反映先进文化化育人民的需求，能够服务于人的文化素养的提升与全面发展，否则制度建设的具体内容一旦脱离了以文化人的育人诉求，那么便无法起到应有的保驾护航作用，还容易导致人们的文化选择混乱、价值信仰迷失等不利于以文化人实践开展的情况。为了实现制度建设的内容与以文化人育人诉求的统一，可以从以下六个方面进行努力。

其一，坚持马克思主义在意识形态领域指导地位的根本制度。指向人的精神世界成长的以文化人实践具有鲜明的政治属性，它肩负着将代表党和人民利益的主流舆论传递给化育对象，巩固群众基础的重要使命。而在开放性社会，思想文化领域出现的马克思主义被边缘化、空泛化、标签化的情况，以及一系列去意识形态化的言论与文化实践，光靠柔性的先进文化化育与单一的意识形态灌输尚显不足，需要制度的刚性来维护意识形态的举旗定向性。在具体贯彻中就需要从进一步落实好学习制度、开展好马克思主义理论研究与建设工程、进一步加强与改进学校思想政治教育、落实好意识形态工作责任制等方面发力。而这几个方面的制度建设内容与以文化人的育人实践实现了良好的同频共振：制度化了的马克思主义在意识形态领域的指导地位，就是对以文化人实践中方向性原则的基本遵循，确保了育人资源中意识形态的正确性，有力地保障了以文化人育人使命的实现。

其二，坚持以社会主义核心价值观引领文化建设制度。在整个以文化人的实践中，化人之"文"的选择与建设是重要的基础性条件，没有好的、先进文化来"化"人，是不可能实现育人初衷的。但是，在现实生活中，人们被各种文化所包裹、影响，其中文化之间的差异与斗争的本质都在于价值观念之争，要最大限度地发挥先进文化的影响力，就需要减少其他负面文化的干扰，用社会主义核心价值观来引领社会文化发展，这有利于从深层次上解决文化建设的"主心骨"问题，让以文化人的育人实践能够更好地赋予人们发展成长的持续精神动力。在具体的制度落实中，需要结合理想信念教育的常态化、制度化实施，将价值观念转化为价值信仰，其中尤其要关注处于成长关键期的青少年的理想信念培育，以一种齐抓共管的机制来督促；需要结合依法治国，将社会主义核心价值观的培育融入法律法规中去；需要结合中华优秀传统文化的传承，来发挥社会主义核心价值观的培基固本作用；需要结合志愿服务体系、诚信建设的长效机制来推动社会主义核心价值观培育的知行合一，营造有牢固的主心骨的育人文化氛围。

其三，健全人民文化权益保障制度。以文化人既是一种育人方略，也体现着对人民文化权益的一种尊重。其中的文化权益既意味着全体人民都有消费先进文化的权利，也意味着全体人民都能够参与先进文化的发展与建设，成为文化发展的表现主体。所以，健全人民文化权益保障制度以刚性的要求落实了用先进文化普惠全体人民的价值主张。落实这一制度要求，需要在文化产品的供给中，围绕人民、服务人民，推出文化精品；需要进一步完善公共文化服务体系，鼓励社会力量参与，扩大文化惠民工程在城乡，尤其是基层的覆盖面；建立机制体制，支持群众性文化活动开展。

其四，完善坚持正确导向的舆论引导工作体制。现代社会，人人都生活在舆论活跃的社会文化氛围中，而网络的发达与各种自媒体的发展，将舆论环境变得进一步复杂化，舆论导向成为影响甚至引领社会文化思潮的重要渠道。所以，以文化人的目标的达成需要一种积极的舆论氛围。在这种情况下，完善坚持正确导向的舆论引导工作体制是对以文化人育人实践的重要支持，充分发挥这种制度的支持与保障作用，就需要坚持党管媒体，坚持团结稳定鼓劲、正面宣传为主，让社会舆论氛围产生积极的舆论化人效力；就需要推动媒体融合，实现内外宣联动，积极构建主流舆论新格局与全媒体传播体系，让正确价值导向的舆论渗透到社会的每一个角落；就需要构建处理重大舆情和突发事件的舆论引导机制，让舆论在关键时刻仍然能够起到凝心聚力的化育作用；就需要有综合的网络治理体系，适应网络空间舆情生成与发展的规律，还群众一个干净、清朗的网络空间。

其五，建立健全把社会效益放在首位、社会效益和经济效益相统一的文化创作生产体制机制。市场经济中，以文化人育人实践所面临的一个很大挑战便是环绕在人们身边的各种各样的商业气息浓厚的文化产品，本应该指向人的精神世界丰富与人的全面发展的文化产品，在资本逻辑的操作下，背离了文化生产自身的轨道。文化产品的超越性缺失，文化亦变得唯利是图，当前市场中流行的大量博人眼球的娱乐化、低俗化的文化产品大都是在资本逻辑的运作中产生的，这种状况既腐蚀了人们的精神世界，将人"化"到以文化人育人诉求的反面，又挤压了先进文化的存在空间与影响范围，不利于人的精神营养的获取。那么，通过文化创作生产体制机制的健全与优化，便是从生产链上保障了人们消费链的有序运行，避免过度商业化的文化产品将有着重要育人价值的先进文化产品挤出市场。其中，要通过深化文化体制改革、完善文化经济政策、完善文化企业履行社会责任制度、推动文旅融合发展、加强文艺创作的价值引导等一系列的具体措施来践行。

其六，构建服务全民终身学习的教育体系。以文化人的育人实践并非单向的文化传播，而需要化育对象自身积极的学习与配合，所以，持续的以文化人育人实践对应的是全民终身学习的意愿，唯有此，才能切实让全体人民在持续的以文化人实践中提升素养。新时代，党中央提出的构建服务全民终身学习的教育体系，便是从制度层面保障了人民持续性接受先进文化化育的权益，有利于以文化人育人诉求的更好实现。其中，不仅要进一步落实党的教育方针，优先发展教育，更要针对教育发展中的关键问题，如城乡义务教育一体化、各级各类教育的保障机制的完善、民办教育的发展、覆盖城乡的家庭教育指导服务体系的完善、网络教育等教育方式的创新等，进一步完善与健全体制机制，在学习型社会的构建中，与以文化人的持续性育人实践形成一种制度合力。

3. 执行要求：抓落实，重执行

对制度的落实与执行的主张，可以从三个方面进行理解：敬畏制度，强化监督，加强宣传教育。

敬畏制度。敬畏制度是一种在思想意识上对制度的认可与尊重，反对各种不严格履行制度规定的行为。作为主体的人，总是在一定的思想意识的驱使与规约下进行活动，敬畏制度便是从思想意识上为人的行为套上了制度的"紧箍咒"，规约以文化人的化育主体按照制度的要求，用先进文化化育群众；指导广大群众在现有制度的规范体系下选择、宣传、践行先进文化，配合党和国家以文化人的育人初衷。

强化监督。制度之于人的存在与发展而言，是一种极富张力的存在，好的制度正是通过这种张力关系来保障绝大多数人的正当利益。也就是说，即便是出于善良、美好意愿而生的制度，不管其内容是多么的公平正义，一旦实施与执行也会通过限制某一部分人的行为、剥夺某一部分人的特权，来实现绝大多数人的合情合理合法权利。这就存在一种显见的张力与冲突，被限制与被剥夺方往往不能够自觉地履行制度，纵然制度的这种限制与剥夺对其本身而言也是一种保护，避免他们因滥权而入歧途，但是总有人为眼前利益而屈从，比如，总有人不管文化建设的相关制度而向市场投入低俗、庸俗、媚俗的文化产品毒害群众，所以，就需要一种监督体系来督促制度的刚性得到彻底的贯彻与执行，让好的制度发挥应有的保障作用。

加强宣传教育。当我们在讨论制度建设对以文化人实践所发挥的保障作用时，有一个预设前提，那便是人们对这样的制度体系了然于心，理解并认同，但是现实往往是绝大多数人并不是制度制定的直接参与方，并不了解这样的制度体系，所以，要加强制度宣传教育，尤其是要加强对青少年的教育。制度的宣传教育有两个明显的意义，一方面是将制度何以如此、有何优势宣传清楚；另一方面是将制度为何践行、如何践行宣传清楚。如此，引导育人者按照先进文化建设及相关育人制度所指引的正确之路，开展正确的以文化人实践，引导广大人民，尤其是引导处于"拔节孕穗期"的青少年积极接受先进文化化育，合力保障新时代以文化人实践在化育新人的轨道上顺利前进。

结　语

恩格斯曾说过："文化上的每一个进步，都是迈向自由的一步。"[①] 中华民族对文化的重要影响向来有深刻的认知，无论是历史传统中以文化人的价值主张，还是中国共产党发展史上对以文化人的积极探索，无一不验证着恩格斯的名言，文化正以强大的影响力推动着人与社会的发展。当下，站在新的历史坐标点上，我们需要继承马克思主义以文化人的思想、弘扬中华民族以文化人的优良传统、学习习近平文化思想，并结合当前育人的新诉求与育人的新挑战，进一步开展以文化人的理论与实践研究。

通过学习分析，本书认为新时代以文化人的根本目标是推进人的发展，根本任务是化育新人；明确了以文化人的原则遵循，即主体性原则、方向性原则、层次性原则、渗透性原则；明晰了化人之"文"的资源构成，即以马克思主义为指导，以中国特色社会主义文化为主体，以其他民族的优秀文化成果为借鉴；强调了以文化人的重要依托，即学校教育是以文化人的重点渠道，新闻舆论是以文化人的重要领域，文学艺术是以文化人的重要载体，社会科学是以文化人的重要阵地；讨论了以学养人、故事化人、环境熏陶、实践养成、制度保障五大以文化人的路径选择。

本书是围绕以文化人的时代课题所做的基础性理论研究，期待为当下以文化人的实践提供理论与实践参考。但不容忽视的是，以文化人作为一种重要的育人机制与国家治理方式，是一个内涵极为丰富的学术研究与实践探索课题，仍然有许多值得我们研究的领域，诸如对化人之"文"的进

[①] 《马克思恩格斯选集》（第3卷），人民出版社，2012，第492页。

一步挖掘，尤其是如何发挥中华优秀传统文化古为今用的育人价值；对古今中外以文化人价值主张与育人体系的比较分析；对新时代以文化人实践践履的路径创新等都值得我们进一步探索。

在整个研究中，笔者也得到一些宝贵的启示。

第一，在以文化人的价值主张与实践践履中，"文"是基础、"化"是关键、"人"是重要目标与落脚点。

第二，以文化人是一个复杂的育人系统，不是哪一个人、哪一方面力量能够单独完成的。新时代，切实发挥好先进文化的育人效力，需要深入学习贯彻习近平文化思想，在全社会营造积极向上的文化育人氛围，在育人中有效建构"三全"育人体系，让每一个人都能在先进文化的化育中，顺利成长。

最后，就以习近平总书记的一段话来作为全文的结尾：

"我们要大力推动文化事业发展，通过文化交流，沟通心灵，开阔眼界，增进共识，让人们在持续的以文化人中提升素养，让文化为人类进步助力。"[①]

[①] 《习近平关于社会主义文化建设论述摘编》，中央文献出版社，2017，第187页。

参考文献

一 重要文献

1. 《马克思恩格斯选集》（第 1~4 卷），人民出版社，2012。
2. 《马克思恩格斯文集》（第 1~10 卷），人民出版社，2009。
3. 《列宁选集》（第 1~4 卷），人民出版社，2012。
4. 《毛泽东选集》（第 1~4 卷），人民出版社，1991。
5. 《邓小平文选》（第 1~2 卷），人民出版社，1994。
6. 《邓小平文选》（第 3 卷），人民出版社，1993。
7. 《习近平谈治国理政》（第 1 卷），外文出版社，2018。
8. 《习近平谈治国理政》（第 2 卷），外文出版社，2017。
9. 《习近平谈治国理政》（第 3 卷），外文出版社，2020。
10. 《习近平谈治国理政》（第 4 卷），外文出版社，2022。
11. 习近平：《干在实处 走在前列——推进浙江新发展的思考与实践》，中共中央党校出版社，2006。
12. 习近平：《之江新语》，浙江人民出版社，2007。
13. 《习近平关于社会主义文化建设论述摘编》，中央文献出版社，2017。

二 专著

1. 文振庭编《文艺大众化问题讨论资料》，上海文艺出版社，1987。
2. 陆庆仁主编《人的发展和社会发展——思想政治教育学基础理论研究》，同济大学出版社，1994。

3. 刘建军：《马克思主义信仰论》，中国人民大学出版社，1998。
4. 罗钢、刘象愚主编《文化研究读本》，中国社会科学出版社，2000。
5. 罗文东：《中国特色社会主义文化理念论》，中国法制出版社，2003。
6. 骆郁廷：《精神动力论》，武汉大学出版社，2003。
7. 张岱年、方克力主编《中国文化概论》，北京师范大学出版社，2004。
8. 张岱年：《文化与价值》，新华出版社，2004。
9. 钟明华等：《马克思主义人学视域中的现代人生问题》，人民出版社，2006。
10. 郑师渠主编《中国共产党文化思想史研究》，中共中央党校出版社，2007。
11. 乌杰：《系统哲学》，人民出版社，2008。
12. 张澍军：《德育哲学引论》，中国社会科学出版社，2008。
13. 张再兴等：《网络思想政治教育研究》，经济科学出版社，2009。
14. 王伟光：《利益论》，人民出版社，2010。
15. 黄力之：《马克思主义与资本主义文化矛盾》，河南大学出版社，2010。
16. 郑杭生、杨敏：《社会互构论：世界眼光下的中国特色社会学理论的新探索——当代中国"个人与社会关系研究"》，中国人民大学出版社，2010。
17. 胡光宇：《中国共产党文化建设》，人民出版社，2011。
18. 侯惠勤：《马克思的意识形态批判与当代中国》，中国社会科学出版社，2012。
19. 余正、吕健、李笑野：《文化利益论》，复旦大学出版社，2012。
20. 李德顺：《价值论——一种主体性的研究》，中国人民大学出版社，2013。
21. 沈壮海：《文化软实力及其价值之轴》，中华书局，2013。
22. 谢昭新主编《中国传统文化概观》，北京师范大学出版社，2013。
23. 李长成：《现代性的危机与出路：论法兰克福学派对现代性的反思》，人民出版社，2013。
24. 陈万柏、张耀灿主编《思想政治教育学原理》，高等教育出版社，2015。
25. 李宏斌、杨亮才：《文化哲学与社会主义核心价值观研究》，人民出版社，2015。

26. 周宪：《文化表征与文化研究》，上海人民出版社，2015。

27. 胡潇：《文化的意识与逻辑——基于唯物史观的解释》，中国社会科学出版社，2015。

28. 孙麾、丁立群主编《马克思主义文化哲学研究》，中国社会科学出版社，2015。

29. 张岱年、程宜山：《中国文化精神》，北京大学出版社，2015。

30. 李合亮：《解构与诠释：思想政治教育的基本问题研究》，人民出版社，2015。

31. 盛跃明：《思想政治教育转型论：现代性的观点》，人民出版社，2015。

32. 王东莉等：《德育人文关怀实践论》，浙江大学出版社，2015。

33. 王树荫主编《中国共产党思想政治教育史》，中国人民大学出版社，2016。

34. 袁祖社：《马克思主义人学理论与社会发展探究》，人民出版社，2016。

35. 钟启东：《思想政治教育理念创新逻辑论》，人民出版社，2016。

36. 唐亚阳等：《网络思想政治教育学》，人民出版社，2016。

37. 侯勇：《社会视野中的思想政治教育系统研究》，人民出版社，2016。

38. 单培勇等：《国民素质发展路径选择与素质文化学建构》，人民出版社，2016。

39. 叶惠珍：《葛兰西文化领导权思想及其话语路径研究》，社会科学文献出版社，2016。

40. 陈先达：《文化自信中的传统与当代》，北京师范大学出版社，2017。

41. 陈先达：《文化自信与中华民族伟大复兴》，人民出版社，2017。

42. 卢少求：《中国共产党执政文化建设史论》，人民出版社，2017。

43. 冯刚：《探索思想政治教育发展的内生动力》，人民出版社，2017。

44. 沈壮海：《思想政治教育有效性研究》，武汉大学出版社，2017。

45. 高清海：《哲学与主体自我意识：论马克思实践观点的思维方式》，北京师范大学出版社，2017。

46. 彭启福：《理解、解释与文化——诠释学方法论及其应用研究》，人民出版社，2017。

47. 刘韧:《思想政治教育在大学文化建设中的使命与作为》,社会科学文献出版社,2017。

48. 谢玉进、胡树祥:《网络自我互动——网络实践的主体内省》,人民出版社,2017。

49. 陈潭:《治理的变革:网络空间的意义世界与行动逻辑》,人民出版社,2017。

50. 雷辉:《多主体协同共建的行动者网络构建研究》,人民出版社,2017。

51. 唐亚阳:《社会主义核心价值观引领下的网络内容建设工程研究》,人民出版社,2017。

52. 曾长秋、万雪飞、曹挹芬:《网络内容建设的理论基础与基本规律》,人民出版社,2017。

53. 李西顺:《视域交融——探寻深入心灵的德育叙事》,人民出版社,2017。

54. 金观涛、刘青峰:《观念史研究:中国现代重要政治术语的形成》,法律出版社,2009。

55. 孙正聿:《哲学通论》,复旦大学出版社,2018。

56. 冯刚主编《改革开放以来高校思想政治教育发展史》,人民出版社,2018。

57. 朱继东:《新时代党的意识形态思想研究》,人民出版社,2018。

58. 雷骥等:《思想政治教育的文化自觉研究》,中国社会科学出版社,2018。

59. 王习胜:《思想政治教育人文关怀的理论与方法研究》,人民出版社,2018。

60. 吴波主编《当代中国的文化与意识形态建设》,当代中国出版社,2019。

61. 陈锡喜主编《平易近人——习近平的语言力量》,上海交通大学出版社,2014。

三 译著

1. 《巴甫洛夫全集》(第4卷),赵璧如、吴生林合译,人民卫生出版社,

1958。
2. 〔德〕黑格尔：《哲学史讲演录》（第 2 卷），贺麟等译，商务印书馆，1960。
3. 〔德〕黑格尔：《法哲学原理》，范扬、张企泰译，商务印书馆，1961。
4. 〔瑞士〕让·皮亚杰：《发生认识论原理》，王宪钿等译，商务印书馆，1981。
5. 〔美〕怀特：《文化科学：人和文明的研究》，曹锦清等译，浙江人民出版社，1983。
6. 〔德〕马丁·海德格尔：《存在与时间》，陈嘉映、王庆节译，生活·读书·新知三联书店，1987。
7. 〔美〕埃里希·弗洛姆：《逃避自由》，陈学明译，工人出版社，1987。
8. 〔德〕M. 蓝德曼：《哲学人类学》，彭富春译，工人出版社，1988。
9. 〔美〕C. 恩伯、M. 恩伯：《文化的变异——现代文化人类学通论》，杜杉杉译，辽宁人民出版社，1988。
10. 〔英〕泰勒：《原始文化》，蔡江浓编译，浙江人民出版社，1988。
11. 〔德〕卡尔·雅思贝尔斯：《什么是教育》，邹进译，生活·读书·新知三联书店，1991。
12. 〔美〕约翰·杜威：《我们怎样思维·经验与教育》，姜文闵译，人民教育出版社，1991。
13. 〔美〕赫舍尔：《人是谁》，隗仁莲译，贵州人民出版社，1994。
14. 〔美〕邓尔麟：《钱穆与七房桥世界》，蓝桦译，社会科学文献出版社，1995。
15. 〔美〕A. 麦金太尔：《德性之后》，龚群等译，中国社会科学出版社，1995。
16. 〔法〕布尔迪厄：《文化资本与社会炼金术——布尔迪厄访谈录》，包亚明译，上海人民出版社，1997。
17. 〔英〕塞缪尔·斯迈尔斯：《品格的力量》，刘曙光、宋景堂、李柏光译，北京图书馆出版社，1999。
18. 〔德〕汉斯-格奥尔格·加达默尔：《真理与方法：哲学诠释学的基本特征》（上卷），洪汉鼎译，上海译文出版社，1999。

19. 〔古希腊〕亚里士多德：《尼各马可伦理学》，廖申白译，商务印书馆，2003。

20. 〔德〕伊曼努尔·康德：《论教育学》，赵鹏、何兆武译，上海人民出版社，2005。

21. 〔法〕泰奥菲尔·戈蒂耶：《莫班小姐》，艾珉译，人民文学出版社，2008。

22. 〔德〕瓦尔特·本雅明：《写作与救赎：本雅明文选》，李茂增、苏仲乐译，东方出版中心，2017。

23. 〔法〕路易·阿尔都塞：《保卫马克思》，顾良译，商务印书馆，2010。

24. 〔美〕尼尔·波兹曼：《娱乐至死》，章艳译，广西师范大学出版社，2011。

25. 〔美〕赫伯特·马尔库塞：《单向度的人：发达工业社会意识形态研究》，刘继译，上海译文出版社，2014。

26. 〔美〕罗德尼·本森、〔法〕艾瑞克·内维尔主编《布尔迪厄与新闻场域》，张斌译，浙江大学出版社，2017。

27. 〔德〕卡尔·雅思贝尔斯：《论历史的起源与目标》，李雪涛译，华东师范大学出版社，2018。

28. 〔德〕马克斯·韦伯：《社会科学方法论》，韩水法、莫茜译，商务印书馆，2017。

29. 〔美〕塞缪尔·亨廷顿：《文明的冲突与世界秩序的重建》，周琪等译，新华出版社，2018。

30. 〔美〕塞缪尔·亨廷顿、劳伦斯·哈里森主编《文化的重要作用：价值观如何影响人类进步》，程克雄译，新华出版社，2018。

图书在版编目(CIP)数据

新时代以文化人的理论与实践 / 方黎著 . -- 北京：社会科学文献出版社，2025.6. -- ISBN 978-7-5228-5387-1

Ⅰ.G12

中国国家版本馆 CIP 数据核字第 2025Y3H207 号

新时代以文化人的理论与实践

著　　者 / 方　黎

出 版 人 / 冀祥德
责任编辑 / 吕霞云
文稿编辑 / 赵一琳
责任印制 / 岳　阳

出　　版 / 社会科学文献出版社·马克思主义分社（010）59367126
　　　　　 地址：北京市北三环中路甲 29 号院华龙大厦　邮编：100029
　　　　　 网址：www.ssap.com.cn
发　　行 / 社会科学文献出版社（010）59367028
印　　装 / 三河市龙林印务有限公司

规　　格 / 开　本：787mm×1092mm　1/16
　　　　　 印　张：15.75　字　数：248 千字
版　　次 / 2025 年 6 月第 1 版　2025 年 6 月第 1 次印刷
书　　号 / ISBN 978-7-5228-5387-1
定　　价 / 98.00 元

读者服务电话：4008918866

版权所有 翻印必究